国家社科基金
GUOJIA SHEKE JIJIN HOUQI ZIZHU XIANGMU
后期资助项目

# 中国征地模式研究：
# 逻辑演进、生计评估及
# 机制优化

## The Research into the Mode of Farmland Requisition:
## Evolution of Logic, Evaluation of Livelihood,
## and Mechanism Optimization

柴国俊　著

中国财经出版传媒集团

经济科学出版社
Economic Science Press

# 序　言

自从党的十九大以来，中国特色社会主义进入新时代，社会主要矛盾已转变为人民日益增长的美好生活需要和不平衡不充分的发展之间的矛盾。中国最大的不平衡是城乡之间的不平衡，最大的不充分是农村发展不充分。解决当前社会主要矛盾，就要抓住城乡不平衡和农村发展不充分这些主要方面不放松，循序渐进地推进矛盾的化解工作。

征地问题是个老大难问题。它伴随城镇化而来，典型折射出当前中国的主要矛盾，深刻影响到工业化进程和广大民众福祉。一方面，征地与工业化进程息息相关。一些观点认为，中国劳动力充裕而工资低廉的优势造就东南沿海地区成为世界工厂，外向型经济换取外汇和资本，创造出就业繁荣和经济奇迹。然而，各地招商引资和工业园区设立的前提是土地扩张，基础设施建设的基础也是土地占用，所谓以地谋发展的土地财政模式产生了。土地财政在经营城市的同时，对乡村发展是一种弱化，一定程度上也影响到乡村振兴的实施，同时也存在不同区位的土地利用效率问题，故摒弃土地财政的声音越来越多。另一方面，征地还影响广大民众福祉。毋庸置疑，既往征地补偿是有失公平的，低下单一的补偿标准并不可持续，无法让广大被征地群众分享城镇化和工业化成果，不同程度上形成社会不稳定因素。补偿标准的制定应综合考虑土地区位、地方经济社会发展状况，2019年修订的区片综合地价标准仍有改进余地，潜在的土地生存权仍需扩充为发展权。在以人为核心的新型城镇化规划指导下，长远生计是不可忽视的，就业培训和社会保障务必真抓实干。

征地问题的解决需要更新观念。正如习近平总书记所指出的，要跳出"三农"抓"三农"，解决征地问题也要跳出"三农"视野，从城乡格局来着手，在城乡融合发展中化解问题。首先是政府层面，很大程度上，征地的背后动力是城市政府，以往"要地不要人"的思路与当前以人为本的理念格格不入，在经营城市的同时推进农村有机更新，将新型城镇化和乡村振兴协调起来，赋予农地发展权，在城乡融合中提升被征地农民福祉。

其次在市场层面，征地补偿要公平公正，要以市场化思维来弥补个体的经济社会机会的损失。按原用途来补偿安置的思路已成历史，但土地价格差的思维还在作祟，归根到底与农村市场发育水平低下有关。要让广大失地农民和相关村集体组织平等参与城镇化进程，在体制机制上落实财产性收入的生成机会，逐步建立城乡统一的建设用地市场。最后，社会组织力量不可缺位。不只需要测绘、法务机构介入征地活动，还需金融机构、培训机构、职业技术学校乃至大学的参与和扶持。

柴国俊博士这部学术专著正是中国征地问题的代表性研究成果。他从征地政策沿革、中外对比及土地财政等既有框架中，演绎出自己的"三位一体"的征地模式，他认为十八届三中全会后在摒弃土地财政条件下，城乡融合发展导向下的家庭生计可持续目标势必更新征地补偿的操作途径。他基于西南财大和浙江大学提供的中国家庭金融调查以及自己调研的雄安征迁等资料，深入浅出地评估出中国征地新旧模式的微观效果。柴博士还在书稿最后归纳出"以被征地家庭为主体，政府、市场和社会三种力量在不同层次协同治理保障中国征地模式"的行动方案。

我机缘巧合认识了柴国俊博士。他在河北经贸大学商学院工作，我应同在那里工作的浙大毕业生马彦丽教授和刘东英教授的邀请，曾多次前往石家庄讲学，其间柴博士就在讲台下默默学习。2019年11月，我再次赴河北经贸大学做讲座，会后去雄安新区参观。同去雄安调研的柴国俊博士向我作了自我介绍，并仔细询问我对征地的看法，给我留下了年轻教师敏思好学的印象。前不久，柴博士正式询问我能否为他征地著作写点什么，我欣赏柴博士的征地逻辑、资料验证和中国方案，爽快答应。结合自己早期农地发展权和近期城乡融合发展的研究，梳理出如上思考。

长江后浪推前浪，我期待学界从不同角度更多关注中国"三农"问题，也愿将这本即将新鲜出炉的征地问题研究作品推介给广大读者。

黄祖辉

2020 年 8 月

# 前　　言

在经济制度和产业结构双重转型时期，中国受土地征收直接影响的家庭超过10%，他们的幸福感状态值得关注。实际上，征地涉及家庭经济社会系统重建，关联城乡发展，体现城乡演进。

本书在梳理征地政策沿革、对照征地国别特征和概括既往理论研究的基础上，引出核心逻辑概念——中国征地模式，笔者认为，条件、手段和目标描述了征地从头到尾的整个过程，构成"三位一体"的征地模式要件。以中共十八届三中全会为界，可将近期征地划分为新旧两个阶段。中国征地旧模式可概括为：条件是土地财政，手段是货币为主的单一低价补偿，目标是经营城市，但导致被征地家庭的生计不可持续。中国征地新模式构成要件仍然是条件、手段和目标三点，但基于无土地财政条件，在新型城镇化和乡村振兴战略背景下，可以通过多样补偿达到城乡良性互动导向下的家庭生计可持续目标。

本书核心内容分三大部分：第一，介绍发达国家和其他发展中国家的征地模式，阐明中国征地模式演进逻辑，指出模式包括条件、手段、目标这些"三位一体"的要件，指明演进动力包括中央理念的一脉相承和与时俱进、要素市场的发育，以及二者的良性互动；第二，评估中国征地新旧模式的家庭生计效应，包括短期的消费效应和长期的就业、创业、收入等影响，基于雄安调研和中国家庭金融调查等资料，得出征地新模式可以促进家庭消费平滑，就业和创业培训常态化，并优化家庭收入和财富；第三，优化中国征地旧模式的治理思路和新模式的多元多层次协同保障机制，即微观上充分发挥市场机制并强化依法基层治理，中观上留足社会组织空间并改善基层及区域治理，宏观上改进考核机制并推进城市及国家治理。本书理论上能够检验有无土地财政条件下的预防性储蓄、人力资本、信贷约束等假说，实践上从土地视角探索当前城乡融合的落实方式，对全国征地的高质量推进有参考价值。

本书创新点可概括为三个方面：首先，提炼出"三位一体"的中国征地新模式逻辑框架，即在摒弃土地财政条件并倡导城乡融合发展导向的家庭生计可持续目标下，对被征地家庭进行多样化补偿，能够为城乡统筹中的征地实践厘清思路。其次，从定性和定量、短期和长期、空间等多个维度指明征地模式对家庭生计的经济效应差异，实证检验有无土地财政时的预防性储蓄、人力资本、信贷约束等多个假说的适用性，这些要点能深化理论认知并提升决策针对性。最后，贯通了征地模式的生计效应和治理保障之间的连接渠道，并构建出新模式的多元多层次协同保障机制。征地本质上会盘活城乡要素资源，三方保障征地新模式的运转有望破解城乡二元结构难题。

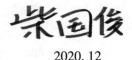

2020.12

# 目　　录

# 第一章 引 论

## 第一节 问题缘起

土地是财富之母，构成各国重要的生产资料、资源，甚至资产。随着市场化转型以及城镇化和工业化进程加快，政府主导的土地资本化成为中国经济增长的关键，征地已显现为近年社会热点。2018年国务院政府工作报告中，李克强总理明确提出防范化解重大风险、精准脱贫、污染防治这三大攻坚战，均与中国征地活动密切相关。学术界就我国征地拆迁补偿、土地增值收益分配等主题做过一些重要研究，发现土地财政在经营城市的同时累积了较高的地方债务。然而，目前学者未能充分注意到征地带来的失地农民幸福感变化，有必要关注他们民生。本书考察中国征地模式的演进规律，并从家庭层面评估征地模式的生计效应，以优化不同模式的治理保障机制，进而从土地视角协同其他改革来破解城乡二元结构。本节指明城乡融合大背景，然后描述被征地家庭的规模及幸福感，发现其幸福感总体低于未被征地家庭及被拆迁家庭，进而引出征地研究的进展和意义。

### 一、城乡融合正在加速

从宏观背景看，征地牵涉城乡关系。中共十九大报告指明，中国社会主要矛盾已由人民日益增长的物质文化需要同落后的社会生产之间的矛盾转化为人民日益增长的美好生活需要和不平衡不充分的发展之间的矛盾。这一科学论断深刻地揭示出中国特色社会主义新时代背景下，中国经济已从高速增长阶段转向高质量发展阶段，不平衡不充分发展已成普遍现象，民生的高质量需求日益高涨。不平衡发展主要表现是城乡发展不平衡、区域发展不平衡、收入分配不平衡、结构性不平衡以及经济发展与自然生态环境不平衡五个方面，不充分发展包括民生领域、实体经济、创新能力、市场化改革四个方面（白玫，2017）。城乡发展不平衡和民生领域发展不充分已引起各界重视，新时代背景下的新理念、新举措将促成城乡良性互动并改善民生问题。

**（一）从城乡发展不平衡到城乡利益对等**

长期以来，中国城乡分治以及工农产品乃至土地价格的剪刀差造成城乡发展不平衡，演变成的二元经济结构备受各界关注。陈斌开、林毅夫（2013）指出，中国城市偏向型政策突出表现在重工业优先发展战略，其直接导致城乡收入差距扩大和城市化滞后。该政策尽管在中华人民共和国成立初期的国际形势紧张环境中曾发挥积极作用，但不可避免地造成国内产业结构失衡，并影响到城市化进程和城乡收入差距问题。

理论上，不少学者试图阐释中国城乡变迁规律，如《乡土中国》是影响几代人的社会学经典著作，是老一辈社会学家费孝通先生在20世纪40年代根据西南联合大学和云南大学社会学系"乡村社会学"讲义，分篇撰写而后结集出版的一部不朽著作。从其中的《文字下乡》到《差序格局》，费孝通深入浅出地概括了20世纪三四十年代中国乡村社会的问题和出路。他提出，当时乡村社会的基本问题是人民的饥饿问题，出路是恢复农村企业，进行乡村工业化，推崇小城镇模式和就地城镇化。基于费老的理论框架，随后的学者多有补充和发展。例如，贺雪峰（2013a）提出"新乡土中国"概念，认为新时期的中国乡土社会正从地缘和血缘为基础的熟人社会走向以业缘为基础的半熟人社会，通过《制度下乡》和《乡村治理》等精彩篇章，对当前农民和农村问题进行了重新解读。周其仁（2017）认为，把这一阶段称为从"乡土中国"发展到"城乡中国"更妥当，因为1947年中国城镇化率不足10%，2011年已超过50%，城乡二元经济社会结构造成城乡关系紧张和经济长期增长并存的局面。作者奔赴成都、重庆、深圳、上海等地进行大量实地调研，在这本系列评论城乡的著作中系统总结了小产权地盛行、土地城市化超过人口城市化、城中村改造等现实思考，积极探索中国计划经济向市场经济转型中的实践逻辑，作者认为政府主导的土地资本化可在现有征地框架下调整。陆益龙（2017）进一步提出"后乡土中国"概念，强调乡土性特征的部分延续促成了乡土社会结构转型。他总结"后乡土中国"具有三个特点：第一，乡村社会部分乡土性特征（包括家庭农业、村落和熟悉关系）正在延续；第二，不流动的乡土转型为流动性强的村庄；第三，乡村结构发生分化和多样化。他概括指出，后乡土中国的基本问题已由农民的温饱问题转化为农民的发展问题，即农民如何获得公平的市场机会（包括充分的从业机会和理想的收入机会）。陆益龙指出，后乡土社会的农民发展问题并非单一的"安全保障"能够解决，而要形成政府、市场和社区的量化协作机制，需要激活三种力量形成合力来共同参与农村发展。当然，还有学者指出城乡一体化的重要性，认为城乡要素市场要在城乡之间实现统一，最大限度地发挥市场对要素流动的决定性作用，倡导城乡一体化的实现必须以城市化为引领（党国英和吴文媛，2016）。

实践中中国政府不断地探索城乡和谐发展的路径。20世纪80年代，农村先行改革，依次扩展到城镇。随后，从1987年深圳国有土地"第一拍"到2004年正式叫停协议出让工业用地的做法，逐步形成了地方政府通过"招拍挂"来经营城市的传统城镇化道路。传统城镇化是政府主导的城镇化方式，强调速度和数量，要地不要人，导致土地城镇化远高于人口城镇化[①]，城镇化滞后于工业化[②]，户籍人口城镇化率低于常住人口城镇化率[③]，出现半城镇化现象。鉴于城乡紧张关系，在2005年中国共产党十六届五中全会的《中共中央关于制定国民经济和社会发展第十一个五年规划的建议》中就提出要扎实推进社会主义新农村建设，具体要求包括"生产发展、生活宽裕、乡风文明、村容整洁、管理民主"，号召城市反哺农村、工业反哺农业。同期成都率先实践统筹城乡综合配套改革，通过主动与农民分享土地增值收益分配的方式有力地推动城镇化和工业化，成为扭转城乡收入差距的地区典范（北京大学国家发展研究院综合课题组，2010）。2012年，中共十八大报告明确指出，要推动城镇化和工业化良性互动，走新型城镇化和工业化道路。指明城乡发展一体化是解决三农问题的根本途径，要健全城乡发展一体化体制机制，着力在城乡规划、基础设施、公共服务等方面推进一体化，促进城乡要素平等交换和公共资源均衡配置，形成以工促农、以城带乡、工农互惠、城乡一体的新型工农、城乡关系。

2014年，李克强总理在第十二届全国人大二次会议上的政府工作报告中明确指出，要推进以人为核心的新型城镇化，坚持以人为本、四化同步、优化布局、生态文明、传承文化，着力提升质量。同年，《国家新型

---

① 依据国家统计局年度数据，2004～2017年建成区面积增长84.91%，但常住城镇人口仅增长49.86%。

② 依据国家统计局年度数据，2018年非农产业增加值占GDP比重为92.9%，但常住人口城镇化率仅达到59.58%。

③ 依据《2018年国民经济和社会发展统计公报》，2018年户籍人口城镇化率为43.37%，常住人口城镇化率已达到59.58%，意味着当年农民工有2.26亿人。

城镇化规划（2014-2020年）》发布，成为指导我国新型城镇化健康发展的宏观性、战略性、基础性规划。2015年年底，中央城市工作会议时隔37年后再度召开，明确指出中国城市发展进入新阶段，强调城市在经济发展和改善民生中的重要作用，提出坚持以人为本、科学发展、改革创新、依法治市，提高新型城镇化水平，走出一条中国特色城市发展道路。2017年，中共十九大报告进一步强调，推动新型工业化、信息化、城镇化、农业现代化同步发展，将市场在资源配置中起决定性作用同更好地发挥政府作用相结合，开创中国特色社会主义建设新征程。回顾近几年城镇化发展历程，不难发现，当前新型城镇化新在以人为核心，新在将政府引导和市场决定两种作用相结合，是对传统城镇化道路的扬弃和升级，同经济新常态形势判断保持高度一致，更加注重内涵式增长和高质量发展。图1-1反映了2007~2017年全国土地出让非成本性支出构成演进情况。可以看出，农业农村支出比重在2012年后越来越大，接近城市建设支出比重。

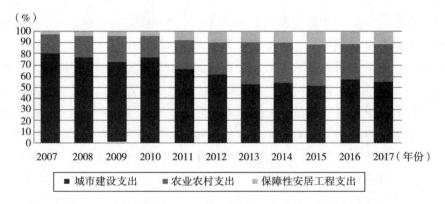

**图1-1 2007~2017年全国土地出让非成本性支出构成演进**
资料来源：财政部历年《全国土地出让收支情况》。

值得指出的是，鉴于城乡发展不平衡状况，中共十九大报告还明确提出乡村振兴战略，再次强调农业、农村、农民问题是关系国计民生的根本性问题，要坚持农业农村优先发展，建立健全城乡融合发展体制机制和政策体系，加快推进农业农村现代化。总体要求和目标包括"产业兴旺、生态宜居、乡风文明、治理有效、生活富裕"，具体做法和途径包括"产业振兴、人才振兴、文化振兴、生态振兴、组织振兴"，倡导一二三产业融合发展，强调新产业、新业态。相比中共十六届五中全会对新农村建设的提法发现，乡村振兴战略总目标在新时代背景下一一递进，被赋予更新、更高的气息和内涵。构建现代农业产业体系、生产体系、经营体系，成为城市化进程的重要一环。如此而言，提倡乡村振兴是为了更好地促进新型城镇化，乡村振兴与新型城镇化并不矛盾。事实上，新型城镇化与乡村振兴战略总要求、建设美丽中国的内涵高度吻合，任何对立或者割裂都是不合时宜的，只有把创新、协调、绿色、开放、共享这五大新发展理念落实在具体实践中，将技术能人或退休官员等新乡贤力量充分融入乡村治理，才能增进人民福祉并保障可持续发展（冯俊锋，2017）。具体而言，乡村振兴战略是针对当前农村空心化、老龄化等乡村衰败现象及时提出的，旨在解决农业劳动力就业转移后问题，倡导提升农民收入水平并补齐农村基础设施和公共服务等短板，尝试营造城乡要素双向流动、城乡利益对等的分配新格局（张强等，2018）。从城乡一体化到城乡统筹再到城乡融合，体现出城乡理论新境界以及决策高层的一脉相承和与时俱进。

**（二）民生问题越来越被重视**

民生是为政之要。优先保障和改善民生正引起决策高层越来越多的注意力。基于当前社会主要矛盾，国家宏观经济政策目标正转变为"保就业、稳民生"。诚如"后乡土中国"所言，当前的农村问题已由农民温饱问题演变为农民发展问题。从传统城镇化到新型城镇化，再到乡村振兴战略，反映出高层关注点从城市到农村、从物到人的转变。2014 年 3 月，李克强总理在第十二届全国人民代表大会第二次会议上首次在全国范围内提出新型城镇化理念，认为今后要着重解决好"三个 1 亿人"问题，即促进约 1 亿农业转移人口落户城镇，改造约 1 亿人居住的城镇棚户区和城中村，引导约 1 亿人在中西部地区就近城镇化。随后每年都会强调，都会推进落实。例如，2018 年国家发展和改革委员会就贯彻落实新型城镇化建设问题，提炼出的年度重点任务包括加快农业转移人口市民化、提高城市群建设质量、提高城市发展质量、加快推动城乡融合发展、深化城镇化制度改革等方面①。能够看出，这些措施愈来愈强调体制机制创新，愈来愈注重激发新市民的积极性和融合度，认为新型城镇化与高质量发展相结合，是实施乡村振兴战略和区域协调发展战略的支撑保障。

学术调查也反映出民生重要的倾向。这里着重介绍中国三个典型的民生调查成果。第一，国务院发展研究中心"中国民生指数研究"课题组曾连续数年在多省调查民生问题，发现城乡居民对社会治安、社会保障、教育等项满意度较高，但对就业、收入等项满意度偏低，满意度偏低的群体

---

① 《国家发展改革委关于实施 2018 年推进新型城镇化建设重点任务的通知》。

包括低收入低学历家庭、非正规就业者，建议日后多关注这些群体的利益诉求，他们的住房、就业、社会保障需得到尽快改善，以增强生活满意度（国务院发展研究中心"中国民生指数研究"课题组，2015）。事实上无论城乡，就业质量和住房状况都是最关心、最迫切的问题。基于该调查数据对当前民众幸福感的实证研究发现，过往的经济增长已无提升幸福感的余地，凸显出改善民生对国民幸福感的更大作用，并倡导优先提升经济社会地位较低人群的公共服务，能够提高中国人的幸福水平（周绍杰等，2015）。第二，由北京师范大学政府管理学院和政府管理研究院自2011年开始撰写的《中国民生发展报告》每年选取民生热点，连续跟踪研究民生主题并编制城市层面的中国民生发展指数。例如，2016年度报告选取"精准扶贫、共享民生发展"为主题，认为贫困会危害社会稳定，是民生发展的大敌，提出要在教育、就业、健康、公共财政等方面精准扶贫。2017年度报告以"发展为民生之本"为题，阐释了中共十八届五中全会提出的五大发展理念内涵，提出"发展是民生之本，民生是发展之源"的论断，指出创新是民生保障、改善和发展的不竭动力，协调是可靠路径，绿色是前进方向，开放是全球战略，共享是最终归宿。该报告还公布了2017年地级民生发展百强城市名单，前十强分别为苏州、东莞、珠海、无锡、阿拉善盟、鄂尔多斯、乌海、绍兴、佛山、克拉玛依。第三，北京大学中国社会调查中心自2010年正式开展中国家庭跟踪调查（CFPS）以来，连续发布多次《中国民生发展报告》，详细记录了中国社会、经济、人口、教育和健康的变迁，重点关注中国居民的经济与非经济福利等民生问题，已诞生一大批高质量的中英文研究成果。

这些调查成果启示我们，关注城乡特殊群体的住房、就业状况是构建社会安全网的关键，是全面建成小康社会、提升国民福祉的重要着力点。从重物不重人到重物更重人，从强调城市建设到重视公共服务，从城乡分割到城乡互动，整个政策环境开始回归民本传统，正焕发出经济社会新面貌。中国的征地活动天然联系城市与农村，牵涉政府、家庭和企业，从家庭视角深入分析征地活动是理解中国城乡关系变迁的重要途径。

## 二、被征地家庭的幸福感描述

### （一）概念界定

严格地讲，征地、拆迁尽管均伴随城镇化和工业化而生，但属于两类经济社会活动。征地集中在农村和城乡接合部，拆迁集中在城镇和城乡接合部。由于市场发育不同，征地冲突远高于拆迁纠纷。

根据王优银（2017）、殷清利（2013）的业界研究成果，征地早期被称作土地征用，2004 年宪法修正后改称为土地征收或征用，区别在于后者未改变集体土地性质，2019 年土地管理法修订后删除土地征用的说法。方便起见，除非特别说明，以下通称土地征收或征地。土地征收可做广义和狭义之分。广义上的征地指，国家为了公共利益的需要，依法对土地实行征收并给予补偿的行为；狭义指国家为满足公共利益，按照有关法律程序和权限，在对征地集体和个人进行合理补偿之后，将农村集体所有土地转为城市国有土地的行为。这里狭义和广义的区别在于，征地前土地是否区分集体性质或国有性质，牵涉我国城乡土地二元结构和政府垄断非农建设用地规划的问题：若区分，则属狭义的征地；若不区分，则属广义的征地。征地行为主要由 1999 年《中华人民共和国土地管理法》保障。拆迁正式称作房屋征收，是国家为了公众利益而将部分国有土地上的单位或个人房屋征收为国有，并给予被征收人相应补偿的一种行为。其主要由 2011 年《国有土地上房屋征收与补偿条例》等政府规范性文件保障。

实际操作中，农村房屋拆迁被看作集体土地上的附着物，房随地走；旧城区改建、棚户区改造会进行国有土地再开发利用，通常地随房走，地方政府会将原行政划拨或协议出让的国有土地使用权通过"招拍挂"出让并收回土地出让金，在本质上同城中村改造、村宅基地拆迁等集体土地使用权经由征地程序转变为国有土地以获取土地出让金建设城市一样。本书研究对象牵涉土地，重点考察的是 20 世纪 90 年代以来农用地转为建设用地的增量情形以及乡村发展权交易、地票及增减挂钩等农村存量情形，其中农用地包括耕地和宅基地。我们将集体经营性建设用地直接入市情形以及旧城改造等城市更新存量情形看成狭义征地制度的突破口和替代方式，将房屋拆迁及未征地状态作为考察征地效应的两大参照系，如若发现被征地家庭福利同被拆迁家庭或未被征地家庭福利趋同，则认为征地效应是积极的、改进的。本书试图统筹融合城乡关系，从土地视角协同其他改革来逐步破解城乡二元结构。

征地活动一般发生在城乡接合部或传统农村，牵涉经济社会系统的恢复重建，经常伴随贫困、劳动力流动等现实问题，受影响民众作为新市民但又不能很好地享受城市或农村正常的社会保障体系，在日益市场化的当今中国需要特别关注。

**（二）现实观察**

1. 时空特征

图 1-2 显示的是当前我国征地趋势。从 2003 年有官方统计资料以

来，土地征收面积总体不断扩大，2011 年达到高潮，广义的征地面积高达 568740.5 公顷，狭义的征地面积也将近 395843.63 公顷，农村征地占到城乡征地总面积的 70%。据 2013 年中国家庭金融调查统计，2000 年后拆迁发生次数逐年上升，经历过拆迁行为的家庭占到所有家庭的大约 10% 以上，这意味着当前拆迁影响同样比较普遍，可作为征地对照。

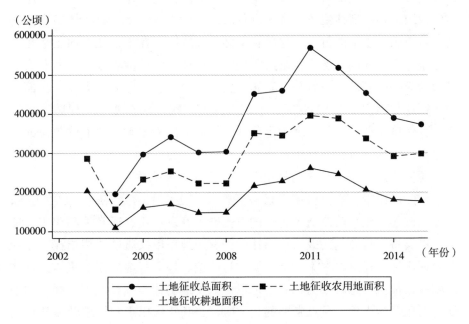

**图 1-2　2003~2016 年中国土地征收趋势**
资料来源：历年《中国国土资源统计年鉴》。

一般而言，狭义征地会新增建设用地，广义还包括盘活现有建设用地，根据建设用地情况能区分广义或狭义征地。依据中国土地市场网 2016 年 8 月 15 日数据汇总得到的征地空间分布发现，一是广义征地活动更多发生在胡焕庸线以东，二是狭义征地总体上更为频繁。

综上，时间和空间分析表明，征地问题伴随着现代化建设和城乡发展逐渐产生，在转型发展中的中国尤为突出，简要回顾近些年征迁历史能够更好地理解征迁问题的来龙去脉。我国征迁活动在 20 世纪 90 年代的产业园区建设和旧城改造中开始加速，2008 年后扩展到市政建设。由于地方政府缺乏资金来源，早期的征迁过程通常与房地产商相结合进行，危房改造工程赢得民众的广泛支持。商业征迁的确解决了资金紧张的问题，但暴露出了一些新问题。1998 年修订的《土地管理法》明确了耕地保护的重要地位，指出"任何单位和个人建设用地必须依法申请使用国有土地"，禁止用地单位直接参与征地过程，这直接影响到21世纪以来的征地行为；2011年1月国务院颁布《国有土地房屋征收与补偿条例》，规定司法拆迁取代行政拆迁，并将"拆迁"改为"征收"，禁止开发商直接参与拆迁过程。

2. 幸福感考察

被征地家庭数量大、分布广，幸福感又如何呢？依据中国家庭金融调查2011年和2013年的数据，我们能够描述统计受征地拆迁影响家庭的幸福感，如表1-1所示。我们不难发现，被征地家庭认为非常幸福和幸福的比重最低，被拆迁家庭次之，未发生过征地、拆迁家庭最高。依据中国综合社会调查2013年数据，通过比较利用征地获得非农户口的家庭和其他家庭的幸福感比重，同样发现前者低于后者近1个百分点。这直观反映出征地拆迁对家庭的经济社会影响差异。人们不禁关心，被征地家庭的生计具体受到怎样的影响？他们是否正成为城市、农村体系均不能覆盖到的夹心层？这类新市民角色如何得到保障？能否以他们作为融合城乡发展、消除二元结构的突破口？诸如此类的问题值得学界探讨。

**表1-1　　　2011年和2013年中国被征地拆迁家庭的幸福感对照**

| 时间 | 分类 | 样本数（份） | 非常幸福和幸福比重（%） | 差异度 |
|---|---|---|---|---|
| 2011年 | 征地 | 366 | 60.79 | -4.51* |
| | 未征地 | 3667 | 65.29 | |
| | 拆迁 | 932 | 62.37 | -1.76 |
| | 未拆迁 | 7486 | 64.13 | |
| 2013年 | 征地 | 1940 | 54.88 | -1.92* |
| | 未征地 | 26174 | 56.80 | |
| | 拆迁 | 2609 | 49.73 | 0.19 |
| | 未拆迁 | 25520 | 49.54 | |

资料来源：CHFS 2011年和2013年。家庭幸福感由问卷问题"总的来说，您现在觉得幸福吗？"提出，选项包括"非常幸福、幸福、一般、不幸福、非常不幸福"。上标"*"表示10%统计水平上显著。结果已按抽样权重做过调整，这里在2013年统计征地拆迁时未考虑2011年的老样本情况，故会低估征地或拆迁对应差距。

党和国家高度重视征地工作。1998年修订后的《中华人民共和国土地管理法》重申征地公共利益原则和城乡分治格局，确定土地用途管制制度，明确征地是农地入市的唯一通道地位。2003年中共十六届三中全会提出"从严控制征地规模，加快征地制度改革，提高补偿标准，探索确保农民现实利益和长期稳定收益的有效办法，解决好被征地农民的就业和社会保障"。2004 年《国务院关于深化改革严格土地管理的决定》指明土地征收或征用的目标是，保障被征地农民"生活水平不降低，长期生计有保障"。2008 年中共十七届三中全会指出"在土地利用规划确定的城镇建设用地范围外，经批准占用农村集体土地建设非公益项目，允许农民依法通过多种方式参与开发经营并保障农民合法权益"。2011 年《国有土地上房屋征收与补偿条例》颁发，运行 10 年的《城市房屋拆迁管理条例》废止，为城市和城乡接合部土地征收奠定了行政依据。2013 年中共十八届三中全会具有划时代意义地指明五条土地制度改革的指导性意见：第一，在符合规划和用途管制条件下，允许农村集体经营性建设用地出让、租赁、入股；第二，缩小征地范围，规范征地程序，完善对被征地农民合理、规范、多元保障机制；第三，扩大国有土地有偿使用范围，减少非公益性用地划拨；第四，完善土地租赁、转让、抵押二级市场；第五，建立有效调节工业用地和居住用地合理比价机制，提高工业用地价格。这一系列法律文件的跟进为保护失地农民利益、促进城乡融合发展指明了方向。

征地关联城乡发展、关系国计民生，影响到普通家庭的生计重建问题。系统考察我国当前征地的演进规律及经济社会效应，指明征地旧模式的治理机制并重塑新的征地模式保障机制，显得十分迫切。

### 三、研究进展及意义

#### （一）研究进展

紧扣中国征地研究对象，在明确其重要性后，本书着重研究如下问题：

第一，提炼中国征地不同阶段模式的逻辑特征。具体来讲，国外征地的特征是什么？中国征地旧模式是什么？新模式又是什么？新旧模式的划分依据和演进动力包括哪些？

第二，评估新旧模式对家庭的生计效应。包括不同模式的征地如何影响家庭消费、就业、创业、收入？定性、定量评估关注点分别是什么？总体着力点是什么？各层级起什么作用？

第三，优化不同模式的治理保障机制。针对上述家庭生计评估，征地旧模式的治理有何思路？新模式的总体保障机制是什么？具体工作分哪几个层次和要点？

保障征地的家庭生计问题涉及如下三方面文献：

第一，征地模式。征地主题具有跨界性（齐睿等，2013）。微观层面看，法学、社会学、管理学领域应用研究指出，公共利益界定模糊、补偿按农地用途执行、程序不健全是导致征迁不和谐的重要方面（王太高，2004；刘祥琪等，2012；汪晖和陈箫，2015；黄迎虹，2017）。其中，农地补偿涉及土地增值收益分配问题，开发商和地方政府在多方利益博弈中占据更多份额，造成家庭补偿低下且单一，不能共享城镇化成果。例如，朱一中和曹裕（2012）模拟测算，若从征地到出让算作土地增值，农民和政府的收益理想分配份额分别是37%、63%；若从征地到房地产出售算作土地增值，农民、开发商、政府分享的收益理想分配分别是25%～30%、15%～20%、50%～55%，而农民实际仅得到5%～10%。再如，朱东恺和施国庆（2004）较早指出，正因征地是城市新增建设用地和旧城改造的唯一来源，政府和被征拆人之间不可避免会发生利益纠纷，亟待构建利益主体协调机制，推广土地入股等制度创新。从经济学视角讲，农地补偿涉及土地发展权归属，农地产权不确定导致土地配置效率低下（周其仁，2014；Nizalov et al.，2016）。事实上，明晰土地产权来协调再分配，一直是广大发展中国家的重要工作（Larbi et al.，2004；Sun and Kim，2008）。

宏观层面看，大量经济学文献指明，过往的城市倾向性政策形成城乡二元结构，当前城乡一体化需新型城镇化与新农村建设双轮驱动（陈锡文，2017），改革征地制度以促进城乡互动（刘守英，2017a）和土地市场化（钱忠好和牟燕，2015）。区域竞次式增长模式、强制性城镇化以及"土地—财政—金融"模式等理论成果深刻概括了土地财政的实质和城乡二元结构演化，遗憾的是未能关联征地的前因后果，缺乏微观考量[①]。客观地讲，既往征地活动以土地财政方式提供城市发展动力，不可避免地引起社会不稳定因素（包括地方债务和征地拆迁冲突），不能很好地反映新型城镇化的民本理念（刘治彦，2016）。中共十八届三中全会以来，雄安征迁的非土地财政场景和高端定位要求征迁补偿多样化，城乡统筹和入股合作实践需要总结，新时代征地模式需要从条件和目标方面来重新探索和凝练。

第二，征地对家庭生计效应的评估。这类微观研究总体较少，集中在农业经济和城市经济两大分支。一般认为，征地导致土地、房屋等资产形式发生变化，预防性储蓄、人力资本、信贷约束、财富效应等原理会造成这些家庭就业、收入、消费等行为分化，有必要因人因地制宜（如谢勇，

---

① 具体评述可参见本书第三章第一节内容。

2010；史清华等，2011；Collins and Shester，2013；Chyn，2018；Hornbeck and Keniston，2017）。当前雄安无土地财政的征迁实践将缓解住房补偿的财富效应，同时新区"留住乡愁行动"将在整旧如故中优化收入结构，较好地综合了英美国家城市更新的历史保留经验（Zahirovic-Herbert and Chatterjee，2012）和中华传统文化，均值得深入研究。中国家庭金融调查微观数据为客观评估中共十八届三中全会以来被征地家庭的福利改善提供了分析基础，有必要基于此挖掘数据背后的生计效应。

第三，征地治理和保障研究。社会学、管理学相关研究指明，征地主体、政策法律和治理机制的碎片化要求从经济、社会、行政等方面整体治理征地冲突（祝天智，2013），要求分微观、中观、宏观三个层次化解这种强制性城镇化风险（何艳玲，2013），要求构建社会治理体系来最终破除城乡二元结构矛盾（王郅强和张晓君，2017）。具体包括两点：（1）一方面征地碎片化需要整体性治理，另一方面家庭收支效应差异需要因人因地征迁，然而这两类研究鲜有关联；（2）鉴于各国农地转换的治理结构不同（Tan et al.，2009），中国征地亟待构建本土化的多层次治理保障机制来规避征迁社会风险，引导未来征迁对受影响居民的生计发挥积极效应。

**（二）研究意义**

首先，基于全面深化改革背景，对比发达国家、其他发展中国家，提炼出不同时期中国征地模式的概念体系，为稳中求进，高质量、高效率地推进地方征迁工作提供决策依据，探索城乡融合发展的新途径。

其次，多维度评估征地模式对家庭的生计效应，检验有无财富效应时的预防性储蓄、人力资本、信贷约束等假说。土地财政会产生房地产财富效应，摒弃土地财政则会剔除掉财富效应。家庭消费、就业、创业、收入分别由预防性储蓄、人力资本、信贷约束或社会资本等理论解释，以探讨不同情境的征地对这些理论的解释力差异。

最后，利用劳动力、资金等要素再配置，有效连接征地模式的生计效应及治理文献，构建起以被征地家庭为主体、政府为主导的多元多层次协同保障体系。鉴于以往两类文献未能密切连接，本书基于要素配置，从微观、中观、宏观多个层次以及市场、社会组织、政府多元视角，重新考察征地活动，设计、优化机制保障，促成征地新模式顺利运转。

## 第二节　内容导读

基于第一节征地的背景性介绍，本节进一步展开全书的研究内容，并阐明思路和方法，旨在用较短的时间给出读者框架性导读。

### 一、研究内容

#### （一）总体框架

第一，介绍中国征地的背景和其他国家征地的模式特征。本书首先指明中国正面临经济制度（从计划经济转向市场经济）和产业结构（从传统社会转向工业化社会）两个转型，在新型城镇化和乡村振兴战略下，需重新审视征地。同时指出发达国家业已完成城镇化和工业化，开始城市再开发，涉及公共利益界定、发展权交易、经济效应评估和历史保护，征地可概括为市场化交易、法治和规划模式；发展中国家则明晰土地产权来协调再分配，做强制性发展。进一步指明土地规划同发达国家类似，所有制管制是国内外最大区别，改革城乡分治是必然趋势。

第二，提炼中国征地不同阶段模式。在回顾征地政策历史沿革，并总结区域竞次式增长模式、强制性城镇化及"土地—财政—金融"城市化模式等以往概念逻辑的基础上，抽象出征地条件、手段、目标并构成"三位一体"框架，凝练出征地旧模式，即土地财政条件、补偿低下且单一和经营城市导向下的家计不可持续；征地新模式转变为，摒弃土地财政，对被征地居民多样补偿保障，实现城乡融合发展导向下的家庭生计可持续。指明中国征地模式演进的动力来自党政理念的一脉相承和与时俱进，加上要素市场的发育，以及二者的良性互动。

第三，评估中国征地旧模式的家庭生计效应。（1）短期效应，主要指消费支出。一是定性评估：依据"经营城市"思想，结合本土案例，概括土地财政下的征地单一补偿方案侧重货币等形式，易出现食利阶层以及畸形炫耀性消费或消费分化现象。二是定量评估：阐明预防性储蓄和财富效应原理，利用数据和案例评估被征迁家庭的经常性消费、非经常性消费变迁，剖析社会地位寻求假说、家庭土地区位、住房多寡影响其消费的时空差异。（2）长期效应，指就业、创业、收入、财富。先阐释以往征地行为对个体就业转型、收入水平和结构变动的原理，包括人力资本、社会资本、信贷约束，然后通过调查法来收集微观数据，评估征地旧模式下被征迁家庭生计的分化和不可持续效应。

第四，依据"被征地农民生活水平不降低、长远生计有保障"文件精神，评估中国征地新模式的家庭生计效应。（1）短期效应，即消费支出。①定性评估：依据"不大规模开发房地产"思想，结合西咸、定州、雄安等地区案例，提供非土地财政下的征地多样化补偿方案，包括安置房、货币、社保、投资入股等，从源头防止以往单一补偿后出现阶层和消费分化现象，将所得股金、租金引导到技能培训或子女教育的人力资本甚至就近的现代消费型服务投资上。②定量评估：先阐明预防性储蓄原理，再利用CHFS数据和案例评估被征迁家庭的生存性消费、发展性消费变迁，并剖析征迁补偿方式、家庭征地多寡及区位影响其消费的时空差异。（2）长期效应，即就业、创业、收入、财富。①定性评估：结合访谈和案例，依据雄安新区土地利用现状和规划，精准预测农地和房屋征迁规模乃至劳动力释放规模，依据高端高新产业规划和莫雷蒂（Moretti，2013）乘数原理，估算起步区人工智能、信息安全、量子技术、超级计算等新兴产业的低技能人员需求量，另从组团式、网格式布局理念推算其他地区就业空间分布，结合供需和空间描述性资料提供职业技能培训和创业扶持政策依据，在诸如退耕还林的三产融合实践中促成被征迁家庭收入结构优化，做好其职业转换升级的研判和指引。②定量评估：先阐释征地行为对个体就业转型、收入结构变动的原理，后通过雄安案例和CHFS调查来梳理客观数据，评估征地多样补偿下的就业创业、收入财富效应。发现消费进一步平滑、就业培训常态化、收入及财富优化、幸福感提升，总体指明为实现被征迁家庭的生计可持续和升级，需着力于盘活城乡劳动力、资金（包括住房、土地转化的）、技术、信息等要素配置。

第五，梳理中国征地旧模式的协同治理路径，构建新模式的三方保障机制。针对征地旧模式存在微观上的土地产权改革滞后、中观上的社会改革非协同和宏观上的政府考核机制制约三方面困难，梳理旧模式的协同治理路径。鉴于征地主体、政策法律碎片化特点，结合雄安新区实践，保障新模式的总体思路是构造党建引领并有被征地家庭参与的多元、多层次保障网络。具体地，微观层次着眼于原子化家庭的征地基层市场保障，涉及村干部的土地、房屋等不动产确权工作，因人、因时、因地安置补偿基层群众，依据原土地类型和多寡差别对待，促进资金、劳动力、技术、信息要素市场统一，杜绝言行不一和腐败，工作烦琐但最关键；中观层次侧重有一定组织化的被征地居民的基层及区域社会保障问题，涉及市县政府、国有企业、技校、高校等，做好居民优秀文化传承和城镇化建设协同共生，吸引社会组织来差别化提供技能培训和创业帮扶政策工具，落实参与式社会稳定风险评估，起到安全阀功能；宏观层次培育公平包容的要素一体化环境，以入股等途径引导被征地民众参与式融入城乡建设，用法治促成其利益诉求的有序表达，整合制定单独的土地征收法，并将政府土地经营角色和监管功能相分离，涉及较高级别政府的要素配置决策、执行、考核等制度创新和治理设计。征地的多层次利益协调反馈到上述生计效应，从而保障征地新模式运转，最终促成城乡融合发展。

本书框架如图1-3所示。第一章是引论，概括时代背景，指出新型城镇化和乡村振兴战略引领城乡融合发展，并概括全书内容、结论和创新。第二章介绍发达国家和其他发展中国家的征地模式，认为市场化交易、法治保障和政府规划是重要特征，但两类国家的差异较大。第三章凝练出"三位一体"的中国征地模式，指明其在党的十八届三中全会前后的逻辑演进特征和动力，第四、第五章分别评估中国征地旧模式和新模式的家庭生计效应，基于雄安调研和中国家庭金融调查资料，认为短期对消费有影响，长期会改变就业、创业、收入和财富。第六章梳理中国征地模式的治理保障体系，结合雄安实践从微观、中观和宏观层面优化现行征地机

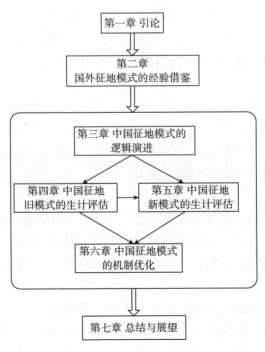

图1-3　本书研究框架

制。第三至第六章构成全书的核心章节，围绕中国征地模式进行逻辑推演、生计评估和机制优化工作。第七章总结全书结论，认为在理想土地制度状态下，征地本质上是将存量资产转为流量收入或其他资产，会促进资金、劳动力、技术再配置，会盘活城乡要素市场，最终形成城乡良性互动。第七章还指出研究不足并展望研究方向，认为日后从人和地的角度扩展征地问题更有中国特色。

**（二）重点难点**

1. 重点：（1）总结征地现有模式。在调研文献、借鉴他人模式的基础上，需梳理出征地不和谐的来龙去脉以及征地手段，建立中国征地模式。（2）关联征地的家庭生计效应和相关治理保障。如何将预防性储蓄、人力资本、信贷约束等原理同征地基层治理、区域治理、国家治理相关联，值得思索。本书拟围绕民生，分层次构建市场发挥决定性作用和政府更好发挥作用的要素配置格局，引入社会组织，划分市场、社会组织、政府来连通征地效应及保障机制。

2. 难点，即上述两点在全面深化改革时代的应用。（1）凝练征地新模式。阐释雄安征地特色，指明京津冀世界级城市群的建设能够为雄安原有居民的发展权补偿提供实践逻辑。认识到雄安征迁本质新在摒弃土地财政，补偿靠财政拨款、PPP、债券多措筹资，注意到其难点是劳动密集型、资源消耗型产业从业人员转型。中共十八届三中全会以后，在限制房地产开发前提下实现当地经济可持续和升级，需管控和服务相结合，新城建设和民居保护相结合，坚持用市场化和差别化手段多样化补偿损失、引导被征迁家庭主动搬迁，努力打造贯彻新发展理念的创新发展示范区。（2）以雄安为例，通过提升城乡要素配置协同性来优化征地多元多层次保障架构，关联并发挥征迁对家庭生计的积极效应，进而从土地视角破解城乡二元结构难题，最终实现城乡融合发展。

**（三）主要目标**

第一，概括征地背景及政策沿革，在总结他国征地模式和国内他人逻辑概念基础上，提炼中国征地新旧模式，指明构成要件和演进动力机制，为评估征地新旧模式对被征地家庭的生计效应和构建协同保障机制做准备。

第二，阐明征地影响家庭生计的原理，多维度评估征地不同模式的家庭生计效应，从要素再配置角度梳理政府、社会组织和市场作用，研判并指引家庭生计可持续。对于征地旧模式，定量评估其对家庭消费、就业、创业、收入的影响；对于征地新模式，定性和定量相结合评估其对家庭生计的短期和长期经济效应，检验是否达到"被征地群众生活水平不下降、长远生计有保障"。

第三，以优化城乡要素配置为总体着力点，结合雄安实践，构建出政府、国企、技校、村干部、家庭多元参与的多层次保障体系，为征地新模式成功运作和城乡良性互动提供可行方案。

## 二、思路与方法

### （一）研究思路

本书的研究思路和结构可用图1-4来概括。全书研究中国征地模式的逻辑演进、家庭生计评估及机制优化问题。核心章节分三大部分：第一，介绍发达国家和其他发展中国家征地模式，梳理征地政策沿革和既往理论逻辑，阐明中国征地模式演进规律，中国征地旧模式可概括为土地财政条件、补偿低下且单一、经营城市导向下的被征地家庭生计不可持续，新模式则摒弃土地财政，对被征地居民进行多样化补偿保障，实现城乡融合发展导向下的家庭生计可持续，阐释新旧模式的演进动力来自党政理念的更新和土地要素市场的发育及其良性互动；第二，评估中国征地不同时期模式的家庭生计效应，包括短期的消费效应和长期的就业创业、收入财富效应，并阐释背后的理论作用机制；第三，指明中国征地旧模式的多层

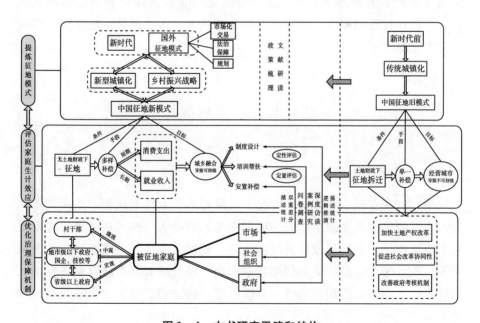

**图1-4　本书研究思路和结构**

次治理思路和新模式的多元多层次协同保障机制。本书理论上能够检验有无土地财政条件下的预防性储蓄、人力资本、信贷约束等假说，可探索当前城乡融合的落实方式，实践上对征迁的高质量推进有参考价值。建议以被征地群众作为融合城乡发展的突破口，让他们率先带着生产要素成为新市民，分享建设用地、社会保障、基础设施建设城镇化成果，进而引领更多农民工就业落户并享受平等的受教育权利。

**（二）研究方法**

本书研究方法总体包括数据采集方法和分析方法两类，采集方法有深度访谈法、案例法、问卷调查法，分析方法有逻辑推演、时空及组别对比、描述性统计、双重差分法等。

（1）定性评估方面：通过精准对接并半结构访谈就业局及管委会、市县政府、国企等负责人和基层工作人员，明晰征地不同思路和方法，结合多地整体规划和经济社会发展、产业布局等信息，精选雄安、西咸、定州等地案例，用逻辑和描述方法做出家庭生计评估。

（2）定量评估方面：选取雄安创业或培训方面的典型人物或事迹进行案例研究，结合中国家庭金融调查揭示征地引起的家庭消费、收入演变；基于中国家庭金融调查等微观数据，利用双重差分法、描述性统计、时空及组别对比等定量方法测算不同征地模式下被征地家庭的经济效应；依托河北经贸大学相关科研机构，亲自带队赴雄安新区跟踪调查原有居民家庭，在描述被征地家庭生计的时空规律基础上，客观评估征地新模式的就业创业效应。

# 第三节　结论与创新

## 一、主要结论

第一，在土地市场完备的情况下，征地本质上将土地等非金融资产转为收入流或房屋及金融资产，会促进资金、劳动力、技术再配置，会盘活城乡要素市场，最终形成城乡良性互动。然而，在当前中国城乡分治的情形下，农地转为建设用地不仅受规划管制，还受所有制严格管制。征地长期以来作为获取建设用地的唯一合法渠道，各方利益博弈直接导致征地冲突不断。

第二，被征地家庭的幸福感值得关注。当前，受征地影响的民众超过

1 亿人，他们的生存权和发展权需要得到关注，他们的经济社会状态和福利水平值得各界重视。

第三，发达国家征地模式特征是市场化交易、法治保障和政府规划，其他发展中国家模式则是明晰土地产权和强制性发展；中国征地旧模式可概括为土地财政条件、补偿单一且低下以及城市得到建设但被征地家庭生计保障被忽视；中国征地新模式则是摒弃土地财政，对被征地居民执行多样化补偿保障，实现城乡融合发展导向下的家庭生计可持续。中国征地旧模式向新模式演进的动力机制是，中央理念的一脉相承及与时俱进、要素市场的发育以及二者的良性互动。

第四，基于五次雄安调研资料和四轮中国家庭金融调查数据，发现中国征地旧模式造成消费和就业分化，新模式则促进家庭消费平滑、重视就业创业培训、优化家庭收入和财富，但个体财经素养有待提升。

第五，中国征地旧模式需要加快土地产权改革、促进社会改革协同性以及改善政府考核机制和宏观制度设计，新模式则需促进要素市场统一、发挥社会组织功能、做好城市治理设计，构造党建引领并有被征地家庭参与的多元、多层次三方保障机制，推进基层、区域、国家治理革新。

## 二、创新之处

首先，抽象出"三位一体"的中国征地模式，特别提炼出全面深化改革时期中国征地新模式，即在摒弃土地财政条件并保持当地家庭生计可持续和升级目标下，对被征地家庭进行多样化补偿保障，能够为城乡统筹中的征迁实践提供思路，并探索城乡融合的落实方式。

其次，从定性和定量、短期和长期、空间等多个维度指明征地补偿方式及家庭土地征收多寡对家庭生计的经济效应差异，实证检验无土地财政场景即缺乏财富效应时的预防性储蓄、人力资本、信贷约束等多个假说适用性，这些要点能深化理论认知并提升决策针对性，为发展中国家和转型国家征地领域提供经验证据。

最后，贯通了征地模式生计效应和治理保障之间的连接渠道，并构建出以被征地家庭为主体、政府为主导、培训机构及高校广泛参与的多元多层次协同保障机制和治理路径。征地本质上会盘活城乡要素资源，协同保障征地新模式运转，有望破解城乡二元结构难题。

# 第二章　国外征地模式的经验借鉴

## 第一节　国外征地模式经验介绍

### 一、发达国家

土地征收是公权力合法剥夺或限制私人财产的具体形式，这种行政征收征用属于一国政府为了公共利益的需要基于主权原则强制实施的有损私人权益的所有合法公权力行为，是主权国家固有的权力（沈开举、胡光全，2007）。欧洲圈地运动中，被征地而破产的农民伴随海外殖民地的市场旺盛需求而迅速进城务工，城镇化和工业化及时互动，持续时间长、直接冲突少（张玉林，2015）。北美城市自治政府的构建极大地融合了侧重政治的"城"和侧重经济的"市"，土地产权明晰，未发生严重的征地冲突。英美国家普遍存在成熟精细的法律体系和发达的市场经济制度，当前在保障居民利益的同时，非常注重生态和历史的保护，许多房地产开发管理经验值得借鉴。下面以美国、欧洲和新加坡为例，简介发达国家或地区的征地相关制度。

#### （一）美国

美国是当前世界高度发达的经济体，拥有私有为主的多元化土地制度，私有土地占到51%，印第安人保留地占2%，其余为公地，但公私土地转化需买卖或租赁，纠纷由法院解决，政府不调解仲裁。美国政府征收公民土地和房产必须符合三大要点，即正当的法律程序、公正补偿和公共使用。如美国宪法第五修正案指明，非正当程序，不得剥夺任何人的生命、自由和财产；未经公正补偿，不得征收私人财产供公共使用。公正补偿就是按公平市场价值补偿，其常见计算方法包括类似不动产销售法、成本估价法、收入估价法、物品替代法、开发成本法。公正补偿的司法实践中，被采纳的证据包括收入证据（租金收入证据、租金的资本化）、添附物成本证据（沈开举和胡光全，2007，2008a，2008b）。

分区规划（或称分区管制、区划，zoning）是发达国家政府规划的主要形式，旨在最小化土地利用的负外部性。美国最早于1885年在旧金山引入分区规划制度，用于规制排放污水的洗衣行对其他商业所处环境的负面影响，后发展为处理城市内不同空间用途互相影响行为的流行方法（周其仁，2017）。1916年纽约公平大厦的规制诞生了爱德华·巴塞特（Edward Bassett）律师制定的《分区土地管理标准法案》，该法案成为美国其他地方土地管理的范本。发生在20世纪20年代的欧几里得判例实际上抬高了政府区划地位。当时安博勒房产公司拟将从欧几里得小镇购得的68英亩土地用于工业开发，欧几里得依据土地管理分区制规定否定了该计划，安博勒公司遂状告地方政府，认为不允许工业开发将导致其土地价值降低，并要求相应赔偿。结果安博勒公司开始在基层法院胜诉，但最终于1926年被联邦最高法院以无确凿证据证明经济损失为由驳回。该判例表明，美国政府规划权开始大于私人土地所有权（袁方成和靳永广，2017）。1977年，美国制定《住房和社区开发法》，为配合税收奖励制度实施，明确要求联邦政府提供抵押担保，鼓励金融机构将抵押贷款资助私人开发商并以公私合营形式来共同开发城市。时至今日，随着石油价格上涨和交通成本增加，美国众多城市出现办公、商务、居住混在一起的空间形式，显示既往避免过度开发破坏环境的分区制功能在减弱。

除征地补偿、规划制度保障外，美国还具有成熟的土地发展权（或称土地开发权，land development right）交易制度，理论基础是科斯定理。柴铎和董藩（2012）概括为，征地问题要点是补偿，本质是土地增值收益分配，美国等国家将改变土地开发强度的土地发展权从土地产权中剥离出来进行购买或转移，能够消除土地利用外部性，综合考虑经济、社会和生态价值，整体提高了社会福利水平。我国的浙江和重庆正在以不同的形式进行类似的制度创新（汪晖和陶然，2009；朱介鸣，2013）。事实上，土地发展权要区分征地是否分区规划：分区规划会防止土地利用的负外部性，故政府仅对公共利益征地有警察权（police power），无需专项补偿；未分区规划的土地规划和保护区规划限制会降低土地配置效率并延误开发时机，则应得到适当专项赔偿（eminent domain）。

当然，随着城市群集聚的进展，布法罗、底特律等传统城市开始衰败，美国未来针对收缩城市（shrinking city）的征地拆迁可能不是补偿问题，而是收费问题了。

### （二）欧洲

英国是老牌资本主义国家，其较早开始城市化，90%是永业权土地，即归私人所有，剩下是租业权土地。城市规划相关历史同样悠久。1909年英国议会颁布第一部规划法律，即《住宅、城镇规划及其他事务法》（Housing, Town Planning, etc. Act），显示国家的合法强制力正式进入城镇规划，开始对公共环境问题进行及时规制。第二次世界大战后，英国1947年颁布《城乡规划法》（Town and County Planning Act），将广大农村纳入法定规划范围，规定任何人开发土地务必申请并取得开发许可。值得指出的是，这部法律体现的土地发展权国有化倾向是第二次世界大战破坏和工党执政的结果。随着1951年保守党重新执政，特别是1959年强制收购权的修改，征收补偿已不再依据土地既有用途现值，而改为公平的市场价格标准。正如该法令第一作者巴里·卡灵沃思（Barry Cullingworth）所言，英国战后最大的变化，是从积极的规划转变为更有市场意识的规划方法（周其仁，2017）。例如，英国城市更新进程中，政府执行财政补贴的传统，并主导成立城市开发公司，注重整旧如旧，20世纪80年代以来越来越发挥自下而上的社区规划功能。

欧洲大陆很多国家人口密度高，且有成熟的空间规划传统，它们的农地转换过程值得中国借鉴。荷兰、德国和中国的相同点是，三国均有农地市场、城市开发过程和城市土地市场，同时都存在市场机制外的空间规划系统；不同点是买卖结构以及房地产开发商、地方政府的关系和互动（Tan et al. , 2009）。

荷兰是海拔很低的国家，故土地服务费相当昂贵。依据早期的《空间规划法》（Spatial Planning Act）和2007年《土地发展法》（Land Development Act），荷兰组成国家、省份和地级市三个层次的空间规划系统，相互分工和制衡农地转换。例如，国家规划局出台经济发展和生态保护的土地利用指导意见，地级市规划部门根据土壤、地形和生物多样化的具体调查来负责村镇的扩张事宜。但不论哪一层，都积极吸引公众参与并严格遵守整体规划。具体征地时，地级市政府和土地所有者以温和的方式讨价还价，因为谈不拢的情况下被土地所有者诉诸法院既耽误时间又会付出更高价格。20世纪90年代后，私人投资者可介入土地买卖，并经常暂时低价卖给政府以规避高昂的土地服务费。值得一提的是，20世纪80年代的案例表明，荷兰地方政府并未依靠买卖土地赚取级差地租，目的仅仅是平衡收支而已。

德国依据《联邦区域规划法》（Federal Regional Planning Act）和《联

邦建筑法规》（Federal Building Code）来进行土地规划和开发。与荷兰类似，德国规划系统同样有三级，每一级同样注重各层次政府和股东等公众的参与。土地开发之前，地级市政府会制作 F 规划和 B 规划。前者旨在提供公共品、平衡各方的土地利用诉求、确保城市开发可持续和人居环境安全、保护和开发生活的自然必需品；后者旨在提供同个人相关的城市开发详细建筑规划。土地征收主体可以是政府、私人投资者或二者的结合体，征收目的可以是营利，也可以是非营利。营利性征收情形下，征收主体需要说服全部土地所有者并具有足够的金融能力支持；非营利情形下，通常政府出面为修建街道、绿地或地下管道而征收民众部分土地。只有当地方政府不能通过温和手段征收土地且为修建基础设施必须用地的时候，强制征地才会发生，土地补偿一般较低。尽管如此，当土地所有者不同意补偿而诉诸法院时，工程项目通常会被大大耽搁，故现实中强制征收很少发生。土地增值收益分配方面，德国土地所有者将分享大部分份额，但随着削弱约束（dwindling budget）的执行，地方政府也越来越多地分享到一部分土地增值。此外，德国城市更新经历"全面改造"到"生态改造"的阶段，注重历史保护和功能混合使用，能够为中国征地提供借鉴意义。

**（三）新加坡**

新加坡是亚洲除日本以外最发达的经济体，建国后政府不断征地导致政府及其法定机构拥有土地达90%，土地征收和安置制度被认为经济成功的关键因素之一。2014 年统计显示，新加坡全国近 700 平方公里的土地上生活着530 万人口，属于典型的高密度城市国家。2014 年新加坡宜居城市中心（Centre for Livable Cities in Singapore）详细描述了新加坡征地安置工作的来龙去脉，能够为我们提供第三世界短期跻身第一世界的宝贵经验。

新加坡超前的规划作用不容忽视。1971 年新政府正式制定概念规划（Concept Plan），每 10 年修订一次，开始实施环形城市、新城、花园城市等概念；1993 年制定总体规划（Master Plan），每 5 年修订一次，建立MRT 和 LRT 系统。这些发展战略早期由新加坡改良信托局（Singapore Improvement Trust，SIT）管理，现在由城市重建局（Urban Redevelopment Authority，URA）负责。土地征收由土地局（Singapore Land Authority，SLA）执行，所得土地再分别交由城市重建局进行城市私人投资的开发管理、房屋发展局（Housing Development Board，HDB）开发组屋、裕廊工业公司（Jurong Town Industrial Corporation，JTC）进行产业规划建设。

土地局具体工作由 1966 年《土地征收法》（Land Acquisition Act）保障。该法案允许国家以宽泛的目的来合法征收私人土地，以建立新城（组屋）和工业基础设施。当时尽管成立申诉机构来处理赔偿问题，但赔偿仍低于市场标准且缺乏必要参与程序。本着涨价归公的思想，新加坡政府将大量私有土地征收为国有土地。同工业区、HDB 建设和商业补贴政策相配合，安置进程相对比较顺利。到 20 世纪 70 年代，人均居住面积和配套环境均得到改善，新加坡开始赢得国际声誉。加之随后不断更新的市场补偿和严厉的法治保障，征地工作得以推进。2000 年以来，随着市场环境的向好，新加坡综合再开发规模不断下降，即时征地开发变得迫切。著名的 Teng Fuh 公司状告政府囤地不作为并在几轮上诉中得到政府更多赔偿的案例启示，政府所征土地计划的清晰公正是如此重要。2007 年以后，新加坡以市场价值为主要基础进行征地补偿。除上述征地法案保障外，规划及开发费（development charge）也是该国进行房地产开发管理的重要手段，政府通过向开发商收取开发费来收回因突破区划的容积率限制而引起的土地增值部分。近年商住混合的空间布局形态的出现，改善了生活便利度和交通拥堵度，打破了人们对规划的传统理解。征地制度和规划许可相结合，共同构成新加坡房地产稳定发展的制度基础。

这里以近些年新加坡的整体再开发（en bloc redevelopment）政策为例进一步说明当地征迁模式及流程。1965 年建国的新加坡一直将住房政策看成繁荣经济、稳定社会的基础，目前已形成政府组屋 HDB 和私人住房市场并存的局面，其中前者 2013 年占到 83%。整体再开发始于 1994 年，政府为提升土地利用效率而进行城市规划更新，但由于原住户（或商户）未能完全达成一致，整体再开发成功率一直很低，仅 30% 左右。为适应经济从制造业向高新技术产业转型，新加坡 2001 年开始将国家定位从东南亚中心城市转变为世界级城市，吸引人才步伐加快，整体再开发老旧小区开始加速。整体再开发涉及存量居住用地上的业主、打算从事再开发的开发商和提供基础设施的政府部门三方力量，这里政府部门因房屋类型而不同，若类型是组屋则这里政府是 HDB。目前整体再开发程序已达数年，程序如下：首先，URA 等进行基础设施投入，以便小区环境能够容纳更多住户；其次，开发商依据住房市场供需情况和新容积率信息评估再开发项目可行性，并向业主提出再开发方案；再次，原小区业主组成共同出售委员会 CSC 集体协商价格来将其住房整体出售，依据 2007 年的新规定，住房建造 10 年以上的小区只要 80% 住户同意，10 年以内的 90% 同意即可，故不会因钉子户出现以往"反公地"悲剧；最后，开发商通常以高于周边市场价的代价整体收购原小区所有住房，并以公开透明的开发费形式缴纳政府土地规制费用，最终通过提升容积率来建造更多住房单元供符合条件的人口居住获得正常利润。当前的城市再开发更多注重历史保护，后者被视为"历史之感、记忆之地、城市之魂"的重要组成部分。新加坡高度法治化环境和规划、建筑的有效配合以及重视民生的传统，加快了城市土地更新的进展和土地增值收益的分配（朱介鸣，2017）。

## 二、发展中国家

广大亚非拉发展中国家在第二次世界大战后基本摆脱了西方国家政治殖民的状态，但部分地区（如拉美）超前的城市化与低水平的工业化并存，形成了贫民窟现象。总体而言，发展中国家土地等产权逐步在明晰，侧重发展中再分配，规划发展不一。以下以印度、东南亚和撒哈拉以南非洲为例，简介发展中国家或地区的征地相关制度。

### （一）印度

印度是中国的近邻，建国后实施重工业战略和联邦民主制度，并于1991年改革执行资本主义市场经济制度，2018年城镇化率为34%，土地管理未统一。印度征地制度的强制性发展是征地的内在驱动。所谓强制性发展，一方面表现为带有局限性和滞后性的征地制度，另一方面又存在大规模的征地行为，故造成经济增长和征地陷阱的双重经济社会效应（黄迎虹，2017）。观察印度的征地制度，能够总结出，印度实行联邦制和土地私有制，各邦规定土地最高限额。因此，印度土地尽管可以自由转让，但受到各邦限额约束。印度土地征收行为由1894年的《土地征收法》来规定，包括"国家安置和再安置政策"。法案规定，征地按市场价格补偿，安置政策不断完善，近年开始保障较大规模的失地群体的生产资料、就业、培训等。鉴于印度土地私有制，土地可以有条件地转让，征地名义上由政府补偿，实质上由用地单位负责赔偿和安置。印度政府深深介入征地过程，例如规定两年内必须完成征地，否则此次征地交易作废。正因为土地私有制及市场补偿规则，印度并不存在土地财政问题，即地方政府并非靠土地出让获得市政建设资金。

认真研究印度的征地安排，发现其征地制度存在公共目的模糊、补偿低下、程序失当等三个局限性。尽管程序上失地农民可通过法院诉讼，但地方政府和法院对征地纠纷的态度可能是消极的。随着20世纪80年代印度改革的加快，当地征地规模变大，可惜地方政府仍无足够财力进行基础设施建设，故优先发展服务业。由于土地市场不完善，印度征地易导致赔偿水平低下，失地农民生活条件大起大落。印度征地陷阱的出现反映了滞后的政府改革和高速的经济增长并存，体现了强制性发展的经济社会效应。就基层制度创新而言，印度出现被征迁家庭参与协商以及政府规定用地单位承担社会责任的实践，一定程度上缓解了行政中心主义的弊端和地方政府缺少财力的困境，同时也扭转了征地的单一补偿倾向，使得城镇化成果在社会成员中得到较多共享。

## （二）东南亚

东南亚国家众多、人口稠密，土地权属及管理混乱，类似贫民窟的住房现象比比皆是。朱介鸣（2012）曾撰文描述了越南胡志明市和印度尼西亚雅加达市的居民住房状况，认为西方规划理论要融入当地实践具体分析。他的案例说明，胡志明市普遍存在居民自建于宅基地上的房屋，这直接导致恶劣的高密度居住环境以及高昂的房价与供给不足的住房空间两个结果，背后原因是政府缺乏足够的资金和能力进行规划和服务。事实上，越南自1985年开启整修政策（Doi Moi policy），中央计划经济逐步转型为多部门驱动的市场经济，全国城市开发由胡志明市等大城市引领，自上而下的传统规划力量同自下而上的新兴主体合力参与到城市征地变革中。由于产权模糊和法治较弱，基层政府同房地产企业合谋导致征地补偿较低，基层政府寻租和上层政府干预影响了法治进程（Sun and Kim，2008）。不过，最近的定量研究发现，越南农地消失对当地农户生计并无显著影响，反而会间接产生家庭福利的积极效应（Tran et al.，2014）。雅加达市的城市村庄遍布，上下水等基础设施缺乏，中产阶级更多在郊区置业，不断包围脏乱差的中心城区，最终形成市场管制的盛行和城市空间的私有化，背后原因仍然是当局缺乏城市管制能力和公共服务财力。朱介鸣（2012）总结，对于高密度、低收入的东南亚国家，自下而上的社区规划自建现象会造成至少四种结果：土地低效率利用、过度碎片化的土地抬高房价、公共管制缺位导致居住环境恶化、市场管制形成贫富空间隔离。高密度、低收入的现实要求有效的土地利用协调机制，这显然必须由自上而下的政府开发才能做到。

## （三）撒哈拉以南的非洲

撒哈拉以南的非洲地区是传统的第三世界，历史原因导致政局不稳、经济社会制度落后。本书以加纳和津巴布韦为例，总结撒哈拉以南的非洲征地制度运行状况和特征。加纳原名黄金海岸，第二次世界大战后摆脱英国殖民统治建国，盛产黄金、可可和木材。拉比等（Larbi et al.，2004）撰文详细回顾了近年加纳的强制征地制度。该国征地制度的根本原则是国家对民众及财产的权力至高无上，旨在为公共性和社会性设施提供用地，纠正私人交易中经济和社会方面的低效率，更多提供市场失灵时土地分配的社会公平。1992年加纳《宪法》第20条第1款规定，除了如下事项，国家不得征收私人财产或财产占有收益权，这些事项包括国防、公共安全、公共秩序、公共道德、公共健康以及促进公共福利的城乡规划、开发和利用等行为，或者明确写出征收后能保证公平对待利益相关者时可以征收。在被殖民时代（1850～1957年），加纳有的地区执行无偿剥夺土地的制度，有的地区执行有偿征收土地的制度，建国后各政权不同时期的强制征地制度略有差异。62.5%的征地事件发生在被殖民时代，建国后军方统治期间被征地次数也较多，但1966年后政府停止征地补偿。值得指出的是，为健康、产业发展、道路交通等公共目的而征地的项目事后较少地用在这些目的上。目前，加纳征地制度存在缺乏战略开发项目和标准、所征土地管理低效、征地目的和实际使用不一致、绝大部分土地无补偿征收、国有企业的无偿剥夺和私有化等问题，需要吸纳被征地民众意见改进自上而下的征地程序。

莫约（Moyo，2010）对照南非考察了津巴布韦征地制度。他指出，津巴布韦1992年制定《土地征收法》，1997年推行政府主导的强制性土地制度改革，将过量的、低效率使用的土地从部分白人手里转移到急需中小规模土地的黑人手里。同期，南非举行了民主透明、社区驱动的市场辅助性征地制度。津巴布韦和南非这两种征地实践均与历史上根深蒂固的种族隔离制度密切相关，传统认为会影响到社会稳定，但作者坚信政府主导的土地改革将导致经济崩溃是没有依据的。

## 第二节　国外征地模式评论

土地是特殊的资产类商品，具有经济、社会和自然属性。中国正处于农业社会向工业社会、计划经济向市场经济的双重转型进程中，传统、命令、市场等三种配置土地资源的方式并存。认真总结国外征地事实，能够发现发达国家业已完成城镇化和工业化，开始城市再开发，涉及公共利益界定、发展权交易、经济效应和历史保护；发展中国家则通过明晰土地产权来协调再分配，做强制性发展。回顾发达国家和发展中国家的征地经验，我们能够概括出国外征地模式的三个突出特征，即市场化交易、法治保障和政府规划。在细致的中外对照中，动态、全面地总结我国征地制度特色。

### 一、市场化交易优劣兼具

国外土地私有制能够保障实物和产权的市场化交易的顺利进行。客观地讲，国外遵循市场化交易原则进行征地的做法优劣兼具。

优点是有民众基础，更容易得到被征地住户的支持，社会冲突较少。发达国家或东南亚国家大多实行土地私有制或倚重法治，产权界定明晰，征地主体同土地所有者直接交易，或政府介入并以土地产权价值进行赔偿，能够极大地缓和征地引发的利益冲突。我国征地补偿标准长期按原土地用途处理，未考虑非农用途增值收益分享，计划经济思维的设计缺陷备受农民和学界诟病（如田传浩，2018），向区片综合地价转变是提升土地利用效率和社会公平的必然趋势。

不足之处是发达国家征地动员能力太低、讨价还价周期太长，而其他发展中国家的精英环境尚缺乏，民粹主义较为普遍。例如，德国盈利性征地需要市场价值补偿，但需要土地所有者均同意才能征收成功。澳大利亚1984年出台高铁建设规划，但三十多年过去了仍处于讨论阶段。再如，日本政府20世纪60年代开始征地建设成田机场，原计划1971年完工，但迄今仍有钉子户，只得边征迁边建设。在时间就是效率的当今社会，人口高密度导致征地交易成本太高，这是西方国家普遍存在的一种"低效率"。对比中国政府的征地政策，尽管配置土地资源的效率有待提高，但高强度的动员土地资源能力毋庸置疑非常高，是新兴民族国家的国家能力（state capacity）的具体表现，也是中华民族家国同构、举国体制的突出表现，体现了中国共产党领导的政治优势和社会主义国家的制度优势。当然，如若在缩小公益性征地基础上按照市场价值补偿被征地农民，努力让利益相关者达到共赢，那将是政府和民众共赢的奋斗目标。中国台湾地区类似留地政策的区段征收法、新加坡整体再开发的80%原则，能够综合考虑动员能力和讨价还价周期，不失为中国征迁值得借鉴的折中方案。

值得指出的是，各国对是否从公共利益出发征收土地及其附着物房产并没有统一标准，具有一定的弹性：日本等国采取列举法指明公共利益范围，欧洲地区利用规划要求和议会审议形式界定公共利益，美国则通过法院仲裁来审视项目是否符合社会利益大于私人利益的价值判断，即只要按照市场价值公平交易，不论政府出于何种目的征收，征收后都不影响民众当前生活水平，就好像征收没有发生过或有所改善，民众均能够接受征收行为。在中华人民共和国成立70周年之际，新土地管理法按成文法精神明确列举出公共利益范围，非公共利益征地行为已被明确限制，符合民众期盼。

## 二、法治保障参差不齐

概括而言，多数国家独立制定有土地征收法，少数采取章节法方式的国家也在考虑制定单独的土地征收法案，将行政行为和民事行为区分开来。发达国家严格按法律治理征地，其他发展中国家则行政权力或非常大（如非洲）或非常弱（如东南亚），法律保障名不副实。

对比地看，一来中国土地制度的法律保障不健全且城乡不统一。土地征收范围、补偿、程序等相关法律仅见于《土地管理法》，而该法律本质上属于物权法范畴，限制政府行为的外在约束仍要加强。尽管《国有土地上房屋征收与补偿条例》2011 年已代替《城市房屋拆迁管理条例》，赋予人民法院强制征收权力，但农村征地程序仍在学界探讨中和实践试点中。二来中国土地制度的法律保障散落在各个法律章节，由于历史原因未能有效整合制定成一部法律（王优银，2017），多依靠命令和传统维持，在2020 年民法典颁布之际，需要专门制定一部土地征收法。

目前《中华人民共和国宪法》《中华人民共和国物权法》《中华人民共和国房地产管理法》《中华人民共和国土地管理法》《中华人民共和国城乡规划法》《大中型水利水电工程建设征地补偿和移民安置条例》《中华人民共和国循环经济促进法》等法律对农村征地从各个侧面均有规定，而《中华人民共和国土地管理法》目的仅仅为加强土地管理，并非针对土地征收问题，更不用说《国有土地上房屋征收与补偿条例》明显将城乡土地上的房屋区分开来处理。

中国土地制度改革方向是产权明晰、用途管制，建立城乡统一的建设用地市场。政府制定规划，规划要法治化，寻求公法和私法的平衡点。征地区分公益性用地和非公益性用地两种：前者是商业用地，可完全市场化交易，农民与房地产开发商协商谈判，政府起仲裁作用；后者以市场价格为基础，农民不能对政府说不，房地产商不参与（党国英和吴文媛，2016）。不论征地公告发布还是"增减挂钩"实践，务必通过法治建设来约束行政过度介入。

## 三、政府规划发展不一

总结发达国家征地拆迁经验，能够发现规划历史悠久且与时俱进，规划理念和形式由"政府主导"逐步向"政府主导、市场参与"发展；发展中国家的规划经验较为匮乏，多由城市村庄、城中村、私人社区楼盘自主管制，造成社会环境恶化和贫富空间隔离。总体而言，中国以外的其他国家规划内容和形式发展不一。

改革开放以来，中国土地制度逐渐形成规划管制、土地用途管制和所有制管制等三重管制，在城乡分治前提下规划管制强于用途管制（刘守英，2014）。土地规划是国际通用的防治土地利用负外部性的手段，而所有制管制正是中国土地管制区别于他国的特色之处，借助现行二元土地制度能够保障地方政府通过土地征收来低成本地推动城镇化和工业化，乃至实现中国经济奇迹。然而，城乡土地二元结构不利于全面小康社会的建成，有悖于城乡融合发展；反过来讲，改革土地财政的经济发展模式有助于土地集约化利用，能够弘扬社会公平正义，可以缩小城乡经济差距。欣慰的是，土地奇迹衰竭导致我国土地所有制管制开始放松（刘守英等，2020），2019 年 8 月修订通过的《土地管理法》已删除"任何单位和个人使用土地必须依法申请国有土地"字样，允许征地以外的"农村集体经营性建设用地入市"途径。

另外，要正确认识中国规划作用。规划是为了建设，取决于产业，生活性服务业等产业取决于高技能人口，低技能人口取决于制造业和生产性服务业等产业，而人口流动和产业布局取决于土地供给。产业、人口、土地均是市场方面，若人口下降，土地供给就要收紧，精明收缩规划就要实施。尽管我国规划及用途管制具有维护公共秩序的功能，但从经济学视角而言，高度集中的规划管制权力容易造成测算土地面积错误、建设用地指标分配不合理和审批腐败等交易成本上升的局面（周其仁，2017），在吸纳公众参与和历史保护基础上，适当结合自下而上的市场管制是当前发展阶段妥善缓解征迁冲突的治标之策。"一张蓝图绘到底"是非常必要的，保障实施措施也是必要的。如在对待"城中村"问题上，土地利用规划是滞后的，应按城市规划先行先试，通过增减挂钩补足复垦费和土地增值税。又如在保障发展权受限的欠发达地区或生态保护区问题上，应允许他们合法获取来自发达地区和产业区的横向转移支付激励。长远看，我国征地制度的改革之策是识别公共利益列表、程序公开规范和公正补偿，治本之策是跨区域发展权交易，是城市反哺农村、工业反哺农业，需要伴随新时代五大发展理念和土地要素市场的发育不断推进而得以完善。

# 第三章　中国征地模式的逻辑演进

## 第一节　难以为继的旧模式

20世纪90年代以来，中国经济日新月异，正创造出经济奇迹。以往学者提出多种理论来解释富有中国特色的经济增长。动态比较优势理论认为，发展中国家参照要素禀赋结构选择具有比较优势的产业政策，即可实现后发优势和赶超战略（林毅夫和苏剑，2014）。"中性政府"说认为，中国追求全体人民利益而非特定集团利益促成当前经济成功（姚洋，2016）。这些理论能够解释中国的经济奇迹，但不能解释财政扩张、经济波动和金融影响。事实上，在进行经济分权的同时，只有政治集权制度下才能发挥地方政府相互竞争的功能（Jin et al.，2005）。中国旧的征地模式引致的土地财政创造了中国"经济奇迹"，尽管这种靠出让土地进行城市发展的旧模式难以为继。

### 一、既往征地的政策缘起及演进

#### （一）既往征地的政策缘起

中国征地问题并非一日形成，回顾农地产权经营制度历史能够帮助人们认清征地的产生原因和演进逻辑，寻找破解当前征地困境的历史线索。概括而言，中华人民共和国成立后农地产权制度先后经历了农地地主所有、农民所有、集体所有集体经营、集体所有家庭经营四个阶段（田传浩，2018）。1950年颁布了《中华人民共和国土地改革法》，党和政府将解放区的土改经验扩大到中国大陆绝大多数地方，初步建立起土地私有制，并颁发地契、房契，允许土地资源自由交易。随着重化工业优先发展和社会主义改造的进程，农村很快掀起携带农地入社的活动。1982年中央肯定包产到户，农村土地集体所有制开始演变为土地集体所有但使用权交付农户，极大地调动了农民的生产积极性。贵州湄潭率先试点，提出"增人不增地，减人不减地"的改进思路，缓解了农地使用权边界不清晰不稳定的状况，加快了城镇化进程。随着20世纪90年代湄潭经验的全国推广，村委会组织法同时赋予村干部自由调整村集体土地的权利，鉴于地理位置、第二三产业发展程度甚至村干部行事作风的不同，各地出现集体土地调整大小的分野和现代集体经济的兴衰。1987年，深圳有了目前城市建设用地务必是国有土地使用权，而国有土地使用权有偿让渡第一例，在20世纪90年代逐步产生土地财政问题和本书探讨的征地活动。目前国有土地使用权除基础设施、科教文卫等公益性用地依旧靠行政划拨配置外，已逐步由免费划拨转向协议出让，土地储备后进一步转向"招拍挂"。在农用地通过征地被转为城市建设用地的同时，特别是2004年土地整治政策以来，耕地整治甚至村庄整治结余出来的建设用地指标开始发挥计划指标外的市场价值，这种占补平衡进一步发展为增减挂钩和地票，直接缓解了征地框架下的土地利用效率问题和农户财产性收入渠道困境。

## （二）既往征地的政策演进

中华人民共和国成立后的征地政策演进伴随农地产权制度变迁。1953年颁布的《国家建设征用土地办法》规定，国家建设征购或征用土地范围、程序、补偿标准和安置办法，强调向群众解释和共同评定，进行以地补地再货币安置，适应农地私有制安排。1962年《农村人民公社工作条例（修正草案）》规定，宅基地作为生活资料不得租赁或买卖，产生房地分离现象并造就小产权房，体现农地集体所有集体经营特色。1982年重新制定《国家建设征用土地条例》，开启集体所有家庭经营制度下低价征用土地阶段，保留评议协商程序，普遍实施就业安置。1986年出台《中华人民共和国土地管理法》（以下简称《土地管理法》）并在1988年修订，规定农村和城市郊区的土地归集体所有，建立土地有偿使用制度，指明国家为公共利益需要可征用集体土地，继续低价征用土地。为保护耕地和保障粮食安全，1998年第二次修订《土地管理法》，规定任何单位和个人建设用地必须依法申请使用国有土地，导致"为了公共利益"进一步泛化。同时删除评议协商条款，继续低价征用土地，货币补偿开始盛行。甚至逐步关闭乡镇企业用地通道，将征地审批权收归国务院和省级政府，园区工业化开始替代乡村工业化。土地管理法律制度的暂时收紧引发征地冲突不断。2004年根据《宪法》对《土地管理法》进行修订，指出"国家为了公共利益的需要，可以依法对土地实行征收或者征用并给予补偿"，出现土地征收和征用并用的说法，并将范围扩大到国有土地，但仍并未指明公共利益内容。同年，国务院文件要求各地制定并公布统一的耕地年产值或区片综合地价，制定失地农民社会保障制度。由此，"三块地"（即耕地、宅基地、集体经营性建设用地）改革呼之欲出。直到 2019 年 8 月 26 日第四次修订《土地管理法》，去掉征用说法，明确公共利益范围，强调先补偿安置后搬迁，要求按各地统一的区片综合地价进行补偿。征地的政策演进具体内容如表 3 - 1 所示。

表 3 - 1　　　　　　　　　　　　1949 ~ 2004 年征地相关政策的演进

| 年份 | 法律或行政文件 | 核心内容 |
| --- | --- | --- |
| 1950 年 | 《土地改革法》第三十条 | 土地改革完成后，由人民政府发给土地所有证，并承认一切土地所有者自由经营、买卖及出租其土地的权利 |
| 1953 年、1958 年 | 《农村人民公社工作条例（修正草案）》第二十一条、第四十五条 | 规定国家建设征用土地范围、程序和补偿标准和安置办法，强调向群众解释和共同评定，为日后《国家建设征用土地条例》及《土地管理法》奠定基础 |
| 1955 年 | 《农业合作社示范章程》 | 农民可以带土地入社，入社的土地可参与分红；也可带着土地退社，继续享有自由经营、买卖及出租的权利 |
| 1956 年 | 《高级农业生产合作社示范章程》 | 社员的土地必须转为合作社集体所有，取消土地报酬 |
| 约 1958 年 | | 集体范围从生产队扩大到公社，土地等生产资料归公程度更高，全面禁止土地转让，实施政社合一 |
| 1961 年 | 《农村人民公社工作条例（草案）》 | 实行供给部分与工资部分三七开，试点安徽责任田 |
| 1962 年 | 《农村人民公社工作条例（修正草案）》第二十一条、第四十五条 | 取消供给制和工资制。生产队范围的土地，都归生产队所有，包括社员的自留地、自留山、宅基地，等等，一律不准出租和买卖；社员的房屋，永远归社员所有，可买卖、租赁。确定"三级所有，队为基础"的人民公社体制 |
| 1978 ~ 1982 年 | 中共十一届三中、四中全会和 1982 年《全国农村工作会议纪要》 | 严禁土地买卖和出租 |
| 1982 ~ 1991 年 | 《全国农村工作会议纪要》《中共中央关于进一步加强农业和农村工作的决定》 | 包产到户、包干到户都是社会主义集体经济的生产责任制，把家庭联产承包为主的责任制、统分结合的双层经营体制作为我国乡村集体经济组织的一项基本制度长期稳定下来 |
| 1982 年 | 《国家建设征用土地条例》 | 规定被征地社队应服从国家需要，补偿为耕地年产值三至五倍，安置先农村解决，解决不了的城市解决。开始低价征用土地 |

| 年份 | 法律或行政文件 | 核心内容 |
|---|---|---|
| 1984 年 | 《中共中央关于一九八四年农村工作的通知》 | 鼓励土地逐步向种田能手集中,可收取平价口粮转包 |
| 1987 年 | | 湄潭总结出"增人不增地,减人不减地",促进土地使用权明晰,加速土地有偿转包和城市化进程,摆脱苏联式集体农场传统,去除政社合一,同年国务院确立湄潭为国家土地制度改革试验区 |
| 1986～1988 年 | 《土地管理法》颁布及修订 | 确立土地有偿使用制度、用途管制制度、耕地占补平衡制度和土地规划体系。规定农村和城市郊区的土地归集体所有,指明国家为公共利益需要可征用集体土地,可以继续低价征用土地 |
| 1998 年 | 《土地管理法》修订 | 国家编制土地利用总体规划,规定土地用途,严格限制农用地转为建设用地,控制建设用地总量,对耕地实行特色保护。规定任何单位和个人建设用地必须依法申请使用国有土地。删除评议协商条款 |
| 2010 年 | 《村民委员会组织法》 | 村委会经村民会议讨论决定后,有权兼行集体经济组织功能(即选择政社合一),有权办理承包地经营、宅基地使用以及征地补偿费分配在内的财产性事务 |
| 1988～1990 年 | 《宪法》《城镇国有土地使用权出让和转让暂行条例》 | 任何组织或者个人不得侵占、买卖或者以其他形式非法转让土地,土地的使用权可以依照法律的规定转让。国有土地可出让和转让 |
| 2004 年 | 《国务院关于深化改革严格土地管理的决定》 | 鼓励农村建设用地整理,禁止市民买宅基地。城镇建设用地增加要与农村建设用地减少挂钩。确立被征地农民生活水平不降低和长远生计有保障原则,要求各地制定并公布农地年产值标准或区片综合地价 |
| | 《土地管理法》修订 | 指明"国家为了公共利益的需要,可以依法对土地实行征收或者征用并给予补偿" |

## 二、既往征地的理论概括

国内代表性学者总结的征地逻辑包括:陶然、汪晖的区域竞次式增长模式,以及黄小虎、周飞舟、刘守英的"土地—财政—金融"城市化模式。以下分别进行阐述:

### (一)"区域竞次式"增长模式

陶然等(2009)系统回顾了 20 世纪 90 年代地方政府经营国有企业或乡镇企业的历史背景,认为当时的财税体制和行政性贷款政策适宜地方政府保护当地国有经济和集体经济。伴随邓小平的南方谈话和金融改革,国有企业和乡镇企业开始改制分流，央地分税制改革拉开帷幕。分税制后，地方政府税收工具越来越受限，地方税收的下降和地方事权的增加导致各地财力紧张，招商引资和土地出让日渐盛行，土地批租等非税收手段越来越多，私营企业受到地方政府重视。通过放松环境保护和劳动力权利保护，用协议出让或挂牌出让的方式以等于或低于征地成本价引入中低端制造业企业，持续地提供贸易品和增值税税源；通过设立土地储备中心并采取"招拍挂"形式引入商住企业，持续地提供非贸易品、营业税税源和土地出让金等预算外收入。这种区域竞次式经济增长模式的确吸引了制造业投资，通过县域经济竞争造就了中国的世界工厂地位，甚至被认为是当今最好的经济制度（张五常，2009）。然而，究其本质来说，大力发展中低端制造业的同时，压低土地、劳动力价格，放松资源利用和环境保护标准，势必带来经济、社会、环境等负面影响。

从经济效应看，过度压低土地、劳动力价格对失地农民和外地劳动力利益有损害，过度的制造业投资（2000年年初浙江协议出让占征收土地总量的40%左右）还引起中低端产能过剩，商住土地供应短缺（2000年初浙江"招拍挂"占征收土地总量的15%左右）导致房价居高不下。为保持中国经济竞争力和贸易顺差而过度压制汇率，又造成国际热钱涌入中国和高额外汇储备累积，为对冲风险，中央银行发行过多人民币进一步引起流动性过剩，最终形成房价上涨和通货膨胀的尴尬局面。从社会效应看，区域竞次式经济增长模式损害了农民工和被征地农民的切实利益，未能真正保护他们的城镇化成果和公共服务福利，会恶化城乡关系和社会稳定性。从环境效应看，区域竞次式模式很多时候低效率地使用资源并破坏了当地环境，影响到当地民众的正常生产和生活。汪晖（2013）明确指出，地方政府征收土地一方面通过低价出让吸引制造业入驻各种开发区以筹措税金，另一方面通过"招拍挂"来批租商住用地从而高额回收土地出让金以经营城市，这一整套策略的制度保障就是当前低补偿和无公共利益限定的征地制度。

由此可见，传统认为低价征地招商引资属于低成本地推进城镇化和工业化策略，在当前愈来愈强调以人为本的新时期，这种西方工业革命时代盛行的经济增长模式是不可持续的，亟待多方联动改革，从逐底竞争过渡到逐顶竞争。

### （二）"土地—财政—金融"模式

随着1994年分税制替代财政包干制度，全国各地掀起以经营土地为主要内容的经营城市浪潮，以地引资来发展制造业，构成经济增长动能，成功替换了改革开放早期地方政府经营企业的做法。1998年，国有资源部开始组建，随后2003年土地储备中心开始普遍建立，土地财政日渐发展起来。土地财政是以低成本征收农村集体土地为切入点，以垄断土地一级市场经营为主要内容，以提高"招拍挂"比重发展房地产为突破口，以解决城市建设资金缺口为目的的做法。通过低价征收农民土地、高价出让国有土地使用权获取的土地出让金，作为地方政府预算外收入来弥补当地财力与事权之间的资金缺口。除了土地财政手段，2009年后土地金融越来越盛行起来。土地金融是将土地性质从资产引向资本，赋予金融属性。地方政府通常以土地储备为中心、以政府融资平台和开发区为载体，向银行进行土地抵押或质押，筹措城市基础设施建设资金。在土地征用和开发过程中，地方政府通过财政和金融手段积累城市发展资金，通过"圈地"来"圈钱"，还形成潜在的社会风险和金融风险（周飞舟，2007）。由此，以土地为中心，积极挖掘其收入和资本功能，为城市建设融资的"土地—财政—金融"模式已然形成。具体的内在逻辑如图3-1所示。

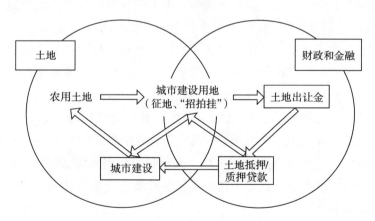

**图3-1 "土地—财政—金融"模式**

资料来源：依据周飞舟（2007）、黄征学（2013）等研究成果修改而成。

不可否认，土地财政和土地金融在中国经济转型特定时期具有重要的积极作用。赵燕菁（2014）指出，土地财政是中国城市化启动的关键制度安排，为城市发展积累起大量原始资本。具体地，土地财政是城市化的最初信用，能够发挥融资而非收益功能，是中国和平崛起的制度基础。尽管西方国家历史上也有土地财政，如美国土地财政历史长达百年（1789～1862年），当前仍在开征房产税和土地增值税，但中国的土地财政更多依赖增量土地的税费和租金，是现行征地制度和政府经营土地制度的融合结果，具有浓厚的计划经济色彩（黄小虎，2012）。能够看出，"土地—财政—金融"城市发展模式是不可持续的。具体原因在于，耕地保有量具有18亿亩的硬性约束，增量土地批租终究有限；很多地方政府融资平台资不抵债；土地出让金不断抬高房价，会抑制城市发展后劲（黄征学，2013）。就此，黄征学建议明确界定公益事业的范围、提高土地征收补偿水平、允许农地直接入市来打破城镇土地一级市场垄断地位，通过开征房产税等形式逐渐摆脱土地财政的现行局面。

事实上，中国经济增长的奇迹来自高速的工业化和城镇化两个引擎，而这两个引擎的发动机是土地，操作者则是地方政府：地方政府低价征用或征收农民土地，通过土地协议出让创办园区低成本地推进工业化；同时利用土地一级市场垄断者地位进行经营性用地的"招拍挂"出让和抵押融资，以推动城镇化，这种以地谋发展的模式不可持续（刘守英，2017b）。郑思齐等（2014）概括中国城市建设的投融资模式是"以地生财、以财养地"，土地出让收入和抵押贷款融资缓解了地方政府经营城市的预算约束，促进了城市基础设施建设，而城市基础设施建设资本化到土地价格中，构成城市投融资自我强化的正反馈机制，但这种牺牲失地农民利益的运行模式不可持续。周飞舟等（2018）的研究进一步指出，若从社会学视角考察中国特色城镇化道路，可分为1978～1994年的工业城镇化、1995～2011年的土地城镇化和从2012年到现在的人口城镇化三个阶段，分别是调整政府与企业、中央与地方、国家与农民的关系，目前的新型城镇化战略能够结合国家强有力干预和农民流动人口及贫困人口的全面扶持两种目标，共同形成中国接力式发展的城镇化特色，研究改善民生、振兴乡村是以人为本的人口城镇化阶段的重要课题。

当然，也有观点认为，土地财政能够让各级政府开展基础设施建设，而基础设施建设推动土地增值，故按原用途补偿合理且要涨价归公，防止城郊农民变为不劳而获的食利阶层，同时认为增减挂钩只是财富转移，主张事后再分配（贺雪峰，2018）。实际上，张清勇等（2020）在2018年全国的征地调查表明，的确存在征地公共利益界定不清、程序不合理、补偿不高等问题，50.4%的被征地村庄距离县城超过20千米。征地意愿方面，传统观念、土地对生存的重要性和发展前景预期分别占到42.2%、40.8%和7%。张清勇的调查说明，城郊食利阶层现象不普遍。本书归纳的多元化补偿替代单一且低下的补偿正是积极解决征地异质性的办法，认为绝对地坚持"农村是中国现代化的稳定器和蓄水池"不能与时俱进，绝对地肯定土地财政功绩不能认识到其不可持续性以及对被征地农民利益的损害，应允许城市工作稳定的农户自愿有偿退回宅基地，体制机制上鼓励被征地农民合法分享土地增值收益并增加财产性收入。

此外，社会学家还提出强制性城镇化（何艳玲，2013）、国家城镇化（朱晓阳，2014）的概念，与经济学家所说的被动城镇化（见柴国俊（2017）关于甘犁住房消失之谜的总结）异曲同工，均认为征地涉及政府与农民的关系问题。国内如上逻辑为本书厘清中国征地问题提供了理论滋养，但多集中于宏观层面，且未考察无土地财政的经济效果，有待本书进一步阐发。

### 三、征地旧模式的构成要件

回顾改革开放以来中国房地产业短暂的历史和城乡发展进程，当前征地活动以 2013 年中共十八届三中全会为界划分为两个阶段。[①] 前一阶段可概括为传统城镇化道路盛行，以物和经营城市为本；后一阶段概括为新型城镇化理念和实践逐渐占主导，以人的利益为核心，注重城乡良性互动，强调全面建成小康社会及和谐社会。本节在过往学者对征地的理论概括的基础上，引出本书的核心逻辑概念——中国征地模式，以阐释第一阶段的征地旧模式。

中国征地关联城乡发展，是城乡关系的演进和重塑。2012 年中共十八大以前，城市基础设施建设、旧城改造等城镇化资金来源是很大的问题。1991 年《城市房屋拆迁管理条例》明确主张房屋拆迁是一种（看似）公平的市场交易行为，房地产开发企业被鼓励同被拆迁人直接交易，政府只起居中裁决的作用，由此造成拆迁问题不断，直至 2011 年征收条例将政府和法院引向前台。征地活动的规范则更为严格，1998 年《土地管理法》引入政府更重要角色，以往协议出让转变为公告出让，并规定征地是农转非唯一合法途径。由于征地程序不合理、补偿低下、

---

① 中共十八届三中全会发布的《中共中央关于全面深化改革若干重大问题的决定》意义重大：一是指明全面深化改革的总目标是完善和发展中国特色社会主义制度，推进国家治理体系和治理能力现代化；二是强调健全城乡发展一体化体制机制、建立城乡统一的建设用地市场。随后，中共十八届三中全会精神得到贯彻落实，一个表现就是 2015 年初国务院推行的"三块地"试点改革。由此，本书以中共十八届三中全会为界，将中国征地模式划分为新旧两个阶段。本章第二节的新模式处有详细论述。

公益范围模糊，被征地农民无法分享城镇化、工业化成果，各地征地纠纷此起彼伏。

总结中国征地旧模式，全面深化改革前或称第一阶段的征地逻辑可概括为：时代条件是土地财政，手段是货币为主的单一低价补偿，目标是所得土地出让金和融资投入城市建设中，间接导致被征地家庭的生计不可持续。这里，条件、手段和目标描述了征地从头到尾的整个过程，构成本书所提的"三位一体"的征地旧模式核心要件。具体如图3-2所示。

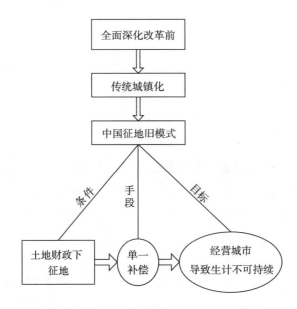

图3-2 "三位一体"的中国征地旧模式

## 四、征地旧模式运行维艰

### （一）宏观层面土地财政不可持续

改革开放40余年，中国经济腾飞举世瞩目。经济奇迹的一个重要表现是，城市建成区面积及征地规模均伴随城镇化迅猛提升。统计显示，2004年中国城市建成区面积和城镇化率分别为30406.2平方千米和41.76%，2015年二者分别达到52102.3平方千米和56.1%。如图3-3所示，2000～2011年城镇化每上升1个百分点，征地面积对应扩张4个百分点，2012年后征地面积有所下降。

征地面积扩张的一个重要推力是地方政府。如图3-4显示，各级政府土地出让收入和农用地征收面积高度相关，约有1～2年滞后，直观地揭示出获取土地出让金的确是政府征收农用地的重要动机。土地财政是2000年以来地方政府的重要融资渠道，成为征地进程的重要推力。然而，土地财政是不可持续的。

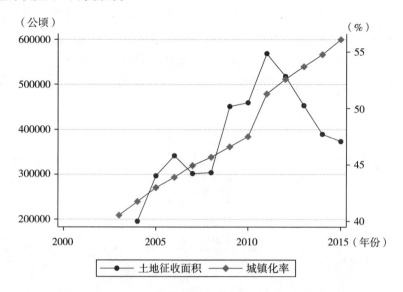

**图 3 – 3　2003～2015 年城镇化率与征地面积的时间趋势**

资料来源：征地面积来自历年《中国国土资源统计年鉴》；城镇化率来自历年《中国统计年鉴》。

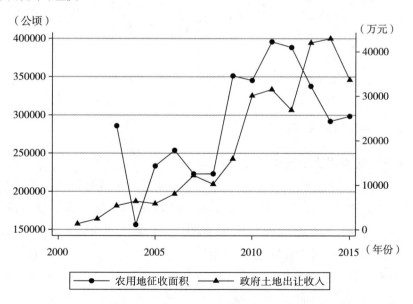

**图 3 – 4　2001～2015 年征地面积与土地出让收入趋势**

资料来源：根据历年《中国国土资源统计年鉴》整理所得。

第一，在"三条红线"管制下，土地资源终究是有限的。传统上，国土部门划定永久基本农田红线；城市建设规划部门划定城镇开发边界；环境保护部门划定生态保护红线。在多规合一的大背景下，自然资源部得到组建，三个空间"三条红线"形成统一的国土空间规划，加上发改委的主体功能区和经济社会发展规划的密切协调，在生态保护和满足人民美好生活需要的指导下，正在合力制约地方政府大拆大建行为。现实中，近些年房地产市场迹象的确反映出城市增量土地的不足。据《经济日报》2018年初报道，2016年全国二手房交易规模占住房交易总额的比重是41%，一线城市二手房交易额已达新房的2.1倍，这意味着中国房地产市场已进入租售并举的存量房时代。另据西南财经大学研究报告《城镇住房空置率及住房市场发展趋势2014》抽样测算，2013年城镇住房拥有率高达87%，现有住房存量完全可以满足住房刚性和改善性需求。也就是说，几年前，中国房产市场已进入存量饱和期，用于住宅的城市建设用地已无增长空间，全域全要素综合整治提上日程，高速进行的传统征地自然无须继续。

第二，房价泡沫、地方负债等风险愈来愈大。土地财政和土地金融相结合形成经济金融不稳定因素。一方面，地方政府"招拍挂"出让国有土地的程序抬高了地价，进而推高了房价，增加了民众房产投机情绪和房产泡沫破灭风险，土地金融进一步挤压了东部地区制造业的融资支持，降低了制造业既往优势；另一方面，地方政府通过向银行抵押借款卖地的行为抬高了地方政府债务比重，透支了地方政府未来发展潜力，积累潜在的金融风险，特别是中西部地区。本质上讲，地方政府以土地吸引固定资产投资、以固定资产投资发展当地经济的模式是存在隐患的。一旦房价下跌，土地将贬值，地方财政难以维持，银行不良贷款增多，房产资金链条断裂，投资者和消费者信心会受到损害和传染，金融市场的系统性风险将不可控，乃至影响到整个实体经济。多方统计显示，2003年后加上抵押贷款收入的土地财政比重在部分年份已超过60%。欣慰的是，中央近年来将化解重大风险列为三大攻坚战之一，鼓励各地政府通过发行地方债券的形式置换存量政府债务，降低地方金融风险概率。据国家审计署统计，截至2012年年底，全国政府负有偿还责任债务的逾期债务率为5.38%，处于国际上较低水平。

第三，非正规的融资运营成本过高。土地财政难以为继的直接原因是成本越来越高。这里成本包括两点：一是地方政府土地出让金的预算外收入地位决定其不可长久，"第二财政"终究会被中央政府以某种形式融入正规收入体系进行监管和分成。早在2007年，全国土地出让收支就已被纳入政府性基金预算管理。2017年起新增建设用地土地有偿使用费等3项政府性基金调整转列一般公共预算。2018年，伴随国务院机构改革落地，省级以下的国税和地税机构正式合并。这一改革在增强中央政府宏观管理能力的同时，赋予地方政府更多自主权，以调动地方培育财源的积极性，提升地方治理能力。二是征地成本的提升，使得土地出让净收益越来越小。据《人民日报》报道，2014年全国土地出让总收入是42940.30亿元，总支出是41210.98亿元，净收益为1729.32亿元；2015年总收入和总支出数额分别为33657.73亿元和33727.78亿元，净收益是−70亿元。这里，土地出让支出包括征地拆迁补偿支出、土地出让前期开发支出、补助被征地农民支出等成本性支出，以及用于城市建设、农业农村、保障性安居工程三方面的非成本性支出。数据表明，随着近年各种生活成本上扬，征地拆迁补偿支出占比有所提升，挤压了土地出让净收益空间。

### （二）微观层面GDP激励正在削弱

2000～2010年随着城镇化步伐的加快和旧城改造工程的推进，征迁引发的经济纠纷和社会冲突层出不穷，这不仅影响了干群关系和社会稳定，还对改革思路提出了挑战。那么，征迁多寡是否源于当前的"唯GDP论"考核？如图3−5所示，2000～2010年征地次数、拆迁次数分别和GDP增长率及财政收入增长率大体存在同步变化倾向，征地拆迁次数略滞后于后两者。这一直观事实初步显示，征地拆迁规模与既往的经济绩效考核具有相关关系。

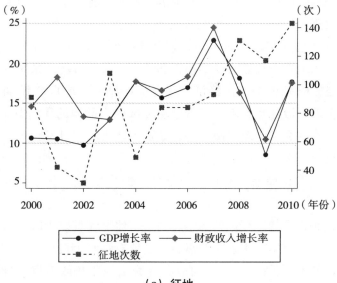

（a）征地

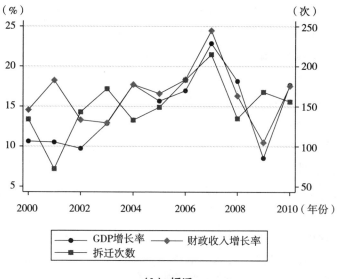

（b）拆迁

**图 3 – 5　2000～2010 年征迁次数和 GDP 及财政收入增长率的趋势对比**

资料来源：作者根据历年《中国统计年鉴》和 2011 年中国家庭金融调查数据整理绘制得出。

本小节在控制城镇化率、政府规模等因素下，拟采用动态面板数据法等计量技术探讨近些年国内征迁的驱动因素。由于研究数据为区县级信息，相比以往省级、地市级数据更为微观，所得结论更为令人信服。

本研究数据包括两个来源。首先，中国家庭金融调查数据的获取为开展征迁驱动力研究奠定了坚实的实证基础。从 2011 年中国家庭金融调查数据中，我们汇总出 80 个区县 2001～2010 年征迁次数、民众满意度、抽样权重等变量。① 其次，历年《中国县（市）社会经济统计年鉴》是本小节的另一重要数据来源。仔细从中整理出各区县人口、经济、地理等基础信息，并与上述得到的征迁信息相匹配，最终得到 2001～2010 年区县级面板数据来检验 GDP 政绩观对征迁规模的影响。但由于年鉴缺乏大部分

① CHFS 整体抽样方案采取了三阶段分层 PPS 的抽样设计，第一阶段抽样单元为区县，具体从除西藏、新疆、内蒙古以及中国香港、澳门地区及台湾地区外的 2585 个区县中抽取 80 个区县。调查报告显示，实际样本和总体在人均 GDP 等指标上非常一致。由此可知，CHFS2011 年数据在区县级层面乃至全国具有代表性，符合本研究目的。CHFS2011 年调查问卷非金融资产部分设置有征地拆迁模块，详细询问受访家庭征迁时间、补偿等信息，根据回忆性原始数据，本小节汇总成区县层面的征迁主题的面板数据。由于征迁是影响家庭住房的重要事件，且征迁距离调查时间 2011 年夏越近，受访户越能准确说出发生时间（这也与离 2011 年越近土地住房价格越高、征迁影响越大的现实是吻合的），这些方面原因能够很大程度上缓解回忆性数据的偏差。

市辖分区基础信息，无法与 2011 年中国家庭金融调查的所有区县相匹配，实际匹配近 50% 区县，绝大多数为县城，这可能在一定程度上低估了经济绩效对征迁次数的影响①。从另一角度看，依据我国行政层级结构就 GDP 增长绩效自上而下"层层分解、层层加码"现象（周黎安，2007），上述低估的参数在倒数第二层的区县级被进一步缩小，故本研究的实证结果总体上低估经济绩效诉求如何影响征迁规模情况。

对传统静态面板数据模型采用固定效应方法虽然能够去除不随时间变化的个体异质性，但无法解决同时决定的内生性问题（simultaneity bias）。动态面板数据模型可以很好地缓解这一棘手问题，如（3.1）所示：②

$$no_{it} = \alpha_1 \cdot no_{it-1} + \alpha_2 \cdot gdprt_{it} + Z'\beta_{it} + u_i + v_{it} \tag{3.1}$$

其中，$no_{it}$ 表示特定年份 $t$ 在特定区县 $i$ 发生的征地或者拆迁总次数，考虑到某年某地存在零征迁的记录，故如下回归中采用 $\ln(1+no)$ 计算。$gdprt$ 是我们感兴趣的经济绩效变量，代表该区县该年度 GDP 增长率，是各区县前后两年第二产业增加值的增长率。为增强结果稳健性，本小节还引入财政收入增长率 $fiscalinrt$ 替代 $gdprt$（周黎安，2007），由各区县前后两年地方财政一般预算收入计算得出。本小节用 $gdprt$ 减去 $prov\_avggdprt$ 得到的差额 $diff\_gdprt$ 来表示相对经济绩效考核，以去除局部范围内的共同冲击或特征，其中 $prov\_avggdprt$ 为本省（自治区、直辖市）的 GDP 增长率平均水平。还有些文献指出，加入辖区民众的满意度可能会改善官员考核指标体系的激励作用（周黎安，2007；方红生和张军，2009），本研究也尝试考虑当时当地的家庭拆迁补偿满意度的平均值 $avgsatisfy$，由满意度五等分主观度量得分标准化得到。$Z$ 为外生的控制变量向量，包括固定资产投资率 $investrt$、政府规模 $govsize$、城镇化率 $urbanrt$、人口密度 $popdensity$、人力资本指数 $hcrt$。$u$ 为该区县不可观测的特征，$v$ 是特质的误差项，GDP 增长率对征迁规模的长期影响为 $\dfrac{\alpha_2}{1-\alpha_1}$。显然，当滞后被解释变量 $no_{it-1}$ 系数 $\alpha_1$ 小于 1 时，长期效果要大于静态面板数据模型中的短期效果。

① 通常认为市辖分区的征迁次数更多，征迁活动更为频繁，故这里样本选择会低估征迁影响。

② 从计量方法上讲，静态面板数据通过时间去平均法（time-demeaning）能够解决不可观察的不随时间变化的异质性导致的遗漏变量问题，动态面板数据不仅可去除这一个体异质性，而且通过利用滞后两期及以上的被解释变量向量组做滞后一期的被解释变量的工具变量的方法，还能消除同时决定的内生性问题（这里是 nickel bias），故本研究潜在的内生性很大程度上是由 GDP 增长率测量误差引起的。从理论上讲，这会引起估计结果偏向 0，即系数变得不大显著，故去除测量误差后本研究对 GDP 增长率影响拆迁规模的估计结果会更显著。当然可能还残留不可观察的随时间变化的异质性引起的遗漏变量问题尚待寻找额外工具变量来解决。

动态面板数据具体处理方法包括差分广义矩估计（DIF-GMM，见 Arellano and Bond，1991）和系统广义矩估计（SYS-GMM，见 Arellano and Bover，1995；Blundell and Bond，1998），两者回归变量均含被解释变量滞后项，能够处理同时决定引起的内生性问题。然而，前者仅利用差分方程信息构造矩条件，后者同时利用差分方程和水平方程信息，故得出的结果相比更有效率，在如下实证分析中本研究以系统 GMM 为动态面板数据估计方法。[①]

描述性统计显示，年度征地次数 reqino 均值和标准差均较大，而拆迁次数 demono 变化相对较小，中位数为 0 表明大部分区县（80%）近 10 年未发生拆迁行为，这可能与较繁华市辖分区数据缺失有关，但依据前述"加码"现象也能反映全国一定的现实。经济绩效度量 gdprt 和 fiscalinrt 较为合理，但前者波动较大，去除异常值后如下回归结果基本未变。标准化的民众满意度 avgsatisfy 均值小于 0，标准差较大，表明各地各年住户拆迁满意程度有较大差异，但总体不太满意。

采用动态面板数据计量模型（3.1）的回归结果汇报在表 3 - 2 中，其中前 1 列为基准回归，其余为扩展估计。鉴于征地结果不显著，这里仅报告拆迁结果。观察前两列后我们发现，在加入拆迁次数一阶滞后项后，经济绩效度量指标 gdprt 抑或 fiscalinrt 均在 1% 统计水平上显著为正，长期效应在 0. 121（即 0. 075/（1 - 0. 38））到 0. 139（即 0. 086/（1 - 0. 382））之间，大于静态面板数据模型的短期效应，进一步表明区县级财政收入增长率等显性政绩而增大拆迁规模的动机。表 3 - 2 第 3 列考察加入财政亏损率 fiscaldrt 后经济绩效作用的变化，结果显示，gdprt 系数几乎未受影响，但财政亏损度量显著为负。后者与土地财政直观的推测截然相反，地方政府在财政亏损严重的时候反而会缩小拆迁规模的事实直接否定了土地财政假说和财政激励。注意到我国转型期日新月异，故不同年份外生冲击差异很大。一个很自然的稳健性检验方法是，验证加入时间固定效应后 GDP 增长率如何影响拆迁规模大小，结果汇报在表 3 - 2 第 4 列。不难发现，GDP 增长系数几乎未变动，仍然显著增加拆迁发生次数。最后一列验证相对经济绩效考核对地方拆迁次数的影响，同样发现，diff_gdprt 系数大小类似且显著为正，这意味着地方官员绝对考核和相对考核对当地拆迁次数影响效果是一致的。同时表 3 - 2 各列均显示，拆迁次数滞后项非常显著，表明采用动态面板数据很有必要。此外，固定资产投资率 investrt、政

---

① Stata 最新版本已植入处理动态面板数据的集成命令，详见鲁德曼（Roodman，2009）。

府规模 *govsize*、城镇化率 *urbanrt*、人口密度 *popdensity*、人力资本指数 *hcrt* 在系统 GMM 估计两列均为正，*govsize*、*urbanrt*、*popdensity* 较为显著，符合经济学直觉和预期。表 3 - 2 最下面 3 行进一步做了计量检验：一阶序列相关成立且二阶序列相关不成立，故各列误差项基本不存在序列自相关问题；Hansen 检验结果表明不能拒绝工具变量合理的假设，故选择的工具变量（滞后项）有效。

表 3 - 2　　　　经济绩效考核对征迁次数的系统 GMM 回归结果

| 解释变量 | (1) | (2) | (3) | (4) | (5) |
|---|---|---|---|---|---|
| *L. demono* | 0. 382 *** | 0. 380 *** | 0. 393 *** | 0. 386 *** | 0. 385 *** |
|  | (0. 014) | (0. 014) | (0. 016) | (0. 018) | (0. 018) |
| *gdprt* | 0. 086 *** |  | 0. 090 *** | 0. 075 *** |  |
|  | (0. 010) |  | (0. 011) | (0. 013) |  |
| *fiscalinrt* |  | 0. 075 *** |  |  |  |
|  |  | (0. 020) |  |  |  |
| *diff_gdprt* |  |  |  |  | 0. 077 *** |
|  |  |  |  |  | (0. 012) |
| *investrt* | 0. 043 | 0. 025 | 0. 076 *** | 0. 046 | 0. 033 |
|  | (0. 032) | (0. 027) | (0. 021) | (0. 031) | (0. 026) |
| *govsize* | 0. 137 | 0. 175 * |  | 0. 233 ** | 0. 237 ** |
|  | (0. 095) | (0. 094) |  | (0. 097) | (0. 097) |
| *urbanrt* | 0. 420 *** | 0. 410 *** | 0. 307 *** | 0. 372 *** | 0. 393 *** |
|  | (0. 050) | (0. 049) | (0. 062) | (0. 060) | (0. 063) |
| *popdensity* | 0. 164 ** | 0. 136 ** | 0. 076 * | 0. 138 ** | 0. 132 ** |
|  | (0. 062) | (0. 062) | (0. 043) | (0. 062) | (0. 063) |
| *hcrt* | 0. 027 *** | 0. 020 | 0. 020 * | 0. 009 | 0. 012 |
|  | (0. 009) | (0. 012) | (0. 011) | (0. 013) | (0. 013) |
| *fiscaldrt* |  |  | − 0. 120 ** |  |  |
|  |  |  | (0. 046) |  |  |
| 常数项 | − 0. 137 *** | − 0. 116 *** | 0. 012 | − 0. 124 *** | − 0. 092 * |
|  | (0. 033) | (0. 030) | (0. 044) | (0. 041) | (0. 046) |

| 解释变量 | (1) | (2) | (3) | (4) | (5) |
|---|---|---|---|---|---|
| AR1 P 值 | 0.000 | 0.000 | 0.000 | 0.000 | 0.000 |
| AR2 P 值 | 0.115 | 0.116 | 0.111 | 0.093 | 0.100 |
| Hansen P 值 | 0.956 | 0.972 | 0.966 | 0.904 | 0.906 |

注：各列被解释变量均为拆迁次数，括号里的数是其对应标准差。各列均为两阶段估计结果，内生变量为滞后一期的拆迁次数，工具变量一直到其最大滞后项，第 4 列控制时间固定效应，最后一列控制时间固定效应且考察相对经济绩效考核。第 2 列主要解释变量为财政收入增长率 *fiscalinrt*，第 5 列为相对经济绩效考核 *diff_gdprt*，其他列均为 GDP 增长率 *gdprt*。＊、＊＊ 和 ＊＊＊ 分别表示 10%、5% 和 1% 统计水平上显著，各列观测值均为 428 个。

为从根源上改进官员考核指标体系，这些年不少地区试点探索同时考虑环境污染、能源消耗、民众满意度等指标的综合绩效标准，例如广东官员在两会提出 GDP 比重不超过 3 成的改革意向①。这里利用中国家庭金融调查问卷中拆迁住户补偿满意度汇总得到辖区民众各年平均满意度信息，进一步探讨兼顾民众满意度的新的官员绩效考核对当年当地拆迁次数的影响变化。新绩效考核具体构建过程是，先标准化原经济绩效指标 *gdprt*、*fiscalinrt*、*diff_gdprt* 以及新指标平均满意度 *avgsatisfy*，然后分别赋予 0.3 和 0.7 的比重，加权平均值即为新绩效指标 *gdprt_avgsatisfy*、*fiscalinrt_avgsatisfy*、*diff_gdprt*2。按照同样的方法重新回归表 3 - 2 的内容，结果整理在表 3 - 3 中。我们不难发现，修正后的绩效考核对拆迁规模的影响效果下降了，不仅系数变小，甚至显著性也下降了，控制变量影响基本未变。② 这不仅揭示上述计量结果的稳健性，更重要的是表明官员对不同的考核体系确实具有明显不同的激励效果，改善现有绩效指标有助于缓解当前的"拆迁热"。

表 3 - 3　　　修正后的绩效考核对征迁次数的系统 GMM 回归结果

| 解释变量 | (1) | (2) | (3) | (4) | (5) |
|---|---|---|---|---|---|
| *L. demono* | 0.384 *** | 0.383 *** | 0.392 *** | 0.388 *** | 0.388 *** |
| | (0.015) | (0.015) | (0.017) | (0.025) | (0.025) |

① 杨华云、胡红伟：《广东官员考核 GDP 比重不超三成》，载《新京报》2010 年 3 月 7 日，http：//epaper. bjnews. cn/html/2010 - 03/07/content_72966. htm？ div = - 1。

② 细心的读者可能会认为，标准化后的指标也会影响绩效系数。我们将旧指标标准化回归后发现，的确能够减弱拆迁次数，但回归系数大小介于新旧绩效考核回归系数之间。也就是说，加入民众满意度后的新指标还会进一步降低拆迁规模效果。

| 解释变量 | (1) | (2) | (3) | (4) | (5) |
|---|---|---|---|---|---|
| gdprt_avgsatisfy | 0.033*** | | 0.025** | 0.044*** | |
| | (0.009) | | (0.012) | (0.018) | |
| fiscalinrt_avgsatisfy | | 0.018 | | | |
| | | (0.012) | | | |
| diff_gdprt2 | | | | | 0.044*** |
| | | | | | (0.018) |
| fiscaldrt | | | −0.108** | | |
| | | | (0.048) | | |
| 控制变量 | Y | Y | Y | Y | Y |

注：各列被解释变量均为拆迁次数，括号里的数是其对应标准差。各列均为两阶段估计结果，内生变量为滞后一期的拆迁次数，工具变量一直到其最大滞后项，第 4 列控制时间固定效应，最后一列控制时间固定效应且考察相对经济绩效考核。第 2 列主要解释变量为财政收入增长率 fiscalinrt，第 5 列为相对经济绩效考核 diff_gdprt，其他列均为 GDP 增长率 gdprt。* 、** 和 *** 分别表示 10%、5% 和 1% 统计水平上显著，各列观测值均为 428 个。

征地拆迁是中国目前突出的社会问题，其驱动机制备受大众的关注，但鲜有经济学视角的学术研究。基于 2011 年中国家庭金融调查和历年《中国县（市）社会经济统计年鉴》资料匹配构建的 2001~2010 年区县级面板数据，本节深入探讨 GDP 增长等经济绩效考核对征迁规模的影响。动态面板数据系统 GMM 估计结果表明，在控制住政府规模、城镇化率、人口密度等因素下，经济绩效的确能够显著正向作用于当年当地的征迁多寡，地方政府在财政亏损严重时缩小拆迁规模的事实证伪了土地财政假说和财政激励的解释力。进一步研究发现，加入辖区当年民众满意度的绩效考核则会减弱拆迁规模影响。本研究验证了 GDP 增长的（绝对和相对）政绩诉求对征迁规模的短期影响和长期影响，但否认了土地财政驱动征迁多寡的渠道。这些结论对降低唯 GDP 微观动力机制具有重要启示。

第一，考虑纳入辖区公众的满意度等指标是改进考核的一个重要方向：在同时考虑当年当地民众拆迁满意度后，拆迁规模影响程度有所下降，暗示目前拆迁次数的确超过正常规模；而加入满意度后拆迁规模影响显著性下降的尝试性结果进一步说明，兼顾辖区民意的新绩效确实能够降低拆迁规模。事实上，钱先航等（2011）也发现，加入环境和民生指标的官员考核能够有效抑制不良贷款的累积。

第二，改变房地产投资拉动的经济增长方式，是落实新发展理念的长久之计。征迁明显属于政府主导的房地产投资活动，投资驱动型经济容易造成需求不足和产能过剩，这往往与粗放型经济增长方式和 GDP 绩效考核相伴而生（李新安，2006）。制度变革归根到底还需经济结构发生变化，改进经济绩效考核体系需要从根源上转变土地财政为代表的粗放型经济增长方式，使之逐步集约高效、惠及民生。随着中共十八届三中全会和中共十九大精神的深入贯彻，五大新发展理念将扭转地方官员考核既有方法，将从微观层面削弱 GDP 激励，从而降低大拆大建的征迁活动，有助于国民经济和民众生计的可持续发展。

### （三）区域层面征地补偿单一、低下且低效

从历史上看，中华人民共和国成立后城乡土地市场长期呈现二元结构，这不利于城乡统筹发展和经济增长。新一届政府倡导的新型城镇化理念重视人的城镇化和土地利用的集约化，为缓解征地冲突提供了新思路。现在的突出问题是，政府、民众及学术界在认识和处理征地难题时往往忽略空间差异。我国幅员辽阔，市场发育差距很大，同样的征地问题在东部与中西部表现迥异。例如，东部民众可能关心补偿程序[①]，中西部被征农户在愁就业。如何缓解农村征地矛盾、构建城乡协调发展的和谐社会亟待分析和解答。基于新型城镇化背景，本小节探讨征地补偿的区域差异机理及对策，理论和实践上阐明以往征迁补偿具有单一、低下且低效的特点。

#### 1. 理论回顾

征地补偿多寡根源于土地价值的确定，各类理论分支对此认识存在差异，但更多具有相通性。马克思主义政治经济学认为，地租来源于资本家对工人剩余价值的无偿占有，是资本家让渡给地主的剩余价值的均等化，其级差地租的形式表现与现代西方经济学观点并无二致。城市经济学最初文献关注土地利用及地租决定问题，认为这种竞标性地租来自土地利用者对农产品销售收益和交通成本的权衡（杜能，1986）。按照经典的 George-Hotelling-Vickrey 定理，地租弥补城市的基础设施费用，公共物品和服务按其边际成本提供给城市市民（Arnott and Stiglitz，1979；Dwyer and Loehr，2014）。在一个简单的立体经济中，如果经济活动在空间上的集中度是由于纯地区性公共物品，并且人口规模是最优的，那么总地租等于对纯公共物品的支出。因此，对地租征收一个充公

---

① 刘祥琪等（2012）在 2010 年调查全国 17 个农业大省征地情况发现，征地程序比货币补偿更重要，农户对公益建设征地满意度高于非公益建设征地。

性质的税收不仅是有效率的，而且也是公平的，即向土地拥有者只征收纯公共物品融资所必需的单一税，永远不用缴纳别的税。上述定理对土地涨价归公理念进行了数理证明和理论概括（Arnott and Stiglitz, 1979）。历史上的青岛曾实践西方土地制度，土地增值归公的思想已影响到我国台湾地区（Loehr et al., 2014），是否适用当前转型中国尚缺乏足够研究（朱介鸣和郭炎, 2014）。

概括地讲，土地价格本是若干年地租的合理折现之和，周边农地交易价值构成未交易农地潜在价值，这些均属于判别农地补偿本身公平与否的理想指标。而不同区位的农地利用效率差异则可由单位面积人均收入的高低来客观反映。东部沿海地区地少人多，经济活动活跃，历史上形成的区位优势表现出土地经济租金或级差土地收入的显著差异（陆铭和陈钊, 2009；朱介鸣和郭炎, 2014）。随着工业化和城镇化的加快，包括劳动力的各种经济资源涌向东南沿海地区，集聚过程中的东西部经济差距出现了。如同劳动力要素一样，农地作为不动资产逐渐被配置到使用效率最高的领域，获取相对较高的经济回报。农地利用效率决定其价值高低，中西部地区农地便宜正是客观反映这些地区农地利用粗放，是经济规律在土地市场发挥作用的结果。总而言之，单位面积人均收入的高低反映农地利用效率差异，农地利用效率差异决定农地价值高低，地价高低影响被征土地补偿多寡，故农地征收的补偿要遵循合理性及公平性原则（刘卫东和彭俊, 2006）。

我国关于征地补偿的早期研究集中在学理阐述、规范性对策探讨方面，指出政府征地行为本身与现有法律规定相冲突，农地产权不清，导致征地补偿低下，主张限定征地在公用目的上，非公用转化则要靠市场交易（汪晖, 2002；周其仁, 2004；陶然和徐志刚, 2005；Guo, 2001；Chan, 2003；Ding, 2007；Li, 2014）。相对而言，城市拆迁补偿越来越市场化，能够较大幅度地兑现房屋市场价值，本节作为征地的参照系。最近越来越多的田野调查或案例分析印证，征地补偿等方面亟待改进（李平和徐孝白, 2004；叶剑平等, 2010；Xu et al., 2011）。如陈莹（2016）指出，我国征地补偿应借鉴日本、德国的经验，补偿方式单一且低下，日后既可以是货币，也可以是实物，但要采取完全补偿的原则。再如邢祖礼和邓朝春（2012）通过案例研究指出，通过征地程序，土地的级差地租合法地转换为地方政府的权力租金，由此产生经济和社会方面的低效率后果。丁（Ding, 2011）更明确地得出，土地实际价值和征地补偿之间的巨大差额成为征地纠纷产生的重要原因。既然征地对不同区位的农户影响很不一样，故需分区、分人多样化对待（王小映等，2006；管婧婧等，2013）。具体征地补偿标准的测算上，部分学者给出了参考思路和方法（崔裴，2003；刘卫东和彭俊，2006；柴铎和董藩，2012；Ghatak and Mookherjee，2014）。

上述文献具有如下三个特点：第一，逻辑思辨性研究范式是主流，个别定量分析数据较为零散或宏观，尚缺乏定量分析征地补偿问题的基础。囿于数据限制及研究重点等原因，正如杨涛和施国庆（2006）所言，鲜见有关征地主题的全国范围内的微观实证研究，征地的补偿衡量方面少有涉及。第二，很少考虑空间因素，对广大农村征地冲击反应的区域差别考察重视不足。如同堤坝修建对上下游居民具有不同影响（Duflo and Pande，2007），城乡统筹中的土地经济租金同样呈现区位特征，仅强调城乡差距又会忽略乡乡差别（朱介鸣和郭炎，2014），微观经济活动的空间考量至关重要（李小建，2005）。第三，以往大多基于"三农"角度撰写，几乎没有新型城镇化视角的研究文献。事实上，相对过往的传统城镇化思路，新一届政府提倡的新型城镇化更多强调城乡统筹发展，使农民融入城市生活并分享城镇化收益，故征地补偿标准需要从城乡协同发展层面重新设计。本研究主要使用2011年中国家庭金融调查微观数据库，从新型城镇化视角和区域维度深入考察征地的补偿多寡。

2. 描述分析

本研究采用的数据主要来源于2011年中国家庭金融调查。这轮调查分阶段分层PPS抽样并按实际抽样事后做概率权重调整，科学的抽样技术和严格的质量控制保证了调查数据的质量。相对于宏观统计数据或商业数据，CHFS数据能够厘清征地补偿多寡的微观机理，考察对象随机性强，得出的结论令人更为信服。中国家庭金融调查专门设置了征地问卷模块，涉及征地年份、面积及补偿情况，还有大量家庭或个人基础信息。基于研究目的，本节农地仅指农用耕地，不涉及宅基地等建设用地。此外，本节部分数据还来自历年《中国统计年鉴》《中国国土资源统计年鉴》等资料，这能够弥补微观数据的不足，提供GDP、人口、征地面积等宏观信息。

根据文献和实践，征地补偿应符合等价交换的市场原则，农地真实或潜在的价值可根据地租反推，或依据周边农地估价，或按农地产值倍数推算，以此来评价征地补偿公平与否。地价第一种衡量是，若干年地租现金流之和。土地农业用途市场价值第一种度量可利用收益还原法测算，农地利用效益的年增长率依据近10年农业产值增长率取值为4%，折现率依据近10年商业银行一年期贷款利率取值为5%，农地使用剩余年期平均22

年（朱一中和曹裕，2012）。第二种度量标准为根据周边农地流转或征用价值来测算地块本身市场价值，本小节选择村委会地理范围，主要依据实际农地交易对周边暂时未成交的农地的间接估价。第二种方法是依据政策，由当地农地产值的若干倍来估算征地赔偿金额。实践中依据2004年《土地管理法》规定，征地补偿包括土地补偿、安置补助和青苗等地上物补偿。其中土地补偿为征地前三年平均产值的6~10倍，安置补助为征地前三年平均产值的4~6倍，按照收益还原法3%的利率，两者总和最高不得超过30倍。

依据陆铭和陈钊（2009）、朱介鸣和郭炎（2014）的思路，定量分析征地补偿效率需要比照当地其他要素回报。背后的经济学原理是，在分散化经济均衡时，各要素回报等于要素的边际生产力，且均相等。本节从宏观、微观渠道分别计算出单位面积的人均GDP以及家庭人均收入、家庭人均农业收入等指标来度量农地利用效率，进而衡量征地补偿效率问题。首先列出CHFS2011年微观汇总数据与年鉴宏观数据的征地面积在时间维度上的简单比较，如图3－6所示。两种数据显示的全国征地总面积趋势基本是吻合的，反映出该轮CHFS具有全国代表性。

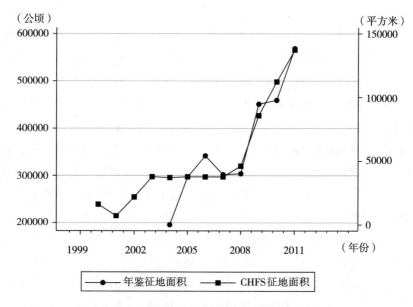

**图3－6 CHFS和年鉴征地面积的趋势对比**

资料来源：年鉴征地面积来自历年《中国国土资源统计年鉴》，CHFS征地面积由CHFS2011汇总得到。

大量文献指出，以往征地补偿的方式多是货币，形式单一（如刘祥琪等，2012）。这里利用 CHFS2011 年数据统计全国家庭户抽样调查征地补偿方式频率，如图 3 – 7 所示。不难发现，货币补偿占主导性地位，达75.86%，土地等非货币补偿者仅占 5.44%。为了同城市拆迁做直观对照，这里也给出房屋拆迁补偿的频率统计。对比发现，房屋拆迁补偿的货币安置占比 38.25%，房屋安置达到 31.53%。房屋拆迁安置方式更多样化，征地安置单一，值得借鉴改进。还需注意的是，由于各种原因，征地拆迁未补偿者均超过 16%。

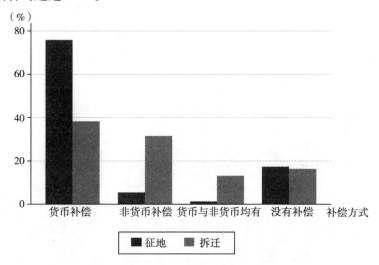

**图 3 – 7　2011 年征地拆迁补偿方式频率对照**
资料来源：由 CHFS2011 汇总得到。

现综合分析东部和中西部地区在征地补偿方面的公平与效率问题，如表 3 – 4 所示。总体而言，东部地区三个指标在中位数等方面均高于中西部地区。例如，东部"单位农地补偿/单位地租现值和"的中位数约是0.59，中西部仅为 0.26。各地补偿差异事实反映出中西部和东部比，在征地补偿方面相对较低，表面看并不"公平"。农地利用效率在东部较高，中西部地区较低，即土地经济租金差呈现乡乡差别。基于实际补偿数据，这里似乎发现东部比中西部补偿更多，比值达 4.23，而依据地租、周边农地价值等客观信息计算的征地补偿，东部和中西部的比值要小得多，分别约为 2.25、1.19。这说明，依据农地产值倍数的补偿可能无法准确度量农地潜在价值，从公平角度不足以指导农地补偿多寡，日后利用若干年地租现值和/或周边农地价值方法估算更佳。根据人均 GDP 以及家庭人均收入信息，分别计算得到东部与中西部比值为3.21、3.33，高于上述公平理想指标2.25、1.19。这意味着，相对于中西部地区，东部应当补偿更多，以使农地价值同其相应潜在的经济回报保持一致。当选取家庭人均农业收入时，得出两地比值为1.07，低于上述两个效率指标，表明仅仅考虑土地农用属性时，东部和中西部农地价值几乎无差异，当然也不足以从效率角度指导农地征收补偿的多寡。因此，不仅我国各地征地补偿均偏低，总体有失公平，东部地区被征地农户获得的补偿额较少，还背离效率原则，相关政府不应过早按照土地增值涨价归公的理论规范和分享征地补偿。

表3-4                     分地区征迁补偿的公平与效率对比

| 类别1 | 类别2 | 指标 | 东部 | 中西部 | 东部/中西部 |
|---|---|---|---|---|---|
| 公平 | 征地 | 单位农地补偿/单位农地产值 | 2.347 | 0.556 | 4.226 |
| | | 单位农地补偿/单位地租现值和 | 0.578 | 0.257 | 2.250 |
| | | 单位农地补偿/单位农地价值 | 0.444 | 0.375 | 1.185 |
| | 拆迁 | 单位拆迁面积补偿价值/当地社区单位面积房价 | 0.80 | 0.88 | 0.91 |
| 效率 | 征地/拆迁 | 人均GDP | 0.042 | 0.013 | 3.212 |
| | | 家庭人均收入 | 4.100 | 1.231 | 3.330 |
| | | 家庭人均农业收入 | 0.563 | 0.525 | 1.071 |

资料来源：人均GDP来自《中国统计年鉴》（2011），家庭人均收入及家庭人均农业收入由CHFS2011计算得到。考虑到均值易受离群值干扰，本表依据相关中位数信息及甘犁（2013）整理得到。

作为对照，这里也讨论了拆迁补偿问题。关于拆迁补偿计算，甘犁（2013）基于CHFS2011得出，东部地区的补偿额度大于中西部，但"补偿与房价比"自西向东先升后降，部分反映出东部地区的房价增速高于中西部地区的事实。他还统计出，30%的拆迁家庭表示满意，而表示非常不满意的比例高达20.5%，表示不满意或非常不满意的家庭更是达到了46.5%。从时间变化看，"八五"到"十五"，拆迁补偿满意度持续走低。尽管"十一五"期间有所回升，但满意度仍总体偏低，表明住房拆迁补偿同样具有很大改善空间。甘犁的研究还发现，由于财富效应的存在，平均而言，拆迁户在资产、净资产、金融资产以及非金融资产的中位数都大于未拆迁户，表明居民在拆迁问题上总体是受益的。事实上，表3-4显示，征地补偿占实际价值的比重在中西部仅0.5左右，而拆迁补偿占实际价值比重达到0.88，表明相对征地而言，拆迁公平程度比征地更高，但空间维度拆迁补偿低于当地人均收入的事实显示效率方面同样较差。

3. 小结和启示

征地问题成为中国城镇化进程中的热点，补偿低下是不争的事实。本小节在总结以往征地补偿研究基础上，尝试在新型城镇化背景下引入空间概念，认为的确应重视以往指出的公平问题，同时要关注效率问题。利用2011年中国家庭金融调查数据和各种评估指标发现，征地补偿总体较低，东部比中西部补偿多，但空间看大致符合效率机理。对比不同地区补偿的公平和效率，本小节得出广大农村征地补偿不仅有失公平，东部补偿额少于对应人均收入的事实还背离效率原则。征地补偿不光要兼顾传统意义上的城乡差别，更要考虑空间上的乡乡差别，因地补偿至关重要。当然，征地相对拆迁补偿而言，公平性较差，仍需在市场化方面重视解决征地补偿公平问题。

上述结论具有重要的政策含义。包括土地的各种生产要素在集聚过程中走向平衡的程度，实质上可考量征地补偿的公平和效率问题。首先，有必要一并提升土地市场的公平和效率。当前征地补偿低下的事实有失公平，空间看也有失效率。我国幅员辽阔，生产力发展存在差异，农地价值高低折射征地补偿多寡。这里的政策启示是，加快经济转型，不仅能够提升土地市场的公平，还可改善农地利用效率。其次，征地补偿公平、效率的考究提醒相关部门，在政策制定和执行上要分地区做好政府和市场的侧重工作。目前东部地区土地产权交易活跃，农户经济来源广泛，征地补偿较多。这尽管需要更强势的地方政府来规范征地程序，管制土地发展权，但本研究认为市场力量能够促成城乡统筹，东部农户可分享潜在城镇化成果，土地增值部分归公再分配的做法为时尚早。相对地，中西部地区政府要通过招商引资等途径搞活土地市场以带动就业，营造土地产权交易有序、健康进行的环境，即在政府引导下更加重视初次分配作用。再次，转变农地补偿评估思路，允许并鼓励征地制度创新。本节理论和实证分析表明，基于农地本身属性计算的农地产值倍数补偿方法表面上对东部更公平，但人均农业收入各地无差异的事实又提醒如此补偿违背效率原则，在空间维度的公平和效率上均会产生混乱结果。因此，理想的征地补偿制度设计是，公平方面应按照"地租现值和"以及"周边农地价值"估算，效率方面应依据人均GDP或家庭人均收入评估。由农地潜在的价值得出的补偿金额符合土地市场的公平和效率原则，更容易被各地接受，以此缓和当前的征地冲突。最后，需要指出的是，本研究虽然论证不同地区城乡接合部的征地补偿呈现乡乡差别，且有失公平和效率，但同样注意到以往提到的城乡差别的重要性。鉴于城乡房地产权的不同，城市居民总体享受到更满意的拆迁补偿（甘犁等，2012），在此呼吁落实城乡共享的新型城镇化道路变得尤为必要。

### （四）城市层面的倾向性政策不可持续

城市倾向性政策是中华人民共和国成立以来重要的发展战略，当前具体表现之一就是经营城市行为。一般认为，经营城市以土地资本、基础设施为经营对象，把市场经济中的经营意识、经营机制、经营主体、经营方式等多种要素引入城市建设，促进城市资产重新配置和优化组合，通过构建多样化的投融资途径来建设城市。从经营企业到经营城市，是地方政府在1994年分税制后的一个重要结果表现。通过经营城市，地方政府完成了资本积累，改善了城市市容市貌，扩大了城市竞争力，提升了城市居民的整体福利。然而，按照近年党代会的会议精神，这种发展战略是不可持续的。

2002年中共十六大报告首次提出，统筹城乡发展，推进社会主义新农村建设。2007年中共十七大报告强调，建立以工促农、以城带乡长效机制，形成城乡经济社会发展一体化新格局。2012年中共十八大报告明确指出，城乡发展一体化是解决"三农"问题的根本途径，要加大统筹城乡发展力度，增强农村发展活力，逐步缩小城乡差距，促进城乡共同繁荣。2017年中共十九大报告进一步倡导乡村振兴战略，要求把解决好"三农"问题作为全党工作的重中之重，建立健全城乡融合发展体制机制和政策体系，并打赢脱贫攻坚战，2020年底全面实现小康社会。党的历届大会不断加深城乡关系认识，倡导"工业反哺农业、城市反哺农村""以城带乡""城乡融合发展"，目的是缩小城乡差距，早日实现全面小康这一百年梦想。以往征地实践既不能达到实现全面小康社会的目标，也与城乡融合发展理念相悖，既有城市倾向性政策不可持续。

一方面，城市倾向性政策与全面建成小康社会的短期目标是违背的。有研究表明，中国城市倾向性政策会导致城乡收入差距扩大，尽管城市化本身能够降低城乡收入差距（陆铭和陈钊，2004）。传统的征地模式是政府强有力推动的，政府推动的征地进程催生被征地农民，受影响的家庭正成为一个庞大而特殊的群体。据2011年中国家庭金融调查数据统计，征地发生率是4.33%，拆迁是11.05%，去除近0.45%的重复比例，征地拆迁活动影响面覆盖15%的家庭，按当年13.5亿人计算，受影响民众达到2亿人。另据中国社会科学院报告《2013年中国社会形势分析与预测》统计，由农村征地拆迁引发的群体性事件占到一半左右，征地补偿太低是冲突发生的重要原因（陆学艺等，2012）。事实上，规模庞大的受影响群体大多游离于城乡体系之外，征地问题已上升成社会焦点，这直接关系社会稳定和全面小康社会的建成。

另一方面，城市倾向性政策与城乡融合发展的长期目标是违背的。城市倾向性政策是在城市资源短缺的环境中，举全社会的资源优先发展城市和工业的思路。这在战争年代和中华人民共和国成立初期能够通过统购统销制度将农村粮食等资源低成本地转移到城市，积累起巨额资本和外汇，较短时间内建立起门类齐全的工业体系和必要的城市基础设施，曾在特殊背景下发挥极高的资源配置效率。伴随改革开放进程，社会主义计划经济逐步向社会主义市场经济过渡，土地等要素被迫加入市场化大潮中。但是，不但建设用地指标配置公平和效率难以保障，早期征地所得土地出让金也大部分支出在城市建设当中，而非农村建设。王小映等（2006）通过调查江苏省昆山市、安徽省桐城市、四川省成都市新都区等三个地区征地引起的土地增值收益分配及支出发现，在扣除征地管理费后，工业用地土地增值收益分配中，昆山、桐城、新都用于城市基础设施建设和城市土地开发的比例分别为70.8%、54.9%、68%；经营性用地土地增值收益分配中，三者比例分别为89.2%、87.8%、74.5%。也就是说，在21世纪初，不超过一半的土地增值收益分配被支出在农村建设上，政策制度体现出明显的城市倾向，势必造成城乡经济收入和公共服务差距扩大，这与城乡融合发展的长期目标并不一致。

## 第二节　探索中的新模式

### 一、征地新模式的背景

#### （一）中央文件的前瞻性引领

中国农村土地制度改革的逻辑是，农民实践中首创的制度创新一开始得到上层政府肯定，然后采用政策文件宣传、指导、推广，在推广实践中提炼和总结法律文本内容并正式固定下来（陈小君，2014）。这种实践先行、政策指导和法律兜底的三部曲正在发挥越来越重要的功效。2005～2019年的征地相关政策的梳理及演进如表3-5所示。

表 3 - 5　　　　　　　　2005 ~ 2019 年征地相关政策的梳理

| 时间 | 法律或党政文件 | 核心内容 |
|---|---|---|
| 2007 年 3 月 | 《物权法》第 4、42 条 | 国家、集体、私人的物权和其他权利人的物权受法律保护,任何单位和个人不得侵犯。为了公共利益的需要,依照法律规定的权限和程序可以征收集体所有的土地和单位、个人的房屋及其他不动产。在征地集体土地时,应足额支付相关费用,安排被征地农民社会保障费用 |
| 2008 年 10 月 | 中共十七届三中全会通过《中共中央关于推进农村改革发展若干重大问题的决定》 | 稳定和完善农村基本经营制度,健全严格规范的农村土地管理制度,禁止跨省区市进行占补平衡,依法保障农户宅基地用益物权,改革征地制度,严格界定公益性和经营性建设用地,逐步缩小征地范围,完善征地补偿机制,逐步建立城乡统一的建设用地市场,对依法取得的农村集体经营性建设用地,必须通过统一有形的土地市场、以公开规范的方式转让土地使用权 |
| 2010 年 6 月 26 日 | 《国土资源部关于进一步做好征地管理工作的通知》 | 征地涉及拆迁农户住房的,必须先安置后拆迁。全面实施征地统一年产值标准和区片综合地价 |
| 2011 年 1 月 21 日 | 《国有土地上房屋征收与补偿条例》 | 为了公共利益的需要(已列出清单),征收国有土地上单位、个人的房屋,应当对被征收房屋所有权人给予公平补偿。房屋征收与补偿应当遵循决策民主、程序正当、结果公开的原则。实施房屋征收应当先补偿,后搬迁。明确拆迁的行政行为性质 |
| 2012 年 11 月 | 中共十八大 | 推动城乡发展一体化,坚持和完善农村基本经营制度,依法维护农民土地承包经营权、宅基地使用权、集体收益分配权,改革征地制度,提高农民在土地增值收益中的分配比例。形成以工促农、以城带乡、工农互惠、城乡一体的新型工农、城乡关系 |
| 2013 年 11 月 12 日 | 中共十八届三中全会通过《中共中央关于全面深化改革若干重大问题的决定》 | 建立城乡统一的建设用地市场。在符合规划和用途管制的前提下,允许农村集体经营性建设用地出让、租赁、入股,实行与国有土地同等入市、同权同价。缩小征地范围,规范征地程序,完善对被征地农民合理、规范、多元保障机制。扩大国有土地有偿使用范围,减少非公益性用地划拨。建立兼顾国家、集体、个人的土地增值收益分配机制,合理提高个人收益。完善土地租赁、转让、抵押二级市场 |

| 时间 | 法律或党政文件 | 核心内容 |
|---|---|---|
| 2014 年 12 月～2015 年 2 月 27 日 | 《关于农村土地征收、集体经营性建设用地入市、宅基地制度改革试点工作的意见》《关于授权国务院在北京市大兴区等三十三个试点县（市、区）行政区域暂时调整实施有关法律规定的决定》 | 明确综合考虑土地用途和区位、经济发展水平、人均收入等情况，合理确定土地征收补偿标准，安排被征地农民住房、社会保障，加快就业培训，纳入社会保障体系，可留地、留物业由农村集体经济组织经营 |
| 2017 年 10 月 | 中共十九大 | 巩固和完善农村基本经营制度，深化农村土地制度改革，完善承包地"三权"分置制度。保持土地承包关系稳定并长久不变，第二轮土地承包到期后再延长 30 年。深化农村集体产权制度改革，保障农民财产权益，壮大集体经济 |
| 2018 年 12 月 26 日 | 《国务院关于"三块地"改革试点情况的总结报告》 | 缩小土地征收范围，规范土地征收程序，完善对被征地农民的合理、规范、多元保障机制。明确集体经营性建设用地入市的条件和范围，明确集体经营性建设用地入市规则和监管措施。健全宅基地权益保障方式，完善宅基地审批制度，探索宅基地有偿使用和自愿有偿退出机制 |
| 2019 年 1 月 | 总理政府工作报告 | 全面深化农村改革。推广农村土地征收、集体经营性建设用地入市、宅基地制度改革试点成果 |
| 2019 年 8 月 | 修订《土地管理法》 | 总结"三块地"试点改革经验，明确公共利益征地范围，规范程序，修改补偿标准，允许集体经营性建设用地入市，完善一户一宅，下放宅基地审批权 |

2007 年 3 月通过的《中华人民共和国物权法》为征地冲突提供了解决的法律依据，规定国家为了公共利益的需要，依照法律规定的权限和程序可以征收集体所有的土地以及单位、个人的房屋及其他不动产，但需保护个人财产。2008 年 10 月中共十七届三中全会通过的《中共中央关于推进农村改革发展若干重大问题的决定》规定，严格界定公益用地列表，缩小征地范围，逐步建立城乡统一的建设用地市场，为"三块地"改革指明方向。2010 年国土部发文要求征地涉及拆迁农户住房的，必须先安置后拆迁，并全面实施征地统一年产值标准和区片综合地价，进一步从国家层面提升征地补偿的标准。2011 年初《国有土地上房屋征收与补偿条例》

开始替代《城市房屋拆迁管理条例》，明确的公共利益列表和政府公开程序，为征地制度的修改完善提供了新的依据。

2012年11月召开的中共十八大明确指出，要推进城乡发展一体化进程，提升农民在土地增值收益分配中的比例。2013年11月12日，中共十八届三中全会审议通过了《关于全面深化改革若干重大问题的决定》，具有承上启下的重要作用。该决定指明，全面深化改革的总目标是完善和发展中国特色社会主义制度，推进国家治理体系和治理能力现代化。同时提出市场在资源配置中起决定性作用，而非以往的基础性作用。倡议加快转变经济发展方式，推动经济更有效率、更加公平、更可持续发展。特别提出，围绕更好保障和改善民生、促进社会公平正义深化社会体制改革，改革收入分配制度，加快社会领域制度创新，形成科学有效的社会治理体制，确保社会既充满活力又和谐有序。具体地，稳定和完善农村基本经营制度，健全严格规范的农村土地管理制度。禁止跨省区市进行占补平衡，依法保障农户宅基地用益物权，改革征地制度，严格界定公益性和经营性建设用地，逐步缩小征地范围，完善征地补偿机制，逐步建立城乡统一的建设用地市场，对依法取得的农村集体经营性建设用地，必须通过统一有形的土地市场、公开规范地转让土地使用权。

2017年10月，中共第十九次全国代表大会在北京胜利召开，主题是：不忘初心，牢记使命，高举中国特色社会主义伟大旗帜，决胜全面建成小康社会，夺取新时代中国特色社会主义伟大胜利，为实现中华民族伟大复兴的中国梦不懈奋斗。习近平总书记做题为《决胜全面建成小康社会 夺取新时代中国特色社会主义伟大胜利》的报告，总结过往五年的成就和经验，为全面建成小康社会和实现中华民族的伟大复兴做了战略安排，海内外影响深远。报告提出了习近平新时代中国特色社会主义思想，其间通过的党章修正案把习近平新时代中国特色社会主义思想确立为中国共产党的行动指南，实现了党的指导思想继马克思列宁主义、毛泽东思想、邓小平理论、"三个代表"重要思想、科学发展观之后的又一次与时俱进。

习近平新时代中国特色社会主义经济思想内涵十分丰富，涵盖内容广泛。它前瞻性地指出，新时代我国社会主要矛盾已经由1981年人民日益增长的物质文化需要同落后的社会生产之间的矛盾进一步具体化为人民日益增长的美好生活需要和不平衡不充分的发展之间的矛盾。这就要求我们具体工作要围绕这一科学判断来开展。例如，中共十九大报告第五部分明确指出，要贯彻"创新、协调、绿色、开放、共享"新发展理念，建设现代化经济体系。包括深化供给侧结构性改革、加快建设创新型国家、实施乡村振兴战略、加快完善社会主义市场经济体制、推动形成全面开放新格局等六大方面。其中的乡村振兴战略针对农村留守儿童和老人多以及撂荒多的现实，强调农业、农村、农民问题是关系国计民生的根本性问题，必须始终把解决好"三农"问题作为全党工作的重中之重。倡导坚持农业农村优先发展，按照产业兴旺、生态宜居、乡风文明、治理有效、生活富裕的总要求，建立健全城乡融合发展体制机制和政策体系，加快推进农业农村现代化。巩固和完善农村基本经营制度，深化农村土地制度改革，完善承包地"三权"分置制度。保持土地承包关系稳定并长久不变，深化农村集体产权制度改革，保障农民财产权益，壮大集体经济。再如，确立市场在资源配置中起决定性作用，更好地发挥政府作用，重塑政府与市场的关系。

区域协调发展战略强调要加大力度支持革命老区、民族地区、边疆地区、贫困地区加快发展，强化举措推进西部大开发形成新格局，深化改革加快东北等老工业基地振兴，发挥优势推动中部地区崛起，创新引领率先实现东部地区优化发展。着力指出要以城市群为主体来构建大中小城市和小城镇协调发展的城镇格局，加快农业转移人口市民化。同时，中共十八大以来，习近平总书记亲自谋划和推动成立雄安新区，以实现河北经济跨越式发展。中共十九大具体要求，以疏解北京非首都功能为"牛鼻子"推动京津冀协同发展，高起点规划、高标准建设雄安新区。雄安新区的设立被普遍认为是千年大计、国家大事，要打造成绿色生态宜居新城区、创新驱动发展引领区、协调发展示范区、开放发展先行区，积极贯彻落实新发展理念，在土地财政、社会公共治理和生态保护方面具有典型创新意义。长江经济带也是中共十八大以来重点推出的区域发展新战略，2016年9月，《长江经济带发展规划纲要》正式印发。针对长江经济带，中共十九大指出，以共抓大保护、不搞大开发为导向。由此可见，两大国家战略中，生态环境保护提到和经济发展同样重要的高度，耕地保护意义重大。中共十九大的胜利召开，以及习近平中国特色社会主义思想成功写入中国共产党章程，标志着中国进入习近平中国特色社会主义新时代，重构国家治理体系，强调市场决定性作用和社会公平，开启中国特色社会主义建设的新征程。

**（二）城乡相关体制机制的具体创新**

新时期城乡关系被重新定义，要求城乡融合发展，相关体制机制改革表现在很多方面。

1. "三块地"改革的新进展

2014年12月，中央全面深化改革领导小组和中央政治局常委会审议通过《关于农村土地征收、集体经营性建设用地入市、宅基地制度改革试点工作的意见》，正式拉开农村土地制度改革序幕。2015年2月27日，中共十二届全国人大常委会审议通过《关于授权国务院在北京市大兴区等三十三个试点县（市、区）行政区域暂时调整实施有关法律规定的决定》，要求明确综合考虑土地用途和区位、经济发展水平、人均收入等情况，合理确定土地征收补偿标准，安排被征地农民住房、社会保障，加快就业培训，纳入社会保障体系，可留地、留物业由农村集体经济组织经营。授权期限截至2017年12月31日。2017年底，人大常委会决定试点延期至2018年底。2018年全国人大常委会第七次会议又决定继续延期至2019年底。2018年12月26日发布的《国务院关于"三块地"改革试点情况的总结报告》提出，33个试点县（市、区）改革推进还不够平衡，一些试点地区试点项目数量不够多；一些试点地区村级土地利用规划编制、宅基地确权登记颁证等基础工作还比较薄弱。报告建议，未来要缩小土地征收范围，规范土地征收程序，完善对被征地农民的合理、规范、多元保障机制；明确集体经营性建设用地入市的条件和范围，明确集体经营性建设用地入市规则和监管措施；健全宅基地权益保障方式，完善宅基地审批制度，探索宅基地有偿使用和自愿有偿退出机制。

正如表3-5所梳理的，李克强总理在2019年政府工作报告强调全面深化农村改革，推广农村土地征收、集体经营性建设用地入市、宅基地制度改革试点成果。7月，财政部和国家税务总局发布《中华人民共和国土地增值税法（征求意见稿）》，拟将转让集体土地使用权和地上建筑物纳入土地增值税的征税范围，并拟取消集体土地增值收益调节金，有利于土地市场公平竞争。8月，中共十三届全国人大常委会第十二次会议修改通过新的《土地管理法》，删除"任何单位或个人需要使用土地的，必须使用国有土地"条款，新法于2020年1月1日起实施。此次修订总结全国33个试点改革经验，较全面地更新了当前征地制度、集体经营性建设用地和宅基地管理，明确公共利益征地列表，规范程序，修改补偿标准，允许集体经营性建设用地入市，完善一户一宅，下放宅基地审批权，打破征地和出让政府双垄断局面，势必对未来房地产市场运行产生积极影响。

2. 住房市场体制机制的创新

2016年12月，中央经济工作会议首次提出，房子是用来住的，不是用来炒的，"房住不炒"的说法不胫而走。2017年10月，中共十九大报告再次强调，"坚持房子是用来住的，不是用来炒的定位，加快建立多主体供给、多渠道保障、租购并举的住房制度，让全体人民住有所居"。中央对房地产市场的管控理念正在发生 1998 年房改以来质的变化，开始从调需求转向调供给，着手建立房地产市场的长效机制（柴国俊，2017）。这些重要会议前后，住建部等部门密集发布新举措，以加快会议精神的落地实施。2017 年 4 月，住建部和国土部联合下发文件《关于加强近期住房及用地供应管理和调控有关工作的通知》，坚持贯彻"房住不炒"理念，指出要合理安排住宅用地供应、科学把握住房建设和上市节奏、扎实推进棚户区改造、继续发展公租房及共有产权房、强化地方主体责任。同年 7 月，住建部下发《关于在人口净流入的大中城市加快发展住房租赁市场的通知》，强调租售同权，指导各地大力发展住房租赁市场，要求人口净流入的大中城市搭建政府主导的住房租赁交易平台。8 月，国土部和住建部联合下发《利用集体建设用地建设租赁住房试点方案》，选取北京、上海等 13 个城市落实利用集体建设用地建设租赁住房的试点工作，为构建城乡统一的建设用地市场提供支撑。9 月下发《关于支持北京市、上海市开展共有产权住房试点的意见》，强调购租并举，以市场为主满足多层次需求，以政府为主提供住房保障，推进共有产权等类型住房的供给侧结构性改革。

2018 年 4 月，证监会、住建部联合下发《关于推进住房租赁资产证券化相关工作的通知》，明确倡导住房租赁资产证券化（REITs），进一步贯彻落实 2017 年 7 月文件精神。该文件还明确优先和重点支持大中城市、雄安新区等国家政策重点支持区域，明确利用集体建设用地建设租赁住房试点城市的住房租赁项目，明确国家政策鼓励的其他租赁项目开展资产证券化。中国城市发展研究院投资部主任刘澄认为，该政策的长期效果可以帮助传统开发销售模式转为自持运营模式，上海财经大学教师张思思、陈杰则认为，化解当前房地产险境的要害就是推动房地产企业融资证券化发展 REITs，一方面能够降低金融系统性风险，另一方面可让大众分享城市增值红利。这些中央部委文件对理顺房地产市场体制机制、激发市场主体积极性具有重要作用。

3. 产权、劳动力等体制机制的创新

中共十九大报告明确提出要实施乡村振兴战略。重申农业农村农民问题是关系国计民生的根本性问题，必须始终把解决好"三农"问题作为全党工作重中之重。强调建立健全城乡融合发展体制机制和政策体系，巩固和完善农村基本经营制度，深化农村土地制度改革，完善承包地"三权"分置制度。深化农村集体产权制度改革，方能保障农民财产权益，壮大集体经济。产业兴旺是关键，构建现代农业产业体系、生产体系、经营体系，完善农业支持保护制度，发展多种形式适度规模经营，培育新型农业经营主体，健全农业社会化服务体系。乡村振兴支撑城乡要素双向流动，促进农村—二三产业融合发展，支持和鼓励农民就业创业，拓宽增收渠道。加强农村基层基础工作，不断健全自治、法治、德治相结合的乡村治理体系。该战略旨在积极推进"农村土地征收、集体经营性建设用地入市以及农村宅基地"，即"三块地"改革，破除各种要素流动和分配的羁绊，引导工商资本下乡，培育新型职业农民，形成城乡良性互动。

## 二、征地新模式的构成要件

中国征地新模式构成要件仍然是条件、手段和目标三点，但具体内涵有所发展。新模式条件由土地财政背景下进行征地活动转为摒弃土地财政进行征地；手段由货币补偿占主导转为货币、住房、社保等补偿并存，以应对征地意愿差异性；目标由原来的经营城市导向下的受影响家庭生计不可持续，转变为城乡融合发展导向下的受影响家庭生计可持续。具体逻辑如图3-8所示。在新型城镇化和乡村振兴战略背景下，倡导征地新模式，就是基于无土地财政条件，通过多样补偿达到城乡良性互动导向下民众生计可持续目标。这里摒弃土地财政的前提改变有两层含义：一是转变过往"以地谋发展"的经济增长方式，为创新驱动的税收财政来临提供了可能性；二是改善了征地标准和资金来源，对城乡融合发展和社会公平正义具有重要意义。

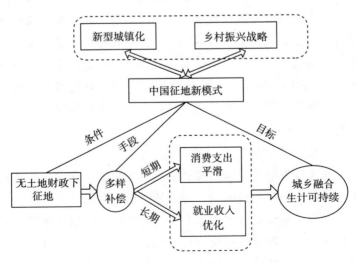

**图3-8 "三位一体"的中国征地新模式**

### 三、征地新模式运行探索

#### （一）土地财政在公共利益界定和房产税改革中不断萎缩

1. 日渐明确的公共利益界定要求地方政府退出土地财政老路子

《中华人民共和国宪法》早有规定，国家为了公共利益的需要，可依据法律规定对土地或私有财产实行征收或征用并给予补偿。2007 年颁布的《中华人民共和国物权法》第四十二条规定，为了公共利益的需要，依照法律规定的权限和程序可征收集体所有的土地以及单位、个人的房屋等。2011 年颁布的《国有土地上房屋征收与补偿条例》首次明确列出城市住房拆迁应满足公共利益的六大界定，指明未来保障国家安全、促进国民经济和社会发展等公共利益的需要，有下列情形之一的可征收：第一，国防和外交的需要；第二，由政府组织实施的能源、交通、水利等基础设施建设的需要；第三，由政府组织实施的科技、教育、文化、卫生、体育、环境和资源保护、防灾减灾、文物保护、社会福利、市政公用等公共事业的需要；第四，由政府组织实施的保障性安居工程建设的需要；第五，由政府依照城乡规划法有关规定组织实施的对危房集中、基础设施落后等地段进行旧城区改建的需要；第六，其他。其中，依据国务院《关于促进房地产市场平稳健康发展的通知》文件精神，第四点的保障性安居工程包括城市和国有工矿、林区、垦区的棚户区改造，以及廉租住房、经济适用住房、限价商品住房、公共租赁住房等。依据《中华人民共和国城乡规划法》第五点，旧城区改建旨在保护历史文化遗产和传统风貌，合理确定拆迁和建设规模。《中华人民共和国土地管理法》第五十八条第一款规定，国家因为公共利益需要使用土地的，可依法收回国有土地使用权，至此国有土地拆迁有了明确的公益范围。

然而，2019 年 8 月前在土地征收过程中的公共利益一直没有明确界定[①]，致使地方政府拥有很大的自由裁量权借机进行招商引资和土地财政。反过来讲，《土地管理法》对公共利益的明确有助于遏制地方政府的土地财政行为，会倒逼地方政府转变经济增长方式和职能角色。关于征地公共利益界定可仿照上述国有土地房屋征收文件制定，比如王太高（2004）的建议范围包括：（1）国家投资的各类重点建设项目及直接满足公共需要并列入国家计划的集资建设项目如水利建设项目；（2）能源、交通、供电、

---

[①] 在 1998 年前的《土地管理法》中曾较宽泛地列举出公共利益用地范围，由于种种原因，1998 年修订后即被删除。

供水、供暖等公用事业和其他市政建设项目；（3）国防事业；（4）教育、文化、卫生、体育、环境保护、文物古迹及风景名胜区的保护等社会公益事业；（5）各级国家机关建筑用地。

实践中，各地对待集体土地上房屋拆迁更多参照国有土地上房屋征收的管理条例精神予以补偿，特别是各地城镇棚户区改造项目经常会将城中村和城市危房改造纳入其中，只要退还土地补偿费即可。理论上讲，参照《国有土地上房屋征收与补偿条例》规范农村征地的行为，尽管有违背《土地管理法》《土地管理法实施条例》的嫌疑，但不失为操作层面对滞后的立法现状的一个微调。

2019 年 8 月修订的土地管理法已明确列举公共利益范围，包括：（1）军事和外交需要用地的；（2）由政府组织实施的能源、交通、水利、通信、邮政等基础设施建设需要用地的；（3）由政府组织实施的科技、教育、文化、卫生、体育、生态环境和资源保护、防灾减灾、文物保护、社区综合服务、社会福利、市政公用、优抚安置、英烈保护等公共事业需要用地的；（4）由政府组织实施的扶贫搬迁、保障性安居工程建设需要用地的；（5）在土地利用总体规划确定的城镇建设用地范围内，经省级以上人民政府批准由县级以上地方人民政府组织实施的成片开发建设需要用地等情况。修订后的土地管理法规范化公益性用地范围，扩大非公益用地范围和非征地范围，将有效抑制土地财政的运行。

2. 房产税等税收改革引导地方政府用新财源替换土地财政老路子

鉴于当前住房分配不均导致财富差距，开征房产税迫在眉睫。西方国家利用房产税增加住房持有成本来降低住房投机需求，取得很好效果。中国历史上一直有房产税的说法，但征收对象主要是企业，且在交易环节。2011 年房产税试点改革扩大到家庭户，且转移到持有环节。也就是说，将以往土地财政中一次性的土地使用权支出分摊为几十年依次收缴，故理论上会降低房价。有趣的是，柴国俊和王希岩（2017）近期研究发现，上海、重庆 2011 年房产税试点工作后，房产税开征短期内推高了房价，但会随着时间推移作用效果越来越弱，直至降低房价。同时认为上海的政策效果明显，重庆则不明显。尽管他们研究得出，沪渝两地房产税试点不能够替代土地财政作为当地政府的新财源，但如若扩大征税范围并适度提高所征税率，则利用房产税等财产税收逐步替代卖地财政，真正转变政府职能，势必对调控房价、保障民生具有十分重要的战略意义。

中共十九大报告指出，经济新常态背景下，创新是引领发展的第一动力，强调加快建设创新型国家，致力于创新驱动替代要素驱动。例如，

2008 年中国政府为应对输入性的金融危机，除了使用宽松的财政政策和货币政策外，还有土地政策。2009～2013 年，国土资源部通过供应大量的建设用地来修建基础设施以缓解金融危机冲击。如图 3-9 所示，2011 年左右基础设施用地比重超过制造业工矿用地的比重。然而事后发现，这一轮宽松土地政策并未提升 GDP 增长率，后者仍从两位数降为一位数，显示出土地财政或称以地谋发展方式的衰竭（刘守英等，2020）。再比如，2017 年 4 月 1 日设立的河北雄安新区适逢国家经济战略转型期，努力集聚全球高端高效产业，拟打造新时代创新发展高地。通过吸引百度、腾讯、阿里巴巴等高科技企业和首都央企总部，快速形成高端产业群，期望用税收财政、中央转移支付、一般和专项债务、政策性资金、资产证券化等多措并举的方式组合发力，替代传统的土地财政发展模式，形成投融资高质量发展的全国样板。

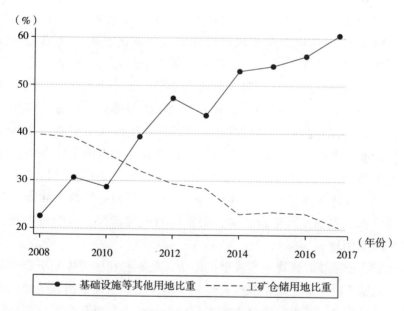

图 3-9　2008～2017 年土地财政的衰竭特征

资料来源：作者依据历年《中国国土资源统计年鉴》整理得到。

### （二）征地补偿在向拆迁补偿趋同

在实践中，农村征地补偿和城市拆迁补偿差别很大，不利于全面小康社会的建成和城乡融合发展。可喜的是，正如图 1-1 所指出的，土地财政支出越发兼顾城市建设和农村发展。对照《土地管理法》和《国有土地上房屋征收与补偿条例》亦能发现，二者均有"先补偿后搬迁"的类似说法和程序，农村征地和城市拆迁补偿在新时代背景下正在实现趋同，体现以人为本的观念转变和城乡融合发展的理念认同。

当前，雄安新区征地拆迁拉开帷幕，运用区块链技术建立征迁安置数字管理平台以及新区整体性的高标准土地补偿成为新亮点，政策系统化、补偿多元化、保障长期化被管委会概括为雄安征迁安置主要特点。2019年5月7日，雄安新区开会批准容城县实施第一批次城市用地土地转用征收工作，包括河西村和龚庄村，标志着新区征迁安置工作正式启动实施。依据《雄安新区集体土地征收补偿安置办法》和《雄安新区被征地群众民生保障实施办法》，首批征迁村的集体土地按每亩12万元支付给村集体，被征地群众有货币安置、住房安置和社保安置三种途径。新区党工委书记和管委会主任陈刚调研强调，着力保障和改善民生，统筹抓好群众就业创业、社会事业发展等工作，积极稳妥地做好征迁安置准备工作，要民众共享新区发展成果。5月31日，第二批征迁三县54个村信息发布，其中包括整体搬迁村10个，需要安置2.1万人，征收农地5万亩。9月8日，为确保2019年重点建设项目顺利开展，新区全面启动第三批征迁安置工作，共涉及3县94个行政村，其中整体搬迁15个，征收土地6.09万亩，搬迁安置1.9万人。管委会要求各级各相关部门按照"统一领导、统一政策、统一程序、统一文本"和"分类施策、分步实施、分村包联、分户到人"的总体要求，不折不扣地执行《雄安新区集体土地征收补偿安置办法》和《雄安新区被征地群众民生保障实施办法》等文件。9月23日，雄县佐各庄和关李马浒两个村完成集中整体拆迁，为雄安高铁站建设腾出用地空间。几乎与此同时，容城县河西村和龚庄村完成征迁工作，容东片区建设启动；安新县的小王营村、西阳村拆除，为起步区腾空用地。

雄安征迁是新时代高质量发展的缩影，是城乡和区域体制机制创新的体现，是城市群内部土地发展权补偿的案例，能够引领全国其他地区未来征迁高质量推进，其发生条件、实现目标和补偿手段更契合本章提炼的征地新模式，具有可复制性、可推广性。据《雄安新区集体土地征收补偿安置办法》，雄安三县被征迁村庄的承包地按每亩12万元（当年河北省区片综合地价最高额）补偿，村集体全部土地按时完成征收的给予村集体每亩3万元奖励（耕地后期细节有15万元的10%归个人，90%集体再分），宅基地按每处20万元及面积综合补偿，规定期限内签订补偿合同并按时腾退房屋的给予5万元奖励，房屋按每个安置对象50平方米扣除后的建筑面积据实估值。安置方式细化为房屋安置或货币安置、口粮补贴、过渡安置费和养老保险。其中，房屋安置按每个安置对象50平方米计算，仍不够可按7000元1平方米购买，最多不超过20平方米，房屋10年内不得交易；货币安置按7000元1平方米进行补偿；过渡安置费是每人每月800元；口粮补贴是每人每年补助800斤小麦和800斤玉米，共10年；养老保险是在城乡居民养老保险基础上给予补贴，60~69岁老人每月领取960元养老金，70岁及以上老人每月2200元。例如，4人家庭原住较新的170平方米房子并拥有每人2亩耕地，4人均属安置对象和村集体经济组织成员，则土地补偿为$15 \times 2 \times 4 = 120$（万元），1/3亩宅基地及房屋至少补偿$15/3 + 20 + 5 = 30$（万元），产权置换安置在$4 \times 50 = 200$（平方米）的新房子中，每人50平方米居住标准远超目前城市人均实际建筑面积，但符合人均100平方米活动、50平方米使用的城市规划标准。被征迁家庭实际可自住100平方米，出租100平方米。作为国家级工程项目，雄安新区征迁补偿和安置分开设计，参照城乡接合部政策执行，实现绿色、和谐征迁，额度、奖励、福利折扣设计、垃圾处理等细节方面富有创新，体现河北省在京津冀协同发展中的新型城镇化与城乡统筹示范区功能定位，为全国高质量征迁提供先行样板，努力打造区域协调发展示范区。

事实上，当前征地和拆迁分别由不同法律文件保障，图3-10列出了相关文件对征地和拆迁补偿构成的对比情况。不难看出，从资产角度，土地补偿费和被征收土地上的附着物补偿费共同对应房屋补偿费补助，其余构成部分对应关系类似，城乡地块价值差异导致征地拆迁补偿有所差别。这里的城市补助、奖励费用是为加快拆迁速度设置的额外部分，在雄安土地征收中已仿照城市设置失地农民征迁奖励，在西咸新区征地实践中，当地管委会同样利用城市奖励的办法遏制被征地农民加盖现象。不同的是，农村土地和房屋是分离的，房随地走，存在土地补偿费；城市土地和房屋是一体的，地随房走，并不存在土地补偿费。因此，在农村征地和城镇拆迁趋同时应去掉土地补偿费这一重复部分。事实上，各地城中村补偿的确参照城市棚户区标准执行，只是最后去除土地补偿费。可以预期，当城乡实现一体化时，从资产角度而言征地补偿和拆迁补偿理论上将是一样的。

基于中国家庭金融调查2011~2017年的数据，能够对照被征地家庭和被拆迁家庭的货币补偿情况。如图3-11所示，随着时间的推移，土地资本化加剧，征地和拆迁在每平方米的货币补偿中位数已有趋同迹象，征地和拆迁补偿差额反映出农村土地的市场价值有待进一步显现。

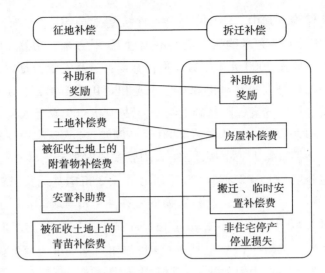

**图 3 - 10　中国征地拆迁补偿构成对比**

资料来源：作者根据《土地管理法》与《国有土地上房屋征收与补偿条例》绘制而成。

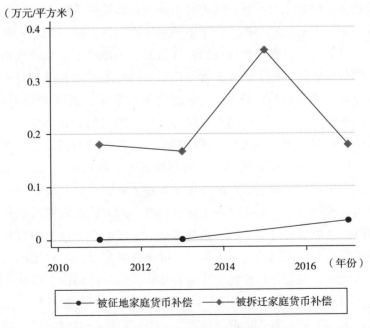

**图 3 - 11　被征地家庭货币补偿的演进及对照**

资料来源：CHFS2011 ~ 2017 年。2015 年问卷被征地货币补偿信息不准确，已舍弃。这里青苗费和房屋等附着物另算，并未反映在土地补偿费里，故征地拆迁补偿差距较大。

### （三）可持续生计在脱贫攻坚和城乡融合中越来越重要

生计（livelihood）就是谋生手段和方式，可持续生计是个体拥有和获得的用于谋生和改善长远生活状况的资产、能力和有收入的活动（陶纪坤，2017）。生计问题常集中在城市贫民和农民群体，解决好生计问题，促进个体可持续生计是当前脱贫攻坚的重要方面。按照阿马蒂亚·森的可行能力解释，收入以外的家庭状况、健康、人际关系和价值取向均会影响生计，故除经济扶持外，还需从基础设施建设、人力资本投资、社会保障、社会排斥消融等多方面来缓解经济社会不平等和生计贫困问题。

中共十九大报告指出，让贫困人口和贫困地区同全国一道进入全面小康社会，要动员全党全国全社会力量，坚持精准扶贫、精准脱贫，确保到2020年农村贫困人口实现绝对脱贫，贫困县全部摘帽，解决区域性整体贫困问题。2018年国务院政府工作报告明确提出，精准脱贫、防范化解重大风险、污染防治是当前三大攻坚战。按照党中央部署，"小康路上一个都不能掉队"，当前脱贫攻坚战正处于最后关头。落实精准再精准要求，坚持扶贫与扶志、扶智相结合，切实增强内生脱贫动力，持续强化脱贫攻坚保障。

全国受征地影响的民众多达两亿人，由于城乡衔接制度尚不完善，这类群体部分成员既不能很好地享受城市居民福利待遇，也不能被农村社会安全网覆盖。关切他们的生活起居，让他们像征地之前一样安居乐业，能够体面地从事生产经营活动和幸福地生活，切实感受到改革获得感而非剥夺感，是党和国家的重要职责，也是自身适应社会主义市场经济的重要方面。被征地家庭暂时失去了土地和住房，但不同程度上获得物质或非物质补偿，职业和身份从农民或贫民转变为新市民，正以一个特殊群体在可持续生计方面率先不断突破、消融中国城乡二元结构，在各级政府、社会组织扶持下努力实现脱贫致富，带领更多农民工消除贫困，共同建设全面小康社会。

## 第三节　模式演进及其动力机制

### 一、模式演进的逻辑

本书对中国征地模式概括为条件、手段和目标"三位一体"。中国征地模式的逻辑演进可以按中共十八届三中全会划分为新旧两个阶段，第一阶段是土地财政条件下通过单一货币补偿实现经营城市目的，但造成受影响民众生计不可持续，可称为征地旧模式；第二阶段摆脱土地财政条件开展征地，通过多样化补偿手段实现生计可持续、城乡互动的目标，可概括为征地新模式。

本书对征地模式的概括和探讨是建立在当前形势变化和改革实践基础上的。基于新时代要求和征地实践，全书提出一套崭新的理论框架和逻辑体系，试图解释不同时期城乡关系，期望对当前较普遍的征地现象的理解有所裨益。

第一，条件从土地财政向无土地财政演进。这反映出当前房地产开发和政府职能的新变化。一方面，传统的房地产开发通过从政府垄断的一级土地市场以"招拍挂"的形式买地，再从银行贷款并开发商住楼盘出售或租赁给消费者和公司。随着住房供需缺口消失、房产泡沫加剧以及用地成本上扬，房地产开发开始转为房产开发，代建、合作、专业化、绿色环保成为新潮流。另一方面，政府职能从与民争利向与民共享过渡，从以物为本向以人为本过渡，从管理型政府向服务型政府过渡，体现出政府角色从运动员到裁判员的巨大转变。

第二，手段从单一补偿向多样补偿演进。总体而言，征地补偿手段越来越多、越来越人性化。依据中国家庭金融调查 2011～2017 年的四轮数据，能够观察近期中国被征地家庭补偿方式的演进规律。如图 3 - 12 所示，21 世纪以来，征地补偿安置早期以货币补偿为主，2008～2011 年下降为 79.17%，后期出现货币、产权调换、土地或商业合作（即留地或留物业安置，其中留地安置在我国台湾地区又叫区段补偿）、就业培训安排工作、粮食补偿、低保社保等多种征地补偿安置套餐，受影响民众可选择方案增加。考察河北定州征地试点工作发现，补偿标准从"静态"变为"动态"、安置方式从"单选"变为"多选"，区片价补偿、养老保险、粮食补贴三重保障得以构建。正在进行征迁工作的雄安新区同样秉承原有居民多元化补偿思路，积极推广货币、安置房、就业培训、养老社保、粮食补贴等多种安置实践。进一步地，总结成都区县灾后重建引发的土地发展权制度创新，受影响农户获得增减挂钩财产性收入、集体建设用地租金、联建资金等补偿。概括而言，当前多样化的补偿手段越来越重视长期保障效益。

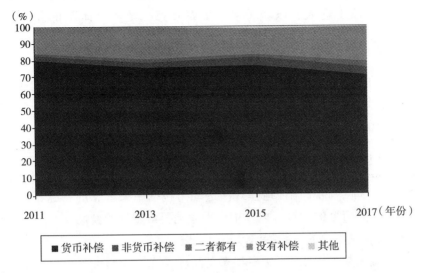

（a）征地补偿方式演进

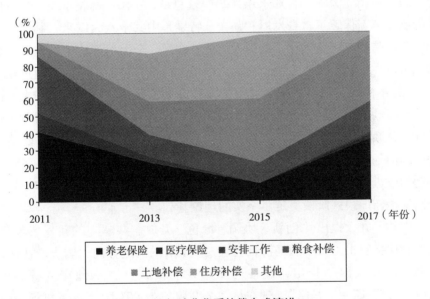

（b）征地非货币补偿方式演进

图 3 - 12　21 世纪中国征地补偿方式演进

资料来源：CHFS2011 年、2013 年、2015 年、2017 年。这里选取各自调查时间前三年发生征地行为的样本，如 2011 年 CHFS 选取 2008 年后被征地家庭样本。

第三，目标从经营城市但忽略生计向城乡融合引导的生计可持续演进。这体现出党和国家的关注点由物到人的转变，体现出城乡关系的新认识，过往执行了较长时间的城市倾向性政策向城乡融合发展理念过渡，正在构建出"以工促农、以城带乡、工农互惠、城乡一体"的新型城乡关系。

条件、手段、目标，征地模式这三个要件相互关联、缺一不可，构成三位一体的完整体系和逻辑框架。本书借鉴并更新以往的区域竞次式增长模式、强制性城镇化以及"土地—财政—金融"模式等理论成果，尝试概括出当前征地的新特点、新趋势。

## 二、模式演进的动力机制

"三位一体"的中国征地模式演进动力包括中央理念的一脉相承和与时俱进、要素市场的发育，以及中央理念同要素发育的良性互动。

### （一）中央理念的一脉相承和与时俱进

中华人民共和国成立 70 多年来，经济腾飞，社会发展。前三十年建立当前基本政治制度，后四十年通过改革开放有效解决经济社会发展问题。新加坡国立大学学者郑永年（2019）总结，中国一脉相承而又与时俱进的制度革新保障了自身发展和强大。特别是中共十八大以来，制度自信和文化自信相互配合强化，使得人们能够客观、全面地评估中国体制机制的优劣。在中共十八届三中全会后，中国进行全方位改革开放，通过建立"三层资本构造"的经济制度（包括国有资本的顶端、国有资本和大型民营资本互动的中间层、中小型民营资本的底层）和"三权分工合作"（包括以党领政的决策权、执行权和监察权）的政治制度，形成政治、经济和社会的内外部制衡，极大地发挥社会主义制度优势，对整个人类经济政治体制的改进形成积极贡献。中共十八届三中全会的重要意义，为本书划分中国征地新旧模式阶段奠定了坚实的理论基础。

中共十九大提出"创新、协调、绿色、开放、共享"的新发展理念，在新时代指引出一条中国经济社会进一步发展的前进方向。国土产业交通规划院院长张国华指出，过往的城市发展模式是"房地产 + 园区 + 港口/高速公路 + 宽马路"，现在是"公共服务业 + TOD/街区 + 机场/高铁 + 轨道"，本书认为本质是从物到人的转变，是工具理性向价值理性的飞跃，是"人不是手段是目的"的回归，是高速增长向高质量发展转变的具体体现。

五大发展理念是党和国家在改革开放不同发展阶段对公平和效率的再认识。中共十四大指出"兼顾效率与公平"，改变了以往注重结果公平的观念，开始激发市场主体活力；中共十四届三中全会提出要"效率优先，兼顾公平"，为社会主义市场经济发展指明方向；中共十六届四中全会从构建社会主义和谐社会的高度，重新提出要"注重社会公平"，西部大开发、振兴东北、中部崛起等战略缩小了区域经济差距；中共十八大报告进一步明确，初次分配和再分配都要兼顾效率和公平，再分配更加注重公平；中共十八届三中全会发出全面深化改革的号召，要求建立统一开放、竞争有序的市场秩序，以提升资源配置效率和公平性。由此，中共十九大提倡的新发展理念更加注重区域、城乡协调发展，注重在发展中保障和改善民生，注重农民能够共享城镇化成果。

事实上，党和国家与时俱进的理念来自永不褪色的初心。中国共产党建党之初就提出初心和使命是为人民服务。新时代背景下，习近平总书记具体指出，为中国人民谋幸福，为中华民族谋复兴，是中国共产党人的初心和使命，也是改革开放的初心和使命。把人民对美好生活的向往作为中国共产党的奋斗目标铿锵有力、掷地有声，将"中国共产党领导是中国特色社会主义最本质的特征"写入宪法是推进全面依法治国、推动国家治理体系和治理能力现代化的重大举措，体现党和国家理念的与时俱进。关注城市建设转为关注公共服务、关注城乡融合发展，是改革开放以来城镇化的阶段性和继承性的统一，是党和国家理念一脉相承和与时俱进的具体体现。

习近平在 2016 年安徽小岗村调研座谈时谈到，我国农村改革是从调整农民和土地的关系开启的，新形势下深化农村改革，主线仍然是处理好农民与土地的关系。习近平多次强调指出，乡村振兴战略要推动城乡土地要素平等交换，在土地征收、集体经营性建设用地入市进程中保障农民公平合理分享土地增值收益，让土地出让收入更多用于农业农村建设，不能把农民利益损害了。党和国家自始至终以民为本和促进城乡融合发展的理念，为中国征地模式的转型注入自上而下的演进动力。

**（二）要素市场的发育**

目前，我国产品市场发展迅速，但要素市场发育相对滞后。要素市场发展止步不前源于中华人民共和国成立后相当长时间的重工业、计划经济、封闭经济等发展实践和理念。全社会产品统购统销，农村在保障基本生存条件下，剩余农产品低价供应城市发展，事实上破坏了产品价格机制的发挥。重化工业优先发展战略的推行，保障了中国政权的稳定和国力的提升，但劳动力吸纳有限，用工成本被人为压低，失业现象时有发生，部分年份出现逆城市化现象，而轻工业和服务业发展滞后还导致很难保障城乡民生。既往的国有金融体系和外汇管制人为配给资金，较大程度上扭曲了资金价格机制，利率和汇率长期低迷。封闭经济不利于土地价格的发现，农地长期被当作农民的生产资料和社会保障，国有企业用地通过行政划拨来实现，征地补偿和安置被优先在农村解决。

改革开放以来，伴随产品市场的兴旺，要素市场有所发展，但仍受双轨制羁绊。统购统销的产品配给体制被市场价格配置替代，绝大多数产品和服务开始市场化定价。统招统分的人才筛选机制被"统招＋自由择业"取代，户籍制度的放松引发以农民工为代表的农村劳动力跨地区流动，为经济发达地区贡献了充足人力资源，城镇工资机制越来越显性化。国有银行的股份制改革和城市商业银行的兴起逐步激活了资本市场，正在恢复利率的市场配置资金的功能。经济特区和沿海城市的开放释放出全球化的积极影响，东南沿海地区成为经济重心，劳动力、资金开始"孔雀东南飞"，沿海和内陆地区的经济差距拉大，要素在所有制和空间维度的配置仍存在改进余地。各地的招商引资和房地产活动重新焕发了土地的价值，农民权利意识的觉醒导致城乡接合部和农村征地拆迁冲突不断。

土地要素市场的改革滞后正在制约产品市场的深化改革开放和城乡的良性发展。随着工资、利率的价格机制完善，土地要素成为诸多要素改革的硬骨头。征地补偿和安置仍按耕地原用途补偿，"乡镇企业热"后的货币补偿"一刀切"政策，以及征地程序不公平弊端凸显，失地农民很大程度上被排斥在城镇化之外。土地要素市场不统一，集体经营性建设用地入市长期被忽视甚至封闭，存在城乡建设用地同地不同权不同价现象。计划经济思维下的土地统购统销做法仍被广泛应用在土地征用或征收范围，土地增值收益分配比例严重低下，受影响的农民家庭无法享受城镇化成果。由于农地产权制度和土地市场不完善，耕地潜在价值不明确，宅基地无偿获得和有偿变现退出存在矛盾，村集体提供社会保障和基础设施的方式受到周围城市的高标准挑战。土地要素的滞后发育限制了产品市场的进一步深化改革开放，影响了城乡建设用地市场的统一进程，排斥了失地农民共享城镇化成果的可能性，造成社会不公平和土地利用效率低下问题。土地要素市场的进一步发展诉求使得要素分配理念的迫切革新和城乡土地分治制度改革的呼之欲出。

### （三）中央理念和要素发育的良性互动

党政中央理念的一脉相承、与时俱进和要素市场的发育，曾经并且正在发生多回合的良性互动，该过程同样促成中国征地新旧模式的演进。党和国家对要素市场的认知本身在深化，并随着基层典型实践和试点经验不断与时俱进，上升为政策文件乃至法律，正式向更大范围推广。这种政府和市场、顶层与基层的良性互动是"理论来自实践又指导实践"的应用，是诱致性制度变迁和强制性制度变迁的表现，体现土地要素的艰辛发育。

　　1987年深圳城市土地拍卖第一锤掀起使用土地财政方式来经营城市的序幕，中央的实践认可并将土地批租的推广，缓解了地方政府财政紧张局面，征地卖地模式构成中国城市经济腾飞的秘密，也无形损害了被征地农民的利益，扩大了城乡收入差距。土地违法的频发和征地冲突的凸显让党政上层意识到征地制度改革的迫切性。中共十八届三中全会提出经济体制改革是全面深化改革的重点，核心问题是处理好政府与市场的关系。2015年2月开启的33个试点城市"三块地"改革正在唤醒征地标准、程序、安置红利，河北定州等地实践为合理划分政府、村集体和农民土地增值收益比例摸索出经验。中共十九大在理论上进一步指明，经济体制改革的重点是完善产权制度和要素市场化配置。河北雄安新区的征迁补偿和安置新尝试，为不大规模开发房地产、不依赖土地财政、努力打造高质量发展的创新高地做出积极试验。基层试点的征地经验进一步梳理、抽象为2019年8月修订通过的《土地管理法》，正式巩固和保障了征地基层试点的阶段性成果。2019年底《求是》发表习近平总书记撰写的《推动形成优势互补高质量发展的区域经济布局》一文，指出区域协调发展的新思路和辩证法，强调各地充分利用比较优势，要在发展中促进相对平衡，即基本公共服务和基础设施通达均等化，盘活要素资源和发挥市场机制红利势必释放出未来经济发展的新动能。2020年3月发布《中共中央　国务院关于构建更加完善的要素市场化配置体制机制的意见》，强调深化要素市场化配置改革的重要意义，明确要求推进土地要素市场化配置，积极落实中共十八届三中全会和中共十九大精神。中央对重大现实的积极回应和对国计民生的及时关切，推动了中国征地模式等制度设计的变迁与演进。

# 第四章　中国征地旧模式的生计评估

家庭生计就是家庭及其成员的谋生手段或方式，该谋生方式建立在能力、资产和活动基础上，被广泛应用在城市和农村贫困研究问题上（Chambers and Conway，1992）。"可持续生计"由联合国"世界环境与发展大会"提出，概括个人或家庭拥有和获得的用于谋生和改善长远生活状况的资产、能力和有收入的活动（陶纪坤，2017）。赛格加和奥利玛（Syagga and Olima，1996）曾调查肯尼亚内罗毕第三水供应工程征地对当地家庭经济社会方面的影响，得出家庭收入、地块大小、耕作行为、家庭结构甚至辍学率均有所变化。崔恩等（Tran et al.，2014）定量考察越南农地消失对家庭生计的影响，则发现收支效应在计量上并不显著。本章的家庭生计包括家庭的消费、就业、创业、收入、财富，大量使用调查法、描述统计法、匹配法和双重差分法，实证研究中国征地旧模式的家庭生计效应。

## 第一节　相关文献述评

### 一、家庭消费理论与假说

随着城市建设用地的需求剧增和城市化的快速推进，征地项目不断增加，规模越来越大，由征地拆迁引起的社会纠纷屡见报端，征迁冲击后的消费波动备受民众和学术界的关注。据报道，一拨家庭因征迁补偿谈判不力陷入贫困，京郊征迁农户则因"冲动消费"重返贫穷①。厘清征地拆迁

---

① 前者见 2009 年 11 月 21 日《华西都市报》的《补偿谈不拢六旬老汉树上住三月》，http：//wccdaily. scol. com. cn/epaper/hxdsb/html/2009 – 11/21/content_119945. htm，后者见 2010 年 6 月 14 日《瞭望新闻周刊》的《京郊农民迎"拆迁盛宴""冲动消费"潜伏返贫危机》，http：//news. xinhuanet. com/2010 – 06/14/c_12221021. htm。

的消费影响不仅能够考察外生冲击对个体消费决策的反应，从理论上扩展同类研究的广度和深度，而且对维护社会稳定、扩大家庭消费具有参考价值和指导意义。

征迁根据主观上是否愿意迁移，大体分为自愿移民和非自愿移民两类。前者是为改善生产生活条件或与家人团聚主动变迁居住地点，后者则指迫于工程建设、重大社会事件等现实原因而不得不迁移外地的情况（胡静，2007；钟涨宝和杜云素，2009；段跃芳，2011）。世界银行曾制定业务手册实施非自愿移民安置工作，认为这些移民的"非自愿"主要起因于强制性征地或限制性利用法定公园和保护区并对其生产生活造成不利影响。该类文献大多集中在社会学领域，经济学视角学术研究尚少（胡静，2007）。

事实上，土地征收和房屋拆迁对家庭消费支出有重要影响。调查表明，土地是农户重要的生产资料和工作场所，房屋是城乡居民的耐用品和不动产，房产占据家庭总资产比重在中国、美国分别高达38%（Bertaut and Star-Mcluer，2000；1998 年数据）、40%（甘犁等，2012；2011 年数据）。尽管某个家庭经历征地拆迁后会获得一定的货币补偿或非货币补偿，补偿的多寡和公平性、先期占有的土地住房存量、收入流的稳定性均能够直接影响到家庭户不同时期的消费决策。国内学者王慧娟等（2009）通过分析南京 QQ 村现实，发现征地拆迁对老年人的生产生活造成重要影响，住房保障、养老保险和权益保障方面需加强重视。基于 2012 年和 2014 年中国家庭跟踪调查数据，葛传路和岳虹（2018）曾就征地行为对家庭消费支出的异质性影响做实证分析后发现，经济殷实、工资性收入较高的家庭征地后消费增加，而征地补偿金占家庭消费比重低、工资性收入低的家庭消费水平有所下降。该研究结论证实了征地冲击引发的预防性储蓄动机，指明征地单一的货币补偿具有缺陷，倡导就业培训等方式多管齐下。张军涛和刘建国（2008）则以大连市调查问卷为基础，考察房屋拆迁户拆迁前后居民生活的变化得出，拆迁改造后城市景观得到改观，但人文自然环境、安全性和生活便利性对不同的人群呈现显著差异，拆迁补偿机制不完善导致补偿过低。[①] 以上典型文献对征迁的社会影响问题做了案例分析，然而囿于缺乏数据等条件，征地拆迁对消费的影响大小和途径尚需深入探究。

---

① 叶剑平和田晨光（2010）利用博弈方法分析城市房屋拆迁行为，并在法律制度、行政管理和操作实施方面提出政策建议。

一般地讲，有保险的家庭其储蓄欲望相对较小而消费能力相对较强，这是因为社会保障体系能够降低经济参与者面对未来的不确定性，从而减少其预防性储蓄（Hubbard et al.，1995）。影响"预防性"储蓄的另一个渠道是改变社会地位，人们为提升参照群体内部的社会地位而增加储蓄（Jin et al.，2011）。生命周期理论和持久收入理论则告诉我们，个体消费取决于持久收入或一生财富水平，外在财富冲击会促使理性的消费者平滑并变动日后消费需求（Modigliani and Brumberg，1954；Friedman，1957）。市场化改革以来教育（马双等，2009）、医疗（Wagstaff and Pradhan，2005；白重恩等，2012）、就业（Meng，2003）等领域的冲击表明人们预防性储蓄的确实存在，住房改革的实证研究则显示生命周期理论的适用性（尹志超和甘犁，2009）。然而就我们所掌握的国内外文献，目前还没有征地拆迁冲击角度关于这两大假说的经验研究。利用2011年中国家庭金融调查数据，较早就征地拆迁行为对家庭消费支出的影响大小和途径做实证分析，试图检验预防性储蓄假说和生命周期假说在征地拆迁领域的适用性，特别是预防性储蓄假说的社会地位提升作用机制，能够为缓解社会矛盾、扩大家庭消费的决策制定提供参考思路。

实际上，征地拆迁补偿能够增强家庭长期消费水平，同时家庭重要资产的损失又会增加人们未来的收支风险或提升他们社会地位动力，进而限制其消费能力，两种效应的综合效果则因家庭而异。也就是说，征地拆迁未必能够提高家庭消费水平，征迁户异质性很大程度上影响其家庭消费支出。根据预防性储蓄理论，租房者及低收入群体预防不确定性能力有限，征地拆迁冲击使这类家庭生计状况变得糟糕。相对地，家产雄厚的家庭受到的不确定性冲击较小，依照生命周期假说预测，这类家庭会把得到的补偿平滑到日后的消费支出中，当然也可能出现非理性的"冲动消费"现象。

本小节将预防性储蓄和生命周期理论依次归结为如下两个假说。

假说4.1：土地房产损失会加大家庭的不确定性进而限制其消费能力。

假说4.2：征地补偿及拆迁补偿会增进家庭合理消费支出。

检验预防性储蓄理论后，进一步探究其具体机制，增进民众和政府部门对预防性储蓄的理论认识和决策能力。预防性储蓄是人们为应对不确定性而增加的储蓄，正如风险来源，预防性储蓄既包括时间维度自身的收支风险，也有来自空间维度的参照周边群体收支状况对自身的"威胁"风险，或称地位寻求（status seeking）。一般认为，穷人比有钱人更有动力积累财富来提升社会地位（Long and Shimomura，2004），消费冲击不大。预防性储蓄的地位寻求和社会保障机制依次具体概括为如下两个假说。

假说4.3：社会地位寻求动机越强，拆迁户中多套住房者比租房者消费显著下降得越大。

假说4.4：社会保障越好，拆迁户中租房者比多套住房者消费显著下降得越大。上述4个直观的理论推断，需要以高质量的微观数据为基础，采用合适的计量技术进行深入细致的实证检验。

## 二、家庭就业文献与假说

### （一）文献述评

城镇化进程和城乡经济发展促成征地规模不断扩大，统计表明城镇化每上升1个百分点，征地面积对应扩张4个百分点，城郊及农村征地问题近年已上升成社会焦点。事实上，目前农村征地拆迁引发的群体性事件占到一半左右，失地农民成为一个庞大而特殊的群体，如2006年广东省达到400万余人（李明月和胡竹枝，2012），他们现在的就业状况如何直接关系社会稳定。新华社等媒介报道显示，在"要地不要人"思想的指导下，农民失地的经济影响严重，部分家庭被边缘化，就业问题存在隐患（来建强等，2011）。

不可否认，中华人民共和国成立后长期执行的城市倾斜政策导致城乡土地市场呈现二元结构，征地成为"农转非"唯一合法途径，这显然不利于城乡统筹发展和经济长期增长（周其仁，2004；刘守英，2014）。新一届政府倡导的新型城镇化理念重视人的城镇化和土地利用的集约化，这为缓解征地冲突提供了新思路。如何缓解农村社会矛盾、构建城乡协调发展的和谐社会，如何提升失地农民的就业保障亟待学术界予以分析和解决。基于新型城镇化背景，本小节探讨征地对家庭劳动力流动的影响。

具体涉及征地和劳动力流动两大类文献。我国关于第一支文献早期的研究集中在征地学理阐述、规范性对策探讨方面，指出政府征地行为本身与现有《土地管理法》甚至宪法规定相冲突，主张将征地限定在公用目的上，非公用转化则要靠市场交易（汪晖，2002；周其仁，2004；陶然和徐志刚，2005）。最近越来越多的田野调查或案例分析印证，农地产权界定等方面亟待改进（叶剑平等，2010）。事实上，土地是农民最主要的生产资料，兼有保障、就业、收入的多重功能，现行的征地补偿标准不能够维持农民合理的生活水准（柴国俊和陈艳，2017），未来改革势必要考虑土地保障功能（汪晖，2002）。因此，除了传统的征地补偿，在社会保障等方面（陶然和徐志刚，2005）也有一些研究，更细致地指出农民失地的经济和社会影响。还有学者试图将城镇化、社会保障、农地再分配与征用以及移民问题纳入统一的分析框架，认为城镇户籍制度和农村土地集中制配套改革更为重要（陶然和徐志刚，2005）。这里第二支文献概括地讲，影响劳动力流动的主要原因是自身人力资本、社会资本及各种外在约束：受教育程度越高，劳动力越容易流动到工资待遇更好的地方（赵耀辉，1997；Lucas，2004）；同周围越密切，越容易外出务工（Zhao，2003）；家庭流动性约束越大，劳动力流动频率越低（Wang，2012）。

上述文献指出征地补偿额低下的现实及后果。然而，以往文献存在三个特点：第一，逻辑思辨性研究范式是主流，个别定量分析数据较为零散或宏观，对征地家庭就业流动的解释处于薄弱环节。第二，以往征地研究大多基于"三农"角度撰写，新型城镇化视角的研究文献尚少。事实上，相对过往传统城镇化思路，新一届政府提倡的新型城镇化更多强调城乡统筹发展，使农民融入城市生活并分享城镇化收益，故征地就业指导需要从城乡协同发展层面重新解读。第三，征地和劳动力流动成两支独立文献，鲜有研究将二者联系起来。尽管征地文献已经很多，农民工劳动力流动研究也很丰富，但很少有学者考察土地征收对劳动力流动的影响。囿于数据限制等原因，鲜见有关征地话题的全国范围内的微观实证研究（杨涛和施国庆，2006），在当前倡导以人为本的新型城镇化背景下，征地的就业冲击更少有涉及。基于新型城镇化背景，本小节从金融约束等角度阐释征地如何影响劳动力流动。采用最近的中国家庭金融调查（CHFS）微观数据库，深入考察征地对家庭外出就业的影响，发现征地货币补偿缓解了金融约束，导致失地家庭劳动力流动距离增加。本研究能够为缓解征地冲突、提升失地农民就业等决策提供经验基础，还为探索新型城镇化道路的落实方式做实践指导。理论研究意义则包括：能够检验金融约束、科斯定理假说在征地领域的适用性，拓展劳动力流动研究的新视角，提供我国转型期更为可信的家庭决策证据。

### （二）理论假说

在无摩擦的劳动力市场，劳动力流动能够增进效率。现实的劳动力市场往往不完美，存在户口、土地制度、金融等约束。以往大量文献发现，和福利挂钩的户口制度会人为增加劳动力异地就业成本，阻碍劳动力合理流动。同农地征收相关的制度障碍主要是农地使用权和所有权等产权制度（land tenure）及金融制度约束，这里金融约束是家庭正规信贷能力受限引起的广义的流动性约束。

很早科斯（Coase，1960）就指出，交易费用为零时，产权无关紧要，但当交易费用为正时，不同结构的产权导致资源配置效率差异。综合文献，马克思主义产权思想、制度经济学产权学派、发展经济学家均认为明晰产权容易界定市场主体权责，能够提高经济效益，即所谓科斯定理（Rozelle et al.，2002；刘灿和韩文龙，2012）。从国际经验看，工业化国家趋向于借助购买或转移土地发展权来保护公地和生态环境（Ding，2007），广大发展中国家试图明晰土地产权，缓解各利益群体之间收入再分配冲突（Larbi et al.，2004；Sun and Kim，2008）。

俗话说，有恒产者有恒心。土地产权安全性是经济持续发展的前提（Coase，1960）。如20世纪末中国稳定的农地使用权有助于改善土壤资源的可持续生产能力（俞海等，2003）。1996～2003年间秘鲁土地赋权改革同样印证，土地制度完善会导致劳动时间、外出务工比例显著增加（Field，2007），同时期墨西哥土地所有证颁发举措降低了劳动力流动成本，显著提升土地流转和就业效率（Valsecchi，2014；Janvry et al.，2015）。反过来讲，诸如担心土地征收或集体收回再分配的土地产权不稳定事实，会减少土地投资并降低利用效率（Nizalov et al.，2016），抬高劳动力流动的机会成本（陶然和徐志刚，2005；Mullan et al.，2011），形成农村劳动力暂时性外出务工现象（Yang，1997）。

另一支文献强调金融约束对劳动力流动的重要性，如福利住房资本化缓解了中国普通家庭的信贷约束，导致劳动力流动和创业可能性增强（Wang，2012）。历史上俄罗斯斯托雷平（Stolypin）农地赋权改革能够直接增进农地收入并间接降低收取地租机会成本，总体增加的土地流动性提升了劳动力流动，极大地瓦解了农奴制度（Chernina et al.，2014）。当然，还有研究指出土地流转权的完善也会降低农户收租难度，但经验证实效果很小（Mullan et al.，2011）。

综合而言，土地征收一方面彻底消除农地产权不确定性，另一方面又将其资本化，缓解金融约束，两种作用均会增进劳动力流动。[①] 进一步而言，劳动力流动距离长短通常取决于流动动机，较短的流动属于住房驱动的流动，就业驱动则导致劳动力流动较远（Roseman，1971；Niedomysl，2011；朱宇等，2016）。失地家庭通常会被同时拆迁住房，双重驱动更强，当然还会收到相应补偿，缓解家庭金融约束，两方面原因导致其迁移至更远的地方。结合上述理论和模型总结出如下假说：

假说4.5：征地会增加外出工作可能性及距离，特别是家庭农地征收

---

① 借鉴赵（Zhao，1999）模型框架，农民务农利润最大化的比较静态分析能够理论上证明，农地越少，越容易外出就业。

份额越大，越会外出工作，且越会加大劳动力流动距离。

我国幅员辽阔，市场发育差距很大，同样的征地问题在东部与西部表现迥异，农地产权、金融约束等程度势必不同。科斯定理告诉我们，明晰稳定的产权制度能够提高效率。在农业领域，我国土地产权一般认为是清晰的，西部农民大可放心外出打工，征地时要求农地补偿即可。东部农民则在农地转让权（周其仁，2004）、发展权和收益权（朱介鸣，2011）方面与包括村集体的各级政府争夺，农地被国家管理、集体所有、农户承包经营（周靖祥和陆铭，2011）的客观事实，使产权在非农转换中变得模糊和不完整（朱介鸣，2011）。征地行为使农地产权强制性彻底消失，导致受影响家庭外出务工的机会成本随之消失，预期会对劳动力流动产生积极影响。具体而言，相对西部，东部农地产权更模糊不稳定，故有理由相信征地使得不完整产权彻底消失，东部受影响农户可完全解除后顾之忧，效果理应更大更显著。值得注意的是，土地产权安全与否仅对劳动力暂时性流动有用，对劳动力永久性流动作用不大（Chernina et al.，2014）。

另外征地行为会或多或少地补偿农户土地及其附着物损失，直接缓解金融约束，增加受影响家庭劳动力迁移的可能性和距离。通常而言，户籍在西部的失地家庭金融约束缓解程度更大。总结两种理论解释和作用机制，我们提出如下假说：

假说4.6：按照产权机制，相对西部，东部失地农民流动可能性及距离更大更显著；按照金融约束机制，相比东部，西部家庭征地后劳动力流动更大更显著。综合而言，预期征地会对西部家庭劳动力永久流动产生积极影响。

我们可具体检验金融约束如何作用征地对劳动力流动的影响。依据家庭工商业或住房信贷状况直接度量金融约束，可以预期，受金融约束的失地家庭得到赔偿后更易流动。间接看，若按征地补偿形式分为货币补偿和非货币补偿两类家庭，选择货币补偿的家庭预期会缓解金融约束，增强劳动力流动。由此总结为如下假说：

假说4.7：相比不受金融约束的家庭，受金融约束的家庭征地后会显著增加劳动力流动可能性及距离。特别地，相比非货币补偿，选择货币补偿的失地家庭会缓解金融约束，进而显著强化家庭劳动力流动。

## 三、个体创业文献与假说

### （一）文献回顾

创新是开拓经济增长的源泉，创业在吸纳就业、促进经济增长方面的重要作用已达成共识（李宏彬等，2009）。中共十八大明确提出实施创新驱动发展战略，中共十八届五中全会又将创新作为五大发展理念之首，《中华人民共和国国民经济和社会发展第十三个五年规划纲要》进一步梳理了创新目标和步骤，认为创新是引领发展的第一动力。具体实施层面上，李克强总理在2015年政府工作报告中提出"大众创业、万众创新"；同年6月，国务院颁布相关文件，明确指出推进"双创"是培育和催生经济社会发展新动力的必然选择，是扩大就业、实现富民之道的根本举措，能够激发全社会创新潜能和创业活力①。党和国家对民众创业的重视程度前所未有，如何提升创新能力及创业参与率亟须学术界做出解答。

在当前新常态背景下，中国经济增长速度趋缓，强调自主创业尤为必要，解决其中的融资约束是重大问题。GEM2015/2016报告显示，要素驱动的经济体早期创业活力指数（TEA）高达21%，间断率达8%，而在创新驱动的经济体，这两数字分别为8%、3%；究其间断原因，要素驱动的经济体超过一半源于融资问题，这一比例在创新驱动经济体中低于一半（Kelley et al.，2016）。融资难正是家庭个体工商户面临的棘手问题。2014年《中国小微企业发展报告》统计发现，近80%的小微企业是以家庭为主要生产经营单位的个体工商户，他们的银行信贷可得性低，有63%仅从民间借款。在中国经济转型进程中，如何缓解家庭创业融资困境成为创业研究的重要探索主题。通常认为，土地是家庭的重要生产资料，住房是家庭的重要资产，征地拆迁对普通家庭就业冲击势必巨大。利用征地拆迁这一"准自然实验"（quasi-natural experiment），能够实证检验征迁对家庭及其成员创业活动产生的影响。

很显然，本小节涉及创业和征地拆迁两大类文献。

第一类是创业文献。在当前经济新常态下，"双创"活动有序开展，正发挥稳增长、扩就业的积极作用。"创业"就是创造一个新事业（Low and MacMillan，1988），很早就被学术界关注。概括地讲，经济学家侧重创新、风险和信息，而管理学家强调的是资源组织和价值创造（陆园园和张红娟，2009）。大量经管类文献表明，创业需要初始资产或财富（Evans and Jovanovic，1989；Paulson and Townsend，2004；Djankov et al.，2016）

① 具体见《国务院关于大力推进大众创业万众创新若干政策措施的意见》，http://www.gov.cn/zhengce/content/2015–06/16/content_9855.htm。最新官方文件可参考《国务院关于激发重点群体活力带动城乡居民增收的实施意见》，http://www.mlr.gov.cn/zljc/201610/t20161027_1420228.htm。

以及制度环境（Lu and Tao，2010；张峰等，2016）。初始资产或财富可来自房价的变化，增值的住房作为银行抵押品能够间接缓解信贷约束，变现的住房更能直接放松信贷约束，促成家庭参与创业活动。然而，二者正相关关系可能存在遗漏风险偏好（Hurst and Lusardi，2004）或企业家才能（Wang，2012）等因素引起的内生性问题。以往的解决办法是，寻找继承、中彩票（Fairlie and Krashinsky，2012）、住房制度改革（Wang，2012；周京奎和黄征学，2014）等财富外生变化，来更准确地识别财富效应如何缓解流动性约束，进而导致创业活动增多。当然，住房财富效应并非总是促成创业，当前婚姻市场的竞争和买房投资动机同样推高房价，但会一定程度上抑制当地创业活动（Li and Wu，2014）。

制度环境不同，住房市场、金融市场发育程度不同，创业等劳动力市场产出自然存在差异。完全产权住房可随时兑现住房增值部分，但中国小产权房市场交易要难得多，住房产权制度已影响到缓解流动性约束的程度和创业可能性（李江一和李涵，2016）。从金融制度来看，广泛的社会网络能够弥补农村正规金融发展的滞后现状，从而更有可能创办自营工商业（马光荣和杨恩艳，2011）。较多的金融知识还会增强家庭正规渠道融资能力及改善家庭的风险态度来降低金融约束，进而积极影响家庭的创业决策和动机（尹志超等，2015）。具体从创业动机剖析，可以将创业者分为迫于生存压力不得不选择创业的生存型创业者（necessity entrepreneurs）和针对比目前事业选择更好的机会而去创业的机会型创业者（opportunity entrepreneurs）两大类（Parker，2009）。相对而言，后者更愿冒风险（Kihlstrom and Laffont，1979；Cressy，2000），会带来更多财富、就业机会和创新，故普遍表现为拥有较多雇工的企业（Djankov et al.，2006；Aguilar et al.，2013）。以家庭为基础的小微企业更多构成非注册的非正规部门，并吸纳自雇型的非正规就业人员，同正规部门和就业的社会保障、工资差距很大（魏下海和余玲铮，2012）。有研究表明，发展中国家非正规部门的存在及其灰色竞争行为会阻碍正规企业的独立创新（张峰等，2016），转型经济中的政治网络对家庭创业具有显著正向影响（吴一平和王健，2015），这些国家的寻租动机还会造成正规部门公务员家庭伪创业现象（李雪莲等，2015）。

第二类是征地拆迁文献。随着城镇化进程和旧城改造推进，征地拆迁活动愈演愈烈，其牵涉土地住房，能够给普通家庭带来重要经济冲击。囿于数据等原因，发展中国家经验研究较少，典型观点包括，拆迁户总体上要比未拆迁户消费更多，但他们消费因拆迁后的住房套数而异（柴国俊，

2014）。在成熟经济体的城市更新活动中，贫民窟的铲除类似我国住房拆迁行为，长久而言，其能够通过提升当地生产率进而改善房价、就业（Collins and Shester，2013）。上述两类文献为本研究奠定了坚实的研究基础，本研究进一步认为征迁亦导致家庭财富外生变化，预期缓解流动性约束。本小节试图将征地拆迁和创业两大领域联系起来，能够丰富转型国家的创业决策和动机研究。

与本节最密切的代表性文献包括：（1）鲍海君和韩璐（2015）曾利用浙江省调查数据分析失地农民创业意向，发现性别、成就动机和征地区位是影响他们创业的深层因素，这为解决失地农民可持续生计问题提供了决策思路。（2）孙光林等（2019）基于江苏省和山东省近年调查数据，考察金融知识对失地农民创业的影响，认为拥有较高金融知识的农户通过重视信息并获取金融资本来提升创业概率和创业绩效。事实上，征地拆迁对创业的影响效应和当地金融市场息息相关，在金融市场发育程度不同的地区，影响结果是有差异的，可以预期在金融市场比较发达的地区更容易创业。（3）樊此君和张栋浩（2016）利用 2011 年中国家庭金融调查数据和倾向得分匹配法发现，拆迁会显著降低创业的概率，且随住房所有权呈现异质性。本小节结合 2011 年同一来源数据进一步验证征迁对创业方向和类型的影响，得出征地不能显著影响家庭创业，而拆迁会显著抑制创业可能性，特别是主动创业，观点有所丰富和完善。

**（二）理论假说**

为实证检验简洁明了，我们按照逻辑层次梳理为如下两个假说。

征地拆迁本身会改变家庭就业决策，土地或住房存量的消失程度越大，预期对家庭劳动力创业活动积极影响越大。即：

假说 4.8：征地拆迁会增加家庭创业可能性，特别是征迁强度越大的家庭越会创业。

从创业动机看，创业者可以分为生存型和机会型两类，前者缺乏其他就业选择而被迫创业；后者是注意到比目前事业选择更好的机会而自愿参与创业活动。因此，前者是被动创业，更多属非正规就业，经济贡献较小，后者是主动创业，体现企业家精神，经济贡献较大。依据文献（Kihlstrom and Laffont，1979；Cressy，2000；Djankov et al.，2006；Aguilar et al.，2013），我们可以按创业者的风险偏好程度或工商业项目雇工人数来区分创业类型。相对偏好风险的、雇工大于某个数的类型，被认为主动创业；其余为被动创业，我们预期征迁对主动创业者影响更大更显著。最后总结为如下假说：

假说4.9：征迁更多地会增加家庭主动创业的可能性，而非被动创业。本小节如下实证研究正是围绕这两个理论假说展开的。

## 四、家庭收入文献

征地是否会提高家庭收入水平？由于学者所选样本、地域各不相同，以往研究的实证结果并不一致。例如，史清华等（2011）基于上海7村2281户农民调查发现，征地并未降低当地农民的收入水平，反而起到提升作用。他们认为，多元的就业途径、多源的财产收入、多重的社会保障具体起到了抬高收入的功能。相比收入，他们指出程序公平对农村征地活动更重要。而金晶和许恒周（2010）考察江苏16个县市320户失地农民发现，失地后收入下降的比例达到33.1%，并提出构建多元化的社会保障安置体系非常必要。

由此，征地拆迁能否改善收入水平乃至收入结构是个实证问题，本小节将利用中国家庭金融调查数据进行对比分析。

# 第二节　模型、变量与数据

## 一、理论模型

征地对家庭资产、资金、劳动力起到再配置作用。如下以征迁影响劳动力就业、影响创业为例，构建出理论模型。

### （一）劳动力就业影响

参考赵（Zhao，1999）的思路，设定 $\max \{p \cdot f(l, k, n) - r \cdot k - s \cdot n + w \cdot (L - l)\}$。其中，$p$ 是农产品价格，$f$ 是农业生产函数，符合古典性质。$l$ 是家庭务农劳动力个数，$L$ 是家庭总劳动力个数，$k$ 是农机等资本，$n$ 是农地亩数，$w$、$r$、$s$ 分别为上述生产要素对应的价格。根据一阶条件很容易得出 $f_l(l, k, n) = w/p$，$f_n(l, k, n) = s/p$。做比较静态分析，我们有：

$$\frac{\mathrm{d}(L - l^*)}{\mathrm{d}n} = -\frac{\mathrm{d}l^*}{\mathrm{d}n} < 0 \qquad (4.1)$$

即农地越少，越容易外出就业。

### （二）创业影响

参考以往文献（Evans and Jovanovic，1989；Wang，2012；周京奎和

黄征学，2014），构建如下理论模型研究创业的征迁效应：

$$\max_{h_i, k_i} U(C_i, h_i)$$

$$\text{s. t. } C_i + p \cdot h_i = Y(k_i) - r \cdot b_i$$

$$k_i = b_i + z_i \tag{4.2}$$

$$b_i = \lambda \cdot (p \cdot h_i + z_i)$$

$$Y(k_i) = \theta_i \cdot f(k_i)$$

这里，家庭 $i$ 在流动性约束 $b$ 条件下通过选择复合商品 $C$ 和住房 $h$ 来最大化效用 $U$。$p$ 是住房单价，$r$ 是（1 + 利率），创业收入 $Y(k)$ 具体形式是以资本 $k$ 为投入的生产函数 $f(k)$ 的 $\theta$ 倍，$\theta$ 代表企业家才能，$z$ 是以往流动资产，$\lambda$ 代表家庭资产抵押融资份额，介于 0 和 1 之间。依据一阶条件，我们得出：

$$U_C \cdot p(1 + r \cdot \lambda) = U_h$$

$$\theta_i \cdot f(k_i) = r \tag{4.3}$$

$$k_i = (1 + \lambda) \cdot z_i + \lambda \cdot p \cdot h_i$$

将由此解出的 $k_i^*$、$h_i^*$ 代入效用函数得到 $V_i = U(\theta_i \cdot f(k_i^*) - r \cdot k_i^* - p \cdot k_i^* + r \cdot z_i, h_i^*)$。可以证明，$\dfrac{\partial V_i}{\partial(p \cdot h_i + z_i)} > 0$。这意味着，类似拆迁补偿的房产增值变现，会直接缓解家庭流动性约束，进而提高家庭及个人创业的可能性。

## 二、计量模型

### （一）消费效应

关于测度征地拆迁家庭异质性对其家庭消费的影响的计量方法包括两类：平均处理效应（ATE）和多元回归，下面重点介绍 ATE 方法。

征迁补偿多寡和公平性涉及这些家庭户的消费水平变动问题。例如，对于多套住房家庭而言，拆迁补偿可能会提升奢侈品、耐用品等非经常性消费支出，而对于只有一套房被拆后变为租房者而言情况可能不容乐观。现实中，我们只观察到征地或拆迁这种处理效应发生与否的两种状态，限于横截面数据特性，不能采用经典的倍差法（DID）来处理，只能利用平均处理效应计量模型估算这种征迁冲击下的消费的样本平均处理效应。具体可采用最近发展的配对估计方法简单配对估计（simple matching estimators）或纠偏的配对估计（biased-corrected matching estimators）来拟合征迁行为的对立状态消费水平。两种估计的区别是，简单配对估计量在有限样本情况下将会有偏，纠偏的配对估计能够进一步最小化偏差，故计量上更为可靠（Abadie and Imbens，2002），如下拟合中采用纠偏的配对估计方法。

利用配对估计的 ATE 计量模型能够估算征地拆迁对消费的冲击，式（4.4）和式（4.5）分别为消费 $Y$ 的总体和样本平均处理效应。

$$\tau^{\text{pop}} = E\{Y(1) - Y(0)\} \tag{4.4}$$

$$\tau^{\text{sample}} = \frac{1}{N} \sum_{i=1}^{N} \{Y_i(1) - Y_i(0)\} \tag{4.5}$$

实际上，人们只观察到征地拆迁这种处理效应 $W$ 发生与否，发生其值为 1，否则为 0。故家庭消费水平度量如式（4.6）所示：

$$Y_i = Y_i(W_i) = \begin{cases} Y_i(0), \text{如果 } W_i = 0 \\ Y_i(1), \text{如果 } W_i = 1 \end{cases} \tag{4.6}$$

如前所述，消费对立状态可以采用简单配对估计或纠偏的配对估计方法①拟合，其中纠偏配对估计量如式（4.7）所示。

$$\hat{Y}_i(0) = \begin{cases} Y_i & \text{如果 } W_i = 0 \\ \dfrac{1}{\#\Gamma_M(i)} \sum_{l \in \Gamma_M(i)}^{N} (Y_l + \hat{\mu}_0(X_i) - \hat{\mu}_0(X_l)) & \text{如果 } W_i = 1 \end{cases}$$

$$\hat{Y}_i(1) = \begin{cases} \dfrac{1}{\#\Gamma_M(i)} \sum_{l \in \Gamma_M(i)}^{N} (Y_l + \hat{\mu}_1(X_i) - \hat{\mu}_1(X_l)) & \text{如果 } W_i = 0 \\ Y_i & \text{如果 } W_i = 1 \end{cases}$$

$$\tag{4.7}$$

这里，$\mu_w(X_i) = E(Y(w) \mid X = X_i)$，$w = 0$ 或 1，$\Gamma_M(i)$ 代表家庭 $i$ 尽可能接近第 M 个配对序号的集合。将式（4.7）代入式（4.5）即可计算出某个家庭征迁前后消费的变动。关于配对估计下 ATE 方法的详细说明可参考阿巴迪和伊本斯（Abadie and Imbens，2002）。进一步地，我们细分征迁户类型，分别考察其家庭消费特征即可验证生命周期假说和预防性储蓄假说在拆迁领域的适用性。

预防性储蓄是人们为应对不确定性而增加的储蓄，如前所述，它既包括时间维度自身的收支风险，也有来自空间维度的周边参照群体收支状况对自身的"威胁"风险。为了进一步检验预防性储蓄假说的这两种具体作用机制，我们做如下多元回归分析：

---

① Stata 软件已将这些计量方法集成为 nnmatch 并植入，具体可参考阿巴迪等（Abadie et al.，2004）相关论述。

$$c_i = \alpha Houseno2_i + \delta gini_i + \gamma Houseno2_i \cdot gini_i + X\beta + \varepsilon_i \quad (4.8)$$

$$c_i = \alpha Houseno2_i + \delta cover_i + \gamma Houseno2_i \cdot cover_i + X\beta + \varepsilon_i \quad (4.9)$$

其中，$c$ 代表各种家庭消费，$X$ 为控制变量。$Houseno2$ 表示家庭拆迁后住房套数不小于 2 还是等于 0，即若拆后住房套数大于等于 2 则该虚拟变量为 1，若拆后为租房户则该虚拟变量为 0。故这里样本限定为发生过拆迁行为的家庭，且其拆迁后或无住房或仍有不少于两套住房。式（4.8）的 $gini$ 代表空间维度同类家庭收入的风险测度，类同金等（Jin et al.，2011）的做法，用同一社区（或区县）内户主年龄上下若干岁对应家庭的收入基尼系数表示。式（4.9）的 $cover$ 表示其是否具有社会保障，代表时间维度的风险测度。两式中的交叉项系数 $\gamma$ 度量某种预防性储蓄下两套及以上住房[①]拆迁户相对于拆迁后租房家庭的消费变化，是我们感兴趣的系数，观察其正负及显著性即可检验预防性储蓄理论具体作用机制：若发现式（4.8）$\gamma$ 显著为负，就表明符合假说 4.3 推断；若显著为正，则证实假说 4.4。

### （二）就业效应

劳动力流动与很多因素有关，某些未观测到的个体特征等因素很可能遗漏在误差项里，导致模型估计系数有偏。解决这种非时变遗漏变量引起的内生性问题需要寻找合适的计量模型。双重差分方法在劳动力流动领域应用广泛（如 Field，2007；Chernina et al.，2014）。征地与否可看作准自然实验（quasi-natural experiment），两年的数据构成另一维度，差分两次即可剥离出征地对农户劳动力流动的净影响。面板数据下 DID 属于广义的处理后的平均处理效应（ATT）。

首先构建如下普通最小二乘法（OLS）的考虑时变的双重差分模型：

$$Y = \alpha_0 + \alpha_1 d2 + \beta_0 \cdot dt + \beta_1 \cdot d2 \cdot dt + X'\delta + \varepsilon \quad (4.10)$$

结果变量 $Y$ 可以是劳动力流动虚拟变量或流动距离。本节劳动力流动界定为劳动力跨区县外出务工，距离则为跨区县的地理距离，采用虞义华 $china\_statdwm$ 模块并依据受访户自报户口地及调查地信息计算得到。考虑到部分家庭并未迁移，距离因变量在实际回归中采用（距离 +1）的自然对数。$dt$、$d2$ 是虚拟变量，分别界定时间以及是否征地。即 2013 年 $dt$ 取值为 1，2011 年为 0，若调查家庭发生过征地则 $d2$ 取值为 1，否则为 0。依据以往研究（Zhao，2003；刘家强等，2011），这里的 $X$ 包括：户主年龄及其平方、受教育程度、婚姻状况、家庭人数、到市县中心距离以及家

---

① 简洁起见，如下"两套及以上住房"及"多套房"代表同样的意思，经常互换。

庭收入。我们还尝试控制区县级的城乡收入差距，以及度量社会资本的"每月话费金额"甚至省级固定效应，结果变化不大。

为了更细致地测度征地程度对劳动力流动性的影响，我们将上述双重差分模型扩展为如下形式：

$$Y = \alpha_0 + \alpha_1 ratio + \beta_0 \cdot dt + \beta_1 \cdot ratio \cdot dt + X'\delta + \varepsilon \qquad (4.11)$$

这里 $ratio$ 被定义为征地的处理强度（treatment intensity），代表农地征收份额，是家庭征地面积占农地所有面积的比值。

一般来说，征地属于政府强制性行为，普通农户只能被动接受，不存在自选择问题。尽管如此，一个地区征地与否同城乡规划等诸多因素有关，可能并非随机。为了去除选择性偏差引起的内生性问题，我们借鉴赫克曼等（Heckman et al.，1997）的思路，首先进行核匹配（kernel matching）并生成具有可比性的处理组反事实状态，然后再做双重差分估计。基于核匹配的倾向得分匹配法（PSM）调整后的双重差分估计实质上是一种特殊的 ATT，具体计算公式如下：

$$ATT = E\big[Y_{i,2013} - Y_{i,2011} \mid d2 = 1\big] - E\big[Y_{i,2013} - Y_{i,2011} \mid d2 = 0\big]$$

$$= \frac{1}{N}\sum_{i \in T \cap S}\Big[(Y_{i,2013} - Y_{i,2011}) - \sum_{j \in C \cap S} W(i,j)(Y_{j,2013} - Y_{j,2011})\Big]$$

$$(4.12)$$

这里 $i$ 是处理组样本，$j$ 是控制组，$T$、$C$ 分别是处理组、控制组样本集合，$S$ 是共同支撑域，$N$ 是样本数。$W(i,j)$ 是核匹配的权重，具体计算公式如下：

$$W(i,j) = \frac{G\big(\frac{p_j - p_i}{h_n}\big)}{\sum_{k \in T}^{N^T} G\big(\frac{p_k - p_i}{h_n}\big)} \qquad (4.13)$$

其中 $G(\cdot)$ 是核函数，$h_n$ 是带宽，$p$ 是趋向得分，$N^T$ 为处理组的样本数。

（三）创业效应

创业与很多因素有关，某些未观测到的个体异质性因素很可能遗漏在误差项里导致模型估计系数有偏。类似地，征迁的创业效应可仿照征地的就业效应进行内生性讨论，并基于核匹配的倾向得分匹配法来调整征迁自选择问题，这里省略。简洁起见，如下仅指出征迁影响创业的方向，没有考虑内生性问题。

首先构建如下 Probit 形式：

$$Pr(isentre_i = 1 \mid X) = \Phi(\alpha_0 + \alpha_1 dummy_i + Z'\delta) \qquad (4.14)$$

结果变量 *isentre* 是创业虚拟变量，*X* 包括感兴趣的解释变量（征地或拆迁）虚拟变量 *dummy* 以及控制变量 *Z*。

为了更细致地测度征迁强度对创业的影响，我们将上述模型扩展为如下形式：

$$Pr(isentre_i = 1 \mid X) = \Phi(\alpha_0 + \alpha_1 intensity_i + Z'\delta) \qquad (4.15)$$

这里 *intensity* 被定义为征地或拆迁的处理强度（*treatment intensity*），代表家庭土地征收面积占所有土地面积或者拆迁面积占住房所有面积的比值。

### 三、变量选择

被解释变量和解释变量的选择通常来源于两个渠道，即文献和现实。这里仅列出征迁对创业影响的变量选择依据。

借鉴国际劳工组织统计标准（ILO，2003），与以往中国家庭金融调查（CHFS）有关创业的文献保持一致（尹志超等，2015；李江一和李涵，2016；樊此君和张栋浩，2016），本节将"创业"界定为个人工作性质属"经营个体或私营企业、自主创业或自由职业"或者家庭从事"工商业生产经营项目"。*dummy* 是虚拟变量，*intensity* 是连续变量，分别界定征迁与否和征迁强度。依据已有研究（Evans and Jovanovic，1989；马光荣和杨恩艳，2011；周京奎和黄征学，2014；Li and Wu，2014；尹志超等，2015；李雪莲等，2015；李江一和李涵，2016；樊此君和张栋浩，2016），这里的控制变量 *Z* 包括：户主个人层面的年龄 *headage* 及其平方 *headagesq*、受教育年限 *eduyear*、婚姻状况 *married*、风险喜好程度 *risklove*、家庭层面的夫妻是否是公务员 *iscs*、家庭收入 *hhinc*、家庭资产 *asset*、家庭转移性支出 *transexp*、家庭人数 *familysize*，以及区县层面的平均房价 *hppc*。

### 四、数据说明

#### （一）消费

中国家庭金融调查数据的获取为开展征地拆迁研究奠定了坚实的数据基础。家庭金融是继资产定价、公司金融之后的现代金融学第三大分支（Campbell，2006），在西方国家很受重视，如美国消费者金融调查（SCF）、欧洲家庭金融和消费调查（HFCS）、英国金融研究调查（FRS）等都在积极开展这方面的调查研究工作。最近，国内学者开始关注家庭金融领域，具体可参考王江等（2010）作的文献综述。这是由于考察家庭金融不仅能够厘清家庭资产配置是否符合传统金融理论的假说和推理，还对我国转型经济决策及市场分析有着重要的实践指导意义。中国家庭金融调查由中国人民银行同西南财经大学合作发起,旨在全国范围内收集有关家庭资产、负债、收入和支出等方面的微观信息,以促进我国对家庭的经济行为和社会行为、国家在金融领域的宏观调控等基础认识与科学研究。[①]分别按照人均 GDP、非农人口比重对区县及村(居)委会两次分层 PPS 抽样,并按村(居)委会平均房价高低对家庭户做进一步重点抽样之后,该项目于 2011 年 7～8 月顺利进行第一轮入户 CAPI 调查,走访了 25 个省份(自治区、直辖市)、80 个区县、320 个村(居)委会,共获得 8437户有效数据。分阶段分层 PPS 抽样并按实际抽样事后给出概率权重,通过这种科学抽样和质量控制得到的一手基础性调查,为本节统计分析征地拆迁问题做了很好的数据铺垫。相对于宏观统计数据或商业数据,上述微观调查数据能够阐述清楚征地拆迁行为对家庭消费支出的微观机理,考察对象随机性强,得出的结论令人更为信服。去除异常值和严重缺失值后,我们得到 8300 余个样本做消费效应的实证研究。

**(二) 就业和创业**

就业研究采用的数据主要来源于中国家庭金融调查(2011 年和 2013年),创业研究采用 CHFS2011 年数据。该项目于 2011 年 7～8 月顺利进行第一轮入户 CAPI 调查,走访全国 25 个省份(自治区、直辖市)、80 个区县、320 个村(居)委会,共获得 8437 户有效数据。第二轮调查在2013 年夏天进行,调查范围进一步扩大到 29 个省份(自治区、直辖市)、262 个区县、1048 个村(居)委会,共收集 28141 户样本。[②] 两轮调查分阶段分层 PPS 抽样并按实际抽样事后做概率权重调整,科学的抽样技术和严格的质量控制保证了调查数据的质量,能够准确厘清征地对劳动力流动的微观机理,得出的结论信服力高。

土地是一种重要的非金融资产,CHFS 专门设置了征地问卷模块,涉及征地年份、面积、补偿情况,还有家庭或个人层面的户口、就业等大量基础信息。基于研究目的,本节农地仅指农用耕地,不涉及宅基地等建设用地。考虑到处理组和控制组的可比性,本研究去除不是农转非的非农户口以及农转非户口中除征地外的其他原因(如城镇购房、城镇就业、升学、购买户口)的调查样本,处理组样本均界定为最近两年内

---

① 更多信息可参考《中国家庭金融调查报告 2012》,或其官方网站. http://chfs. swufe. edu. cn。

② 两轮调查更多信息可参考 CHFS 官方网站. http://chfs. swufe. edu. cn,或参阅甘犁等的2014 年调查报告。

发生过土地征收行为的家庭。鉴于农村劳动力范围及受教育程度（如赵耀辉，1997），进一步去除 16 岁以下、70 岁以上及受教育程度高于大专的样本，最终得到非平衡面板数据共 7379 个有效样本。简洁起见，本研究主要考察户主的劳动力流动和创业情况。这里金融约束包括直接衡量的银行融资方面的流动性约束，表现为从事工商业项目时贷款被拒或者首套住房房贷被拒，还包括间接衡量的流动性约束，如征地补偿是货币形式还是住房置换等非货币形式，货币补偿能够缓解金融约束。另外我们将两轮调查资料组成平衡面板数据研究征地的创业效应，共有 6846 户家庭参与跟踪调查。

住房是另一种重要的非金融资产，CHFS 专门设置了拆迁问卷模块，包括调查家庭最近两年发生过的拆迁年份、面积、补偿情况，还有大量家庭或个人户口、就业等基础信息。基于研究的目的，这里创业仅指工商业生产和经营项目，不涉及农业项目。我们选取两轮调查均有的家庭，共跟踪调查 6846 户，进一步去除 70 岁以上的样本，最终得到 6000余个有效样本。简洁起见，本研究主要考察户主的创业情况。需要指出的是，2013 年 CHFS 增加询问家庭从事个体经营或企业经营的原因是"想自己当老板""挣得更多""更灵活自由"，还是"找不到其他工作机会"，前者被文献界定为"家庭主动创业"（尹志超等，2015）。遗憾的是，2011 年调查中并无类似创业动机的询问。我们对比上述创业动机和风险偏好发现二者匹配很好，故本书利用风险偏好及雇工人数区分创业类型。按照以往文献（尹志超等，2014；2015），风险偏好则由户主对投资项目的风险态度度量，包括"高、略高、平均、略低、无"5 个档次。

### （三）收入和资产

按照国家统计局和中国家庭金融调查标准，家庭收入分为工资性收入、经营性收入、财产性收入和转移性收入。家庭财富是家庭资产和家庭负债的差额，前者包括金融资产和非金融资产，后者包括金融资产负债、非金融资产负债和其他负债（如教育负债、信用卡负债等）。对比征地或拆迁家庭的收入、财富状况，能够直观地感受到征地对普通家庭的影响。

## 第三节　实证分析

### 一、描述性统计

#### （一）近年征地趋势

首先给出新中国征地拆迁次数的演进趋势，如图 4-1 所示。中华人民共和国成立后前三十年征地拆迁活动非常平缓。改革开放以来，征地发生次数逐年上升，调查地近些年每年发生将近 100 次。房屋拆迁次数在 20 世纪 90 年代后开始周期性变化，同征地趋势大体一致，展示出拆迁活动同样影响到较大群体的切身利益，可作为征地活动的对照组。

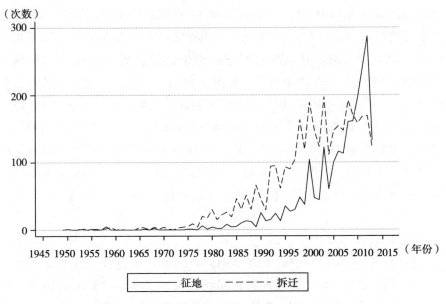

**图 4-1　1949~2015 年征地拆迁次数的演进趋势**

注：由于调查时间为 2013 年夏，故 2013 年征地、拆迁次数为上半年数据。

资料来源：2011 年和 2013 年中国家庭金融调查。

为了说明 CHFS 数据的可靠性，这里还给出 CHFS 征地次数和 google 网站统计的关键词"征地"次数的对照情况，如图 4-2 所示。不难发现，两种途径的征地次数变化趋势非常相像，反映出 CHFS 具有全国代表性。

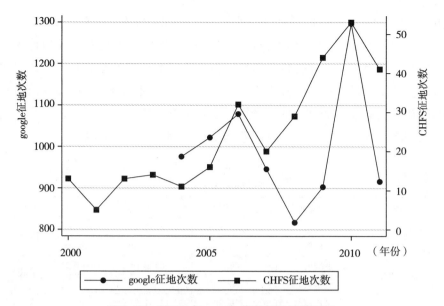

**图 4 – 2　CHFS 与 google 指数征地趋势对照**

注：这里使用 CHFS2011 年数据和 2014 年初收集的 google 指数信息，时间段均为 2000～2011 年间，故与图 4 – 1 的 CHFS2013 年结果略有不同。

## （二）消费

CHFS 将家庭通常按月支出的伙食费、住房租金、水电等费用、日常用品支出、家政服务费、本地交通费、汽车租金支出、通信费和文化娱乐支出界定为经常性消费支出，将按年支出的衣着饰品支出、住房修扩支出、暖气费支出、家庭耐用品支出、奢侈品支出、教育培训支出、家用交通工具支出、旅游探亲支出、医疗保健支出归结为非经常性消费。因此，家庭消费大体划分为经常性消费和非经常性消费[①]两大类。表 4 – 1 显示，无论是中位数还是平均值[②]，被征地家庭同未被征地家庭相比，各类消费有所提升，总消费特别是非经常性消费均值差异显著。进一步分析发现，征地面积低于平均值的家庭其消费水平特别是经常性消费增加明显，而征地面积高于平均值的家庭其消费特别是非经常性消费增加明显，征地后从事非农工作的家庭非经常性消费增加更多。总体而言，征地能够增强家庭消费水平，但依据征地面积产生消费异质性。空间上对比发现，从大城市到城乡接合部再到边远农村，被征地家庭消费先上升后下降，反映乡乡差别。这些结论初

---

① 为避免受异常值的影响，如下实证分析中截除非经常性消费首尾 10% 的样本。

② 一般地，平均数能够代表样本总体情况，而中位数反映样本分布，避免异常值对结果的影响。

步验证预防性储蓄假说，但与永久收入或生命周期理论推测不吻合。

作为对比，表4-1还列出被拆迁家庭消费信息，显示拆迁户比未拆迁户要消费更多。具体分析拆迁户，拆迁后变为租房的家庭其平均消费水平甚至低于未拆迁户，仅经常性消费及总消费的中位数略高于未拆迁户，而拆迁后仍有多套房家庭的消费平均数和中位数均远远高于未拆迁户，初步反映出拆迁行为对不同类型的家庭生计短期冲击是不同的。

**表4-1** 被征地拆迁家庭的消费对照

| 样本种类 | 统计特征 | 经常性消费 | 非经常性消费 | 总消费 | 观测值 |
|---|---|---|---|---|---|
| 征地户 | 平均值 | 1813.74 | 11213.91 | 33055.93 | 约350 |
| | 中位数 | 1320.00 | 6500.00 | 25219.00 | |
| 未征地户 | 平均值 | 1743.39 | 8370.65 | 29169.26 | 约3600 |
| | 中位数 | 1180.00 | 4000.00 | 20190.00 | |
| 征地户（征地面积低于均值者） | 平均值 | 1779.98 | 12331.96 | 34112.32 | 约300 |
| | 中位数 | 1235.00 | 7150.00 | 25220.00 | |
| 征地户（征地面积高于均值者） | 平均值 | 1868.75 | 8087.23 | 30132.37 | 约50 |
| | 中位数 | 1450.00 | 6000.00 | 24460.00 | |
| 拆迁户 | 平均值 | 2297.51 | 9492.42 | 36972.95 | 920 |
| | 中位数 | 1756.00 | 5500.00 | 29560.00 | |
| 未拆迁户 | 平均值 | 2077.76 | 9079.36 | 33946.75 | 7402 |
| | 中位数 | 1499.34 | 5500.00 | 25954.00 | |
| 拆迁户（租房者） | 平均值 | 1888.78 | 8574.21 | 31135.77 | 119 |
| | 中位数 | 1589.00 | 4627.00 | 26635.39 | |
| 拆迁户（多套房者） | 平均值 | 3507.38 | 12642.91 | 54518.93 | 155 |
| | 中位数 | 2388.00 | 10200.00 | 37162.00 | |

图4-3描绘出被征地、被拆迁家庭的消费支出的对照情况，观察图4-3（a）能够看出，相比未被征地家庭，被征地家庭经常性消费有所增加，非经常性消费总体增加更多，进一步表明征地活动对家庭消费支出的影响总体是积极的。作为对照，图4-3（b）给出被拆迁家庭消费演变情况，分析发现拆迁户的消费前3年远高于非拆迁户平均水平，随后3年又有增长。这表明，总体上看，拆迁对总消费的冲击时间存在周期性，且正冲击至少在3年以上，随后的消费波动逐渐趋于正常。图4-3（b）的异质性分析则表明，拆迁户内部会因拆迁后拥有的房产多寡出现家庭消费方面的很大差异：拆迁后租房的家庭其消费支出曲线更多地处于未拆迁户消费均值下侧，负向影响至少在5年左右，而拆迁后仍有两套及以上住房

的住户大多年限位于上方，拆迁后的消费波动甚至长达 13 年之久。有趣的是，拆迁后租房者当年支出大幅增加，而多套住房者正好相反。这种消费暂时变化与表 4-1 的总体消费冲击事实相对照，需利用更多的信息另外研究。

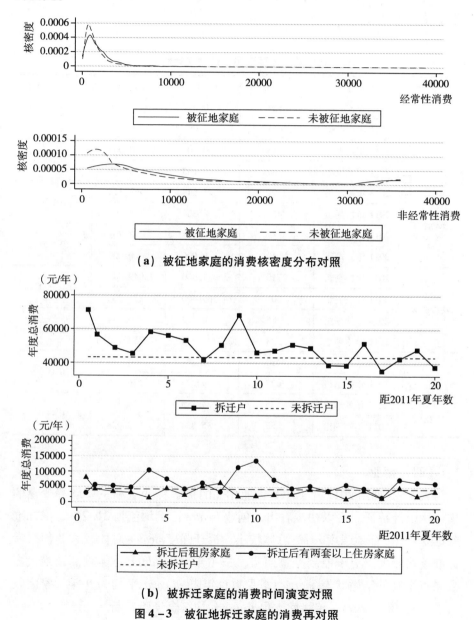

**（a）被征地家庭的消费核密度分布对照**

**（b）被拆迁家庭的消费时间演变对照**

**图 4-3　被征地拆迁家庭的消费再对照**

注：两图横坐标为拆迁年份距离调查年份 2011 年的年数，即衡量拆迁发生的时间长短。

（三）就业

就业研究相关的被解释变量和主要解释变量的描述性统计特征，如表4-2所示。可以初步看出，未按主要特征匹配的外出务工变量及距离变量均值差异大致显著。控制变量看，家庭收入及到市县中心的距离变量均值差异较显著。

表4-2                              就业效应主要变量描述性统计特征

| 变量名 | 分组 | 样本数 | 均值 | 标准差 | 均值差异p值 |
|---|---|---|---|---|---|
| 外出务工 | 2013年控制组 | 3527 | 0.054 | 0.226 | 0.000 |
| | 2011年控制组 | 3627 | 0.081 | 0.273 | |
| | 2013年处理组 | 136 | 0.004 | 0.065 | 0.000 |
| | 2011年处理组 | 89 | 0.105 | 0.309 | |
| 流动距离 | 2013年控制组 | 2391 | 3.548 | 69.314 | 0.051 |
| | 2011年控制组 | 2467 | 8.308 | 97.861 | |
| | 2013年处理组 | 87 | 0.438 | 8.701 | 0.726 |
| | 2011年处理组 | 49 | 0.000 | 0.000 | |
| 家庭收入 | 2013年控制组 | 2710 | 35937.900 | 43949.740 | 0.000 |
| | 2011年控制组 | 3601 | 147569.400 | 307875.200 | |
| | 2013年处理组 | 85 | 0.282 | 0.234 | 0.000 |
| | 2011年处理组 | 88 | 253734.500 | 374754.100 | |
| 离市县中心距离 | 2013年控制组 | 3480 | 47.224 | 40.572 | 0.000 |
| | 2011年控制组 | 3627 | 39.224 | 36.645 | |
| | 2013年处理组 | 135 | 34.825 | 28.318 | 0.000 |
| | 2011年处理组 | 89 | 35.834 | 22.028 | |

（四）创业

表4-3列出2011年CHFS创业相关的被解释变量和主要解释变量的描述性统计特征。可以初步看出，创业 isentre 比例均值为21.7%，但标准差达0.413。征地强度 requr 总体较小，拆迁强度 demor 总体较大，但二者标准差均较大。对于控制变量而言，户主年龄 headage 总体较高，绝大多数调查家庭处结婚状态 married，受教育年限 eduyear 平均为9年，家庭收入 hhinc、资产 asset、转移性支出 transexp 均符合经验判断。

表 4 - 3　　　　　　　　创业效应主要变量描述性统计特征

| 变量 | 定义 | 单位 | 观测值 | 均值 | 标准差 | 最小值 | 最大值 |
|---|---|---|---|---|---|---|---|
| isentre | 家庭或个人是否创业 | — | 6258 | 0.217 | 0.413 | 0.000 | 1.000 |
| requr | 征地强度 | — | 6251 | 0.004 | 0.047 | 0.000 | 1.000 |
| demor | 拆迁强度 | — | 6215 | 0.006 | 0.075 | 0.000 | 1.000 |
| headage | 户主年龄 | 年 | 6258 | 48.508 | 11.535 | 18.000 | 70.000 |
| male | 户主性别 | — | 6258 | 0.760 | 0.427 | 0.000 | 1.000 |
| married | 户主结婚状态 | — | 6258 | 0.905 | 0.293 | 0.000 | 1.000 |
| eduyear | 户主受教育年限 | 年 | 6215 | 9.050 | 3.804 | 0.500 | 22.000 |
| iscs | 户主是否是公务员 | — | 6258 | 0.173 | 0.379 | 0.000 | 1.000 |
| risklove | 户主风险喜好程度 | — | 6148 | 2.158 | 1.210 | 1.000 | 5.000 |
| hhinc | 家庭收入 | 百元 | 6258 | 156557.300 | 300589.200 | 225.000 | 969600.000 |
| asset_nobiz | 家庭资产 | 千万元 | 6258 | 0.017 | 0.043 | 0.000 | 0.741 |
| transexp | 家庭转移性支出 | 千元 | 6250 | 5.832 | 11.985 | 0.000 | 165.000 |
| familysize | 家庭总人数 | 人 | 6258 | 3.654 | 1.543 | 1.000 | 18.000 |
| hppc | 区县层面的平均房价 | 万元/平方米 | 6258 | 0.451 | 0.628 | 0.029 | 2.460 |

### （五）收入和财富

为分析征地对家庭收入和财富的影响，基于中国家庭金融调查2011年数据，这里分别对照征地、拆迁对家庭收入和财富的影响。表4-4首先显示征地拆迁活动对家庭收入的影响，前三列是征地的收入效应，作为对照，第四列显示拆迁的收入效应。

表 4 - 4　　　　　　　　征地对家庭收入的影响对照　　　　　　　单位：元

| 收入分类 | 未征地 | 征地 | 征地 - 未征地 | 拆迁 - 未拆迁 |
|---|---|---|---|---|
| 家庭收入 | 130838.40 | 215031.70 | 84193.30 | 11386.30 |
|  | 289878.80 | 357379.50 | 67500.70 | 7549.50 |
| 工资性收入 | 8918.04 | 8628.01 | -290.03 | -8872.78 |
|  | 22745.09 | 16356.34 | -6388.75 | -39179.08 |
| 经营性收入 | 105721.30 | 182456.40 | 76735.10 | -2280.20 |
|  | 316467.30 | 366977.40 | 50510.10 | -19495.70 |
| 财产性收入 | 4069.92 | 24502.34 | 20432.42 | 24102.33 |
|  | 60866.88 | 299512.30 | 238645.42 | 89489.18 |
| 转移性收入 | 12474.97 | 12272.17 | -202.80 | 5338.72 |
|  | 53578.86 | 30032.19 | -23546.67 | -19371.24 |

注：每个变量第一行是均值，第二行是标准差。

总体而言，征地拆迁行为对家庭收入总额会增加，但工资性收入下降，财产性收入上升。不同的是，征地的经营性收入上升，拆迁的经营性收入下降，征地的转移性收入下降，拆迁的转移性收入上升。

表4-5显示征地拆迁活动对家庭财富的影响，前三列显示征地的财富效应，第四列是拆迁的财富对照。总体而言，征地拆迁行为均会导致家庭财富总额下降。具体而言，非金融资产下降，金融资产和其他负债上升。不同的是，征地的非金融资产负债上升，拆迁的非金融资产负债下降，从事农业的征地家庭甚至没有金融资产负债。

表4-5　　　　　　　　　　征地对家庭财富的影响对照　　　　　　　　单位：元

| 财富类型 | 未征地 | 征地 | 征地-未征地 | 拆迁-未拆迁 |
|---|---|---|---|---|
| 财富总额 | 175405.40 | 161165.30 | -14240.10 | -36366.80 |
| | 584461.70 | 243090.80 | -341370.90 | -364849.50 |
| 金融资产 | 26322.80 | 28163.11 | 1840.31 | 18178.19 |
| | 97309.25 | 56921.16 | -40388.09 | 27593.80 |
| 非金融资产 | 164793.40 | 142966.40 | -21827.00 | -61367.14 |
| | 591296.80 | 216412.10 | -374884.70 | -394214.00 |
| 金融资产负债 | 0.00 | 0.00 | 0.00 | 18.81 |
| | 0.00 | 0.00 | 0.00 | 1121.07 |
| 非金融资产负债 | 11224.23 | 12891.52 | 1667.29 | -15994.99 |
| | 122611.20 | 47732.33 | -74878.87 | -117695.45 |
| 其他负债 | 2534.40 | 2601.54 | 67.13 | 426.79 |
| | 15059.25 | 19352.88 | 4293.63 | -12619.93 |

注：每个变量第一行是均值，第二行是标准差。

## 二、回归分析

### （一）消费

这一节首先采用平均处理效应方法来分析征地拆迁行为对不同家庭消费支出的冲击，以验证预防性储蓄假说和生命周期假说的适用性，然后进一步分析家庭异质性对其消费的影响，最后检验预防性储蓄的具体作用机制。

1. ATE分析

ATE的被解释变量是家庭经常性消费、非经常性消费或总消费。依据以往文献及问卷情况，解释变量包括征地拆迁面积、补偿额、补偿满意度等征迁信息，受访者所在地区类型、现住房是否租赁、拥有常见车辆数、家庭收入①、家庭规模等家庭背景信息，以及户主年龄、户主学历等重要家庭成员信息。表4-6列出采用ATE纠偏配对估计方法的分析结果。对比分析被征地家庭，发现尽管总消费差异结果不显著，但经常性显著消费下降而非经常性消费显著上升。分析被拆迁家庭，发现总体结果不太显著，暗示笼统地考察拆迁冲击对家庭消费的影响并不可取。尽管如此，这里通过对照被征地家庭和被拆迁家庭的消费结构效应发现，被征地家庭的非经常性支出增加更多，而被拆迁家庭经常性消费支出增加更多，反映不同群体的消费效应差异。拆迁后租房的家庭的经常性消费、非经常性消费乃至总消费均显著为负，表明即使在补偿下，这类拆迁户各类消费支出显著下降，即拆迁的经济冲击明显。具体而言，拆迁后租房的家庭的经常性消费、非经常性消费、总消费相对于未拆迁的家庭分别显著下降329.79元、6945.65元、10850.31元。相对地，拆迁后仍有两套及以上住房的家庭各类消费均显著为正，进一步反映出占有多套住房的家庭的消费支出并未缩减，反而由于拆迁补偿大幅增加了。

表4-6 家庭消费 ATE 分析结果

| 被解释变量 | | 估计结果 |
| --- | --- | --- |
| 征地 | 经常性消费 | -130.01 (-1.95) |
| | 非经常性消费 | 1601.22 (2.42) |
| | 总消费 | 203.05 (0.18) |
| 拆迁 | 经常性消费 | 617.10 (3.38) |
| | 非经常性消费 | -2931.19 (-6.43) |
| | 总消费 | 4210.24 (1.79) |
| 拆迁后租房者 | 经常性消费 | -329.79 (-2.27) |
| | 非经常性消费 | -6945.65 (-7.09) |
| | 总消费 | -10850.31 (-6.26) |
| 拆迁后有多套房家庭 | 经常性消费 | 884.68 (3.83) |
| | 非经常性消费 | 5130.45 (3.38) |
| | 总消费 | 15807.22 (4.31) |

注：括号内数字是系数对应的 t 值，标准差采取稳健性标准误。这里的配对数为4。

①　这里家庭收入包括家庭成员工资性收入、经营性收入、财产性收入和转移性收入等。为避免受异常值的影响，如下实证分析中截除全部样本首尾5%的样本。

## 2. 家庭异质性的深入分析

我们细分消费支出能够捕捉更多信息。简单统计表明，被征地家庭的住房修扩支出及医疗支出大幅增加，其次是耐用品消费支出。拆迁后租房的家庭下降最多的支出分别是家政服务费（-100%）、奢侈品支出（-98.36%）、汽车租金支出（-78.39%），其中家政服务费和汽车租金支出为经常性消费，增加最多的当然是租房成本，如表4-7所示。相对地，拆迁后仍有两套及以上住房的家庭其消费增加最多的是奢侈品支出、家政服务费、文化娱乐支出，较未拆迁户对应支出增长率分别达2733.73%、1222.27%、391.82%。剧增的奢侈品消费折射出拥有多套住房的家庭"冲动消费"行为，并不符合生命周期假说中的理性消费，需要政府有力引导。

表4-7　　　　　　　　　　征迁户的消费细分及异质性特征

| 项目 | 拆迁后租房家庭 | 拆迁后有多套房家庭 | 二者差距 t 值 |
|---|---|---|---|
| | 家政服务费（-100%） | 奢侈品支出（2733.73%） | — |
| 变化最大的前三项消费 | 奢侈品支出（-98.36%） | 家政服务费（1222.27%） | — |
| | 汽车租金支出（-78.39%） | 文化娱乐支出（391.82%） | — |
| 户主社会保险参与率 | 55.31%（0.50） | 61.95%（0.49） | -1.11 |
| 愿为退休结余钱比重 | 64.72%（0.48） | 50.41%（0.50） | 2.39 |
| 空间收入风险 | 0.50（0.19） | 0.61（0.16） | -4.90 |
| 户主年龄 | 55.09（14.49） | 50.75（12.75） | 2.64 |
| 户主学历 | 3.33（1.47） | 3.65（1.79） | -1.58 |
| 家庭规模 | 2.50（1.15） | 3.97（1.81） | -7.74 |
| 拆迁补偿满意度 | 4.16（1.00） | 3.53（1.13） | 4.88 |
| 拆迁距调查年数 | 11.67（11.86） | 13.10（12.81） | -0.95 |

注：表格第一行是消费明细，括号内是其增长率；其余行中间两列表格中括号外的数为对应的比例或均值，括号内为对应的标准差。

事实上，征地拆迁户存在着不同的个体特征，即异质性。在被征地家庭群体内部，征地面积大于全国平均值的家庭会增加非经常性消费，而小于均值的会增加经常性消费，表明被征地家庭预防性储蓄在发挥作用。这里进一步考察不同拆迁户的异质性特征，期待深入理解为何拆迁行为对不同家庭的消费影响迥异。正如表4-7显示，尽管拆迁后只能租房住的家庭对拆迁补偿较为满意，但客观上户主学历偏低、年龄较大、家庭规模小。租房家庭和多套住房家庭在社会保险参与率方面差别不显著。那么，是否是由于拆迁年份距调查时刻迟早导致的消费差别呢？我们统计得出，拆迁后租房者与拆迁后多套住房家庭的拆迁时间对比 t 值并不显著。综上所述，拆迁后租房的家庭较拆迁后仍有多套住房的家庭在社会保障方面劣势不显著。对拆迁补偿方式分析则进一步发现，拆迁冲击下租房家庭完全没有拆迁补偿的比例竟高达 20.34%，远高于多套房家庭对应的 6.33%，表明这类家庭在谈判能力上处于弱势地位，这可能会提升他们寻求社会地位的强烈动机。事实上，空间收入风险对比表明，二者差距 t 值达 4.90；拆迁后租房家庭愿为退休存钱的比重远高于拆迁后仍有两套及以上住房的家庭，差距达 14 个百分点，也较为显著。隆和下村（Long and Shimomura，2004）曾研究发现，收入较低的家庭更愿意通过积累财富来提升社会层次。正是由于寻求社会地位的强度不同，使得不同类型的拆迁户面对的不确定性并不相同，从而就日后消费问题表现出迥然的行为特征，符合预防性储蓄理论和社会地位提升判断，即假说 4.1 和假说 4.3。

（二）就业

1. 征地对劳动力就业影响

如模型（4.10）所述，预期征地会对劳动力流动产生深刻影响。关于征地影响劳动力流动可能性的回归结果[1]很类似劳动力流动距离影响，本节重点放在后者。表 4-8 第 1 列说明，在 5% 显著性水平下"征地×是否为 2013 年"（即模型（4.10）中的"$d2 \cdot dt$"）系数达到 10.1%，这意味着征地的确能够显著延长劳动力流动距离，验证假说 4.5。征地首先或多或少会补偿土地及其附着物成本，故会缓解金融约束，有更大可能引导失地农户迁移到其他地方务工。一般来说，西部金融约束更强烈，预期征地对这些地区劳动力流动的影响更显著。另一作用机制是土地产权明晰程度，西部农用属性更明显，东部在发展权、收益权方面存在模糊地带，从这一角度预期征地对东部农户影响更明显。考虑到 CHFS 调查对象均为经济重心在当地及当地活动超过 6 个月的家庭户，囊括整体性流入或流出情况，我们认为调查家庭劳动力若有流动，属于长期流动，综合效果看，预期西部影响比东部更大更显著。表 4-8 第 2 列显示出西部子样本系数显著为正，且大小上升为 24.6%。相对照，东部子样本的交叉项系数虽方向为正，但并不显著。这些事实充分检验了在征地对劳动力流动问题上，金融约束机制比土地产权更有解释力，或者说金融约束作用更占主导，符合假说 4.5 和假说 4.6。控制变量来看，家庭收入、男性系数为正，家庭人数、是否结婚、受教育年限、离

---

① 为节省篇幅，相关实证结果略去。如有兴趣，可向作者索取。

市县中心距离系数为负，尽管不太显著，但均符合日常观察和常理。户主年龄及其平方虽不显著，但从开口及对称轴推断，60岁前户主年龄越大流出距离越近，60岁后因工作外原因情况正好相反，具有一定合理解释。

表4-8 征地对劳动力流动距离的影响结果

| 项目 | (1) | (2) | (3) |
|---|---|---|---|
| | | 西 | 东 |
| 征地 | -0.106** | -0.233* | -0.008 |
| | (0.044) | (0.115) | (0.008) |
| 是否为2013年 | -0.008 | -0.012 | -0.009 |
| | (0.018) | (0.070) | (0.009) |
| 征地×是否为2013年 | 0.101** | 0.246* | 0.008 |
| | (0.043) | (0.132) | (0.008) |
| 家庭收入 | 0.003 | 0.008 | -0.000 |
| | (0.000) | (0.002) | (0.005) |
| 家庭人口数 | -0.003 | -0.007 | -0.000 |
| | (0.000) | (0.002) | (0.008) |
| 户主年龄 | -0.711 | -2.131 | 0.003 |
| | (0.557) | (1.932) | (0.003) |
| 户主年龄平方 | 0.006 | 0.017 | -0.000 |
| | (0.005) | (0.018) | (0.000) |
| 男 | 0.009 | 0.049 | 0.000 |
| | (0.011) | (0.043) | (0.000) |
| 是否结婚 | -0.424* | -0.849 | 0.008 |
| | (0.237) | (0.529) | (0.009) |
| 受教育年限 | -0.182 | -1.033* | 0.001 |
| | (0.141) | (0.501) | (0.003) |
| 离市县中心距离 | -0.005 | -0.010 | -0.000 |
| | (0.006) | (0.043) | (0.000) |
| 常数项 | 0.649*** | 1.554*** | -0.000 |
| | (0.220) | (0.360) | (0.001) |
| 样本数 | 4387 | 1290 | 1067 |
| $R^2$ | 0.010 | 0.026 | 0.001 |

注：各列因变量为距离+1的自然对数，各列括号里的数是其对应的按户口所在省份聚类的标准误。简洁起见，如下表格均省略控制变量。上标 * 、** 及 *** 分别表示在10%、5%和1%统计水平上显著。

具体而言，征地如何通过金融约束途径影响劳动力流动距离呢？本节试图进一步验证内在的作用机制。表4-9前两列给出货币补偿或非货币补偿子样本回归结果，不难发现被征地农户获得货币补偿更显著地影响到他们家庭的劳动力流动距离。背后的经济学含义是，选择货币补偿的失地农户本身属于金融受限家庭，他们利用失地得来的货币补偿直接缓解自身金融约束，迁徙到更远地方务工。而非货币补偿农户自我选择住房安置，很难直接兑现，不会缓解金融约束，故征地对劳动力流动的回归系数不显著。当然从土地产权角度也能解释，非货币补偿更纯粹地显示土地产权稳定与否对农户就业迁徙不重要，或者说，土地产权稳定性本身并不重要，重要的是产权带来的经济收益。表4-9前两列回归结果证实了假说4.7。

表4-9　　　　　　　　　征地对劳动力流动距离的作用机制分析

| 变量 | (1) 货币补偿 | (2) 非货币补偿 | (3) 有约束 | (4) 无约束 | (5) |
|---|---|---|---|---|---|
| 征地 | -0.123** | -0.080* | -0.106** | -0.107** | -0.107** |
| | (0.052) | (0.044) | (0.044) | (0.044) | (0.044) |
| 是否为2013年 | -0.007 | -0.009 | -0.008 | -0.008 | -0.008 |
| | (0.018) | (0.019) | (0.018) | (0.018) | (0.018) |
| 征地×是否为2013年 | 0.122** | 0.046 | 0.101** | 0.101** | 0.103** |
| | (0.043) | (0.054) | (0.040) | (0.043) | (0.043) |
| 是否约束 | | | | | -0.012* |
| | | | | | (0.007) |
| 征地×是否为2013年×是否约束 | | | | | -0.019 |
| | | | | | (0.018) |
| 样本数 | 4362 | 4290 | 4381 | 4386 | 4387 |
| $R^2$ | 0.010 | 0.009 | 0.010 | 0.010 | 0.010 |

我们试图直接度量金融约束。根据CHFS调查中有关信贷约束的信息，本节整理出家庭户从事工商业时贷款是否受限以及第一套住房贷款是否受限的信息，将受限者取值1，界定为金融约束，非受限取值0。加入金融约束虚拟变量"是否约束"后，单独回归结果及交叉项结果均显示在表4-9后3列。可以看出，这里单独回归结果差别不是很大，第（5）列交叉项系数不显著，可能原因在于，笼统地考察征地与否对农户就业影响不合适，还可能源于模型（4.10）设定存在潜在的选择性偏差。我们下面

从这两个角度修正上述结果。

2. 征地强度对劳动力就业影响

当我们选择"征地强度"而非"征地与否"来更细致地度量征地行为时，模型估计结果势必更为准确可靠。表 4 – 10 列出模型（4.11）回归结果，与表 4 – 8 相对照。可以看出，征地强度与时间虚拟变量"是否为 2013 年"的交叉项系数显著为正，说明征地强度的确能够更细致地反映征地行为对劳动力流动的正向冲击，笼统地考察"征地与否"的做法欠佳。对比表 4 – 10 第（2）列和第（3）列交叉项系数发现，户籍在西部的家庭征地后劳动力流动更远，东部则不显著，说明金融约束机制在西部作用更明显，土地产权机制不明显。表 4 – 10 的回归结果进一步验证了假说 4.5 和假说 4.6。

表 4 – 10　　　　　　　　　征地强度对劳动力流动距离的影响结果

| 变量 | (1) | (2) | (3) |
|---|---|---|---|
|  |  | 西 | 东 |
| 征地强度 | – 0.303 *** | – 0.646 ** | – 0.019 |
|  | (0.020) | (0.107) | (0.257) |
| 是否为 2013 年 | – 0.007 | – 0.010 | – 0.009 |
|  | (0.018) | (0.069) | (0.009) |
| 征地强度 × 是否为 2013 年 | 0.244 *** | 0.600 ** | 0.019 |
|  | (0.086) | (0.228) | (0.020) |
| 样本数 | 4374 | 1285 | 1063 |
| $R^2$ | 0.010 | 0.026 | 0.001 |

（三）创业

征地拆迁预期会对创业产生积极影响。当我们选择强度而非征迁与否来更细致地度量征迁冲击时，估计结果预期更为准确可靠。简洁起见，本小节仅给出模型（4.15）征迁强度 *intensity* 的回归结果，模型（4.14）有关拆迁虚拟变量 *dummy* 的回归结果省略。如表 4 – 11 所示，无论是全样本还是子样本，征地强度系数不显著，而拆迁强度显著为负，可能源于农村各类市场不发达。从子样本看，西部地区拆迁强度系数绝对值更大。一般来说，拆迁会或多或少得到些经济补偿，这会直接缓解流动性约束，由于市场化程度相对较高，东部家庭得到拆迁补偿后的创业可能性更大，本节实证结果难以支撑这一推测。从控制变量看，户主年龄 *headage* 非线性特征明显，公务员身份 *iscs*、区县平均房价 *hppc* 均会显著阻碍创业，而户

主男性 *male*、家庭收入 *hhinc* 等均能显著促成创业活动，同以往文献研究（樊此君和张栋浩，2016）一致。这些事实不能验证流动性约束假说在拆迁对创业问题上的解释力，不符合假说 4.8。

表 4 – 11　　　　　　　征迁强度对创业的影响结果

| 变量 | (1) 全国 | (2) 西 | (3) 全国 | 西 |
|---|---|---|---|---|
| *requr* | − 0. 098 | − 0. 106 | | |
| | (0. 153) | (0. 207) | | |
| *demor* | | | − 0. 403 *** | − 0. 530 *** |
| | | | (0. 151) | (0. 139) |
| *headage* | 0. 158 | 0. 270 | 0. 164 | 0. 435 |
| | (0. 728) | (1. 074) | (0. 739) | (1. 086) |
| *headagesq* | − 0. 994 | − 1. 355 | − 1. 017 | − 1. 555 |
| | (0. 746) | (1. 118) | (0. 758) | (1. 135) |
| *male* | 0. 110 *** | 0. 131 *** | 0. 109 *** | 0. 135 *** |
| | (0. 017) | (0. 029) | (0. 018) | (0. 028) |
| *married* | 0. 014 | − 0. 022 | 0. 001 | − 0. 052 |
| | (0. 034) | (0. 057) | (0. 035) | (0. 059) |
| *eduyear* | − 0. 025 | − 0. 040 | − 0. 026 | − 0. 039 |
| | (0. 028) | (0. 049) | (0. 029) | (0. 050) |
| *iscs* | − 0. 118 *** | − 0. 168 *** | − 0. 123 *** | − 0. 173 *** |
| | (0. 020) | (0. 032) | (0. 021) | (0. 032) |
| *risklove* | 0. 002 | − 0. 015 | 0. 001 | − 0. 018 |
| | (0. 007) | (0. 013) | (0. 007) | (0. 013) |
| *hhinc* | 0. 919 *** | 0. 889 *** | 0. 953 *** | 0. 918 *** |
| | (0. 051) | (0. 055) | (0. 056) | (0. 058) |
| *asset* | 0. 028 | 0. 198 | 0. 026 | 0. 199 |
| | (0. 212) | (0. 240) | (0. 218) | (0. 243) |
| *familysize* | 0. 004 | 0. 014 | 0. 004 | 0. 013 |
| | (0. 006) | (0. 011) | (0. 006) | (0. 012) |
| *transexp* | − 0. 000 | − 0. 001 | − 0. 000 | − 0. 001 |
| | (0. 001) | (0. 001) | (0. 001) | (0. 001) |
| *hppc* | − 0. 069 *** | − 0. 058 * | − 0. 070 *** | − 0. 059 * |
| | (0. 031) | (0. 034) | (0. 032) | (0. 035) |

| 变量 | (1) | (2) | (3) | |
| --- | --- | --- | --- | --- |
| | 全国 | 西 | 全国 | 西 |
| 省份固定效应 | Y | Y | Y | Y |
| 样本数 | 6094 | 2704 | 6059 | 2684 |

注：各列被解释变量是创业虚拟变量。各列括号外的数均为对应变量 Probit 回归系数的边际效应，括号里的数是其对应的异方差稳健性标准误。上标 * 、 ** 及 *** 分别表示在 10% 、5% 和 1% 统计水平上显著。为降低数量级，这里户主年龄 *headage* 除以 100，受教育年限 *eduyear* 除以 10，*hhinc* 除以 10000，即单位是百万元。简洁起见，表 4 - 15 省略控制变量。

## 三、进一步讨论

### （一）预防性储蓄的具体原因

为了进一步验证预防性储蓄理论的具体原因，本小节分别根据模型（4.8）和模型（4.9）做计量回归，这里重点分析拆迁效应。如表 4 - 12 所示，前 3 列均为模型（4.8）社会地位的空间风险检验，后 3 列为模型（4.9）社会保障检验。这里检验社会保障用户主是否购买社会养老保险度量[1]，检验空间收入风险则用同一村（居）委会的户主年龄上下 10 岁以内的组别的家庭收入基尼系数表示。控制变量包括：拆迁面积、拆迁补偿额、拆迁补偿满意度等拆迁信息，受访者房子所在地区类型、家庭收入、拥有常见车辆数、家庭规模等家庭背景信息，户主年龄、户主学历等重要家庭成员信息，以及东中西地区变量。观察表 4 - 12 结果不难发现，前 3 列显示空间收入风险及其与拆迁虚拟变量交叉项系数较为显著，总消费和经常性消费这一系数分别高达 - 1.01[2] 和 - 1.39。经济学含义是，两套及以上住房的家庭拆迁后由于社会地位提升动机较弱，其消费水平相对拆迁后租房家庭尤其显著降低。计量回归方法进一步表明同伴收入风险越大，也即社会地位寻求动机越强，租房者的消费支出受拆迁冲击越不显著，而拆迁户中多套住房者的地位寻求动机较弱，故比租房者消费显著下降得更大，符合社会地位提升动机假说 4.3。相对地，后 3 列表明，尽管社会保障系数及交叉项系数较为显著，但传统经济意义上无法解释，违背社会保障好的家庭消费冲击较小的假说 4.4，可能从拆迁后租房户消费保持刚性

---

① 社会保障也可以用户主是否具有医疗保险度量，回归结果非常类似。感兴趣的读者可以向作者索要结果。

② 系数 - 1.01 的 P 值为 0.12，虽大于通常显著性水平，但仍然较为显著。

来寻求更高社会地位动机得到一些启示。其他变量回归结果同以往研究相一致，如收入基尼系数越大消费水平越低，社会保障能够提升消费支出等，不再赘述。

表4-12　　　　　　　　　异质性拆迁户对消费的反应对比

| 被解释变量 | (1) | (2) | (3) | 被解释变量 | (4) | (5) | (6) |
|---|---|---|---|---|---|---|---|
| | 总消费 | 经常消费 | 非经常消费 | | 总消费 | 经常消费 | 非经常消费 |
| 拆迁后是否有多套住房 | 0.78 * | 1.03 *** | 0.36 | 拆迁后是否有多套住房 | 0.44 *** | 0.42 *** | 0.25 |
| | (0.40) | (0.43) | (0.56) | | (0.15) | (0.15) | (0.26) |
| 基尼系数 | -0.76 *** | -0.66 *** | -0.55 | 有无社会保障 | 0.42 *** | 0.38 *** | 0.30 |
| | (0.31) | (0.33) | (0.76) | | (0.15) | (0.14) | (0.28) |
| 交叉项 | -1.01 | -1.39 *** | -0.47 | 交叉项 | -0.50 *** | -0.42 * | -0.32 |
| | (0.64) | (0.68) | (0.92) | | (0.20) | (0.22) | (0.32) |
| 观测数 | 268 | 269 | 270 | 观测数 | 268 | 269 | 270 |
| $R^2$ | 0.60 | 0.60 | 0.35 | $R^2$ | 0.57 | 0.56 | 0.35 |

注：（1）、（2）、（3）为空间风险检验，（4）、（5）、（6）为社会保险检验。各列括号里的数是异方差稳健性标准误。上标 *、** 及 *** 分别表示在10%、5%和1%统计水平上显著，下同。各列均控制拆迁面积、拆迁补偿额、拆迁补偿满意度、受访者房子所在地区类型、家庭收入、拥有常见车辆数、家庭规模、户主年龄、户主学历和东中西地区等。

### （二）就业作用机制

为了深入考察征地如何通过金融约束机制影响劳动力流动，这里按征地补偿方式细分子样本，结果列为表4-13前两列，后3列显示直接使用金融约束变量区分的子样本以及加入金融约束和原交叉项的交叉项回归结果。不难发现，相比较非货币补偿形式，货币补偿或者说土地产权带来的经济收益的确能够缓解失地农户的金融约束，显著帮助他们迁移到更远的地方工作。同时观察后3列发现，有金融约束的家庭更愿使用征地补偿缓解自身的金融约束，到更远的地方工作，这些事实验证假说4.7仍成立。

表4-13　　　　　　　　征地强度对劳动力流动距离的作用机制分析

| 项目 | (1) | (2) | (3) | (4) | (5) |
|---|---|---|---|---|---|
| | 货币补偿 | 非货币补偿 | 有约束 | 无约束 | |
| 征地强度 | -0.281 *** | -0.396 | -0.303 *** | -0.303 *** | -0.307 *** |
| | (0.113) | (0.287) | (0.107) | (0.107) | (0.109) |

| 项目 | (1) 货币补偿 | (2) 非货币补偿 | (3) 有约束 | (4) 无约束 | (5) |
|---|---|---|---|---|---|
| 是否为 2013 年 | -0.006 | -0.009 | -0.007 | -0.007 | -0.007 |
| | (0.018) | (0.018) | (0.018) | (0.018) | (0.018) |
| 征地强度 × 是否为 2013 年 | 0.229 *** | 0.275 | 0.244 *** | 0.244 *** | 0.247 *** |
| | (0.101) | (0.234) | (0.086) | (0.086) | (0.086) |
| 是否约束 | | | | | -0.015 * |
| | | | | | (0.009) |
| 征地强度 × 是否为 2013 年 × 是否约束 | | | | | 0.338 *** |
| | | | | | (0.144) |
| 样本数 | 4352 | 4287 | 4368 | 4373 | 4374 |
| $R^2$ | 0.010 | 0.009 | 0.010 | 0.010 | 0.010 |

解决模型（4.10）及回归结果表 4 - 8、表 4 - 9 不尽如人意的第二个途径是，使用 PSM 和 DID 相结合的方法纠正潜在的选择性偏差问题。首先，按控制变量特征找到适宜的处理组的反事实状态，趋向得分结果如图 4 - 4 所示，能够看出控制组和处理组分布上很相像。然后计算核匹配后的权重，即等式（4.13），并利用模型（4.12）估计出 DID 分析结果，如表 4 - 14 所示。不难发现，全国、西部数据的交叉项系数显著为正，东部不显著。说明西部地区金融约束更强烈，土地产权机制不明显。我们区分货币补偿和非货币补偿子样本，以更细致地考察金融约束作用机制，回归结果能够同样印证，利用征地货币补偿缓解金融约束的农户主要劳动力迁徙到更远地方工作的假说。

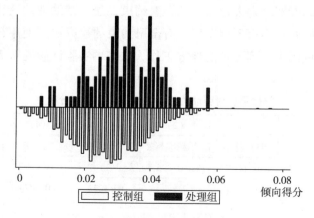

图 4 - 4　征地趋向得分匹配情况

表 4 – 14　征地对劳动力流动距离的影响结果：基于 PSM 的 DID 分析

| 类别 | 全样本 | | | 货币补偿样本 | | | 非货币补偿子样本 | | |
|---|---|---|---|---|---|---|---|---|---|
| | 全国 | 西部 | 东部 | 全国 | 西部 | 东部 | 全国 | 西部 | 东部 |
| 交叉项系数 | 0.090 | 0.235 | 0.013 | 0.099 | 0.264 | 0.013 | 0.031 | 0.042 | 0.011 |
| P 值 | 0.001 *** | 0.003 *** | 0.458 | 0.001 *** | 0.002 *** | 0.454 | 0.116 | 0.431 | 0.546 |

### （三）创业类型

依据创业动机标准，创业可分为机会型创业和生存型创业两大类，这里分别称为主动创业和被动创业。一般而言，主动创业能带来更多创新和就业，我们更关心主动创业类型。表 4 – 15 按照风险态度和雇工多少细分创业类型，并分征地和拆迁两大类，列出 8 类子样本回归结果。这里高于区县层面风险偏好平均值的家庭被定义为高风险，否则为低风险。能够发现，相对于房屋拆迁，土地征收 $requr$ 系数并不显著；拆迁主动创业子样本系数绝对值高于被动创业类型，但均为负号。表 4 – 15 实证结果不能验证假说 4.9。

表 4 – 15　　　　　征迁强度对主动和被动创业的作用机制分析

| 变量 | (1) 高风险 | (2) 低风险 | (3) 有雇工 | (4) 无雇工 | (5) 高风险 | (6) 低风险 | (7) 有雇工 | (8) 无雇工 |
|---|---|---|---|---|---|---|---|---|
| $requr$ | – 0.125 | – 0.084 | 0.000 | – 0.108 | | | | |
| | (0.218) | (0.215) | (0.015) | (0.129) | | | | |
| $demor$ | | | | | – 0.701 *** | – 0.311 * | | – 0.294 *** |
| | | | | | (0.216) | (0.160) | | (0.116) |
| 样本数 | 2795 | 3405 | 4897 | 5833 | 2780 | 3385 | 4837 | 5798 |

注：前 4 列是征地，后 4 列是拆迁。第 1、3、5、7 列为主动创业，其余为被动创业。

# 第四节　生计评估小结及启示

伴随城镇化和工业化的发展，土地征用或征收已影响到全国超过 10%的人口。旧的城镇化强调低成本地推进城镇化，通过工农业产品和土地的剪刀差积累城市发展的原始资本，故征地补偿单一且低下，导致征地经济社会纠纷不断。本章利用 CHFS 早期的数据定量评估中共十八届三中全会以前的征地模式，认为以往征地会导致家庭消费异质化、家庭就业分化和创业不显著、家庭收入和财富结构待优化。被征地家庭的短期生活水平和长久生计均受到巨大挑战，部分群体被边缘化，有悖于城乡融合发展和家计可持续发展的新理念，中等收入者培育和多样化补偿安置势在必行，中国征地旧模式有必要向新模式演进。

## 一、异质的家庭消费

### （一）结论

改革开放以来，征地拆迁行为对家庭的消费冲击屡见报端，炫耀性消费或消费分化现象严重，值得学术界关注。本小节基于 2011 年的中国家庭金融微观调查数据，采用描述性统计和平均处理效应方法均发现，被征地家庭总体上要比未被征地家庭消费更多，但被征地家庭消费具有异质性。征地面积低于平均值的家庭消费特别是经常性消费增加更明显，而征地面积高于平均值的家庭消费特别是非经常性消费增加更明显，征地后从事非农工作的家庭非经常性消费增加更多，被征地家庭的住房修扩支出及医疗支出大幅增加，其次是耐用品消费支出。空间上对比发现，从大城市到城乡接合部再到边远农村，被征地家庭消费先上升后下降，反映了乡乡差别。

作为对照，这里还考察了被拆迁家庭消费状况，发现尽管拆迁家庭总体消费及非经常性消费上升，但拆迁后租房的家庭其平均消费支出显著下降，拆迁后仍有两套及以上住房的家庭各类消费并未缩减，反而拆迁补偿导致消费大幅增加了。拆迁对总消费的冲击时间存在周期性，且正冲击至少在 3 年以上。进一步考察不同类型的家庭特征发现，平均意义上拆迁后只能租房住的家庭其户主年龄较大、学历较低，但提升社会地位的动机更强。正是由于寻求社会地位的强度不同，使得不同类型的拆迁户面对的不确定性并不相同，从而就日后消费问题表现出迥然的行为特征：拆迁户中多套住房者比租房者消费显著下降得大，而租房者的消费支出并未由于拆迁冲击显著下降。本书较好地检验了预防性储蓄假说特别是社会地位寻求假说在征地拆迁领域的适用性，但生命周期理论和社会保障推测不明显。

### （二）政策含义

本结论具有直观而重要的政策含义。首先，基层政府在补偿拆迁损失时应区别对待不同的家庭，以缓解社会矛盾。对于征地面积较少的家庭多关心他们的日常消费行为，不能因征地而降低其生活水平；拆迁后无住房的家庭要考虑到他们日后生计问题，尽可能多地给予优惠和帮助，因为这类家庭更多地属于户主年龄大、学历低的人群；而对于拥有多套住房的家庭可以从严并分期补偿，引导他们升级消费或投资实业，避免出现因补偿款剧增引发的奢侈品"冲动消费"行为。其次，关注同伴"威胁"尤其拆迁租房家庭寻求社会地位动机而并非完善社会保障体系，是提升家庭消费水平的有力措施。社会保障完善与否本质上无法由政府拆迁补偿来解决，但各级政府和官员能够为个体寻求社会地位创造很好的流动机制，去除普通家庭消费决策的后顾之忧。鉴于社会的弱势地位，拆迁后租房家庭的消费支出较为刚性，而拆迁后仍拥有多套住房者其拆迁冲击相对会更大些，这也提醒研究者寻找更多证据来印证拆迁领域的社会地位提升理论。最后指出的是，土地、住房存量多寡导致的消费差别成为当前影响家庭消费乃至扩大有效需求的重要因素。土地生产资料、住房资产不平等均使得吸收外在风险能力不同，进而引起消费水平出现差距。多套住房的家庭能够利用其财产性收入或信贷能力对消费起到自保险（self - insurance）作用（陈玉宇、行伟波，2006；Blundell et al.，2008），故拆迁负面冲击很小；而拆迁后"无立锥之地"的家庭对外在冲击缺乏消费保险能力，故支出骤减。因此，适时征收财产税（property tax）以缓解房产不平等状况，是进一步扩大整个社会家庭消费能力的长久之计。当然，社会保障和消费保险是不同的概念，否定社会保障在房产拆迁领域的适用性并不意味着异质性家庭下消费保险的具体作用机制也不适用，这尚需另外深入研究。

## 二、分化的家庭就业

土地征收问题在我国备受关注，新型城镇化背景下值得重新解读。本小节利用两轮 CHFS 微观数据考察征地对劳动力流动的影响。研究发现，征地会通过缓解家庭金融约束渠道，而非土地产权途径，来促成家庭劳动力迁移。具体地，征地能够改善居住在西部、选择货币补偿方式以及存在融资困难的家庭的金融约束状况，让他们合理配置到较远地方就业。OLS及核匹配后的 DID 结果均支持这一假说。本小节首次尝试将征地和劳动力流动国内文献统一起来，对缓解征地冲突、促进劳动力转移具有政策启示。

首先，征地补偿的潜在价值值得重视，分门别类对待征地问题更合意。征地冲突很大程度上源于补偿的低下及补偿方式的选择。征地补偿多寡能够保障失地农户基本生存需要（柴国俊和陈艳，2017），货币补偿方式还能缓解农户融资困境，影响到家庭劳动力配置决策。因此，不搞"一刀切"，差别对待安置对象方能缓解当前征地冲突。

其次，劳动力流动的金融约束问题需要关注。劳动力自由迁移能够提升劳动力效率，是市场经济成熟的表现。现实中，传统中国人历来安土重迁，各种制度等非市场因素会阻碍劳动力的合理流动。除了以往文献关注的户籍问题、人力资本、社会资本等因素外，本研究特别指出金融约束对劳动力流动的重要性。关注农户融资难问题是合理配置劳动力的前提之一。

最后，重视土地市场和劳动力市场的互动。在现有农地资本化受阻环境下，土地市场的"农转非"过程改变了土地产权形式，合法地将不动产转化为资本。这缓解了失地农户的金融约束，他们能够重新理性地配置家庭土地和劳动力供给，外出务工可能性和距离均得到改善。本研究较好地阐明了土地市场和劳动力市场如何互动，在新型城镇化背景下，对失地农户就业保障提升以及未来土地和劳动力这两大市场联动改革具有重要参考价值。

### 三、不显著的个体创业

经济新常态背景下，如何引导和支持小微创业者在"双创"中实现创收致富值得研究。本书利用 2011 年 CHFS 微观数据考察征地拆迁冲击对家庭及个人创业的影响。结果发现，征地对家庭创业影响不显著，而拆迁非但不能促进反而抑制家庭及其成员创业，特别是主动创业类型。本小节将创业和征迁文献较好地统一起来，认为在中短期，征地活动暂无创业效应，拆迁会抑制创业可能性，这对如何促进劳动力创业、缓解征迁冲突具有政策启示。

务必重视资产市场和劳动力市场的互动。土地或住房资本化预期会缓解被征迁户金融约束，他们重新理性地配置家庭劳动力供给，创业供给得到改善。本研究发现暂时没有改善创业，强调土地市场、住房市场同劳动力市场务必互动。在新常态背景下，这对提升被征迁家庭就业保障、联动改革多方市场具有重要参考价值。当然，囿于数据和方法，这里仅给出征迁冲击对家庭创业的中短期效应，这并不否认长期确实会促进创业活动，其长期影响是下一步研究的有趣话题。

### 四、待优化的家庭收入和财富结构

基于中国家庭金融调查 2011 年数据，本节还对照了征地、拆迁对家庭收入和财富的影响。结果发现，总体而言，征地拆迁行为会增加家庭收入总额，但均会降低家庭财富总额。具体而言，征迁均导致工资性收入下降，财产性收入上升，非金融资产下降，金融资产和其他负债上升。不同的是，征地后家庭的经营性收入上升，被拆迁家庭的经营性收入下降；征地的转移性收入下降，拆迁的转移性收入上升；征地的非金融资产负债上升，拆迁的非金融资产负债下降，原从事农业的征地家庭甚至没有金融资产负债。

这些结论表明，征地拆迁活动总体降低了住房、土地等非金融资产价值，短期内转变为金融资产和财产性收入，即资产形成了收入流。实际上，资产的经济功能就是产生收入（北京大学国家发展研究院综合课题组，2010）。相比拆迁，征地造成家庭户的转移性收入下降，经营性收入和非金融资产负债上升，暗示征地影响到家庭收入来源和工作种类，失地农民的整体福利有所下降。拆迁家庭的经营性收入和非金融资产负债均下降，转移性收入上升，表明大多发生在城市的拆迁活动会增进这类家庭的福利水平。依据城乡融合发展的要求和趋势，农村征地势必要向城市拆迁趋同，失地农民福利终究要同被拆迁居民福利看齐，共享城镇化、工业化的增值成果。

# 第五章　中国征地新模式的生计评估

党和国家设立并规划建设河北雄安新区，旨在打造北京非首都功能疏解集中承载地，重点承接非首都功能和人口转移，创造"雄安质量"并成为推动高质量发展的全国样板，建设现代化经济体系的新引擎。《河北雄安新区规划纲要》强调，坚持世界眼光、国际标准、中国特色、高点定位，坚持生态优先、绿色发展，坚持以人民为中心、注重保障和改善民生，坚持保护弘扬中华优秀传统文化、延续历史文脉。这些指导意见和前沿理念能够引领当地征地的新趋势、新特点。

本书认为，中共十八届三中全会以来征地发生很大的变化，凝练出"三位一体"的中国征地新模式，抽象概括为基于无土地财政条件开展征地活动，通过多样化补偿达到城乡互动导向下的民众生计可持续，然后选取雄安新区做初步的案例分析。关于征地新模式的运行成效，需要评估家庭生计效应。本章采用定性和定量相结合的方法，结合西咸、定州等案例，进一步考察雄安新区征迁的生计变化，同时基于四轮中国家庭金融调查数据定量评估新时代征地效应。

## 第一节　相关研究与政策再梳理

### 一、国内外研究的新进展

征地自 1998 年以来是中国土地农转非的唯一合法途径，天然关联城市和农村，牵涉政府、企业和家庭的利益再分配，备受学者关注。以往文献大体可分为两类：一是从政府角度以土地征收和征地补偿为中心的征地制度研究；二是以关注农民利益和解决矛盾纠纷为重点的土地征收对策研究。国内研究机构大体分为四类：一是南京农业大学等农业高校和科研院所；二是中国人民大学、武汉大学、南京大学、华中科技大学等综合性大学；三是中国政法大学、西南政法大学、中南财经政法大学等法律类高校；四是中国土地勘测规划院等事务性机构（王心良和方昌敢，2017）。国内学者从不同视角探究征地冲突的解决之策，得出土地财政不可持续、被征地民众利益势必重视的典型观点。

征地本质属非自愿移民。水利水电等工程引起的非自愿移民同样涉及补偿再安置，涉及经济社会系统的恢复重建，具有同征地类似的经济社会影响（段跃芳，2011）。宋海朋和赵旭（2018）曾对比水库移民与建设征地农民补偿安置政策，认为二者在补偿安置主体、补偿安置内容、补偿安置方式、补偿安置资金等方面存在差异，但可相互借鉴、不断完善。例如，考察三峡库区农村移民监测数据发现，非自愿迁移家庭能力受损后导致隐性贫困，同样需要在基础设施建设、就业培训、产业扶持和社会保障方面给予关照（赵旭等，2018）。三峡移民超过百万，正是考虑到可持续生计问题，三峡集团从一开始将开发性扶贫和效益分享理念贯彻其中，以就业为导向，较为成功地保障了人类历史上最大的水利水电工程的顺利开展（何家军和王学军，2017）。

事实上，土地不仅是农民的谋生载体，也是发展中国家财富和权力最重要的资产之一（Wang et al.，2019）。城镇化进程会造成城乡接合部（peri-urban area）征地变革和冲突。META 分析表明，城乡接合部土地占有制相关冲突一是来自市场主体之间的利益冲突，二是来自个人和机构之间的权力冲突，三是来自当前法律和规范的碰撞（Dadashpoor and Ahani，2019）。现代西方国家征地多为纠正城市发展的市场失灵，为了达到环境和社会协调发展的目标，实施土地利用规划，而中国征地则被地方政府当作满足经济和城市快速增长所驱动的土地需求的手段（Ding，2007）。21世纪以来，中国征地表现出新的时空特征：从时间看，2014 年后征地冲突明显减少，这是由于中央政府对土地改革关注点从引入新征地政策转为评估新政策效果；从空间看，广东、云南等西南、华南地区存在征地冲突，但空间相关性不显著（Lin et al.，2018）。基于 CHIP 2013 年数据回归结果发现，农民农地征收的福利收益是东部地区的收入效应和本地劳动供给效应，代价则是不公平补偿和未考虑长期生计的幸福感下降（Wang et al.，2019）。基于 CHFS 2011 年和 2013 年数据，本书第四章发现，以往征地会导致家庭消费异质、就业分化、个体创业不显著以及家庭收入和财富结构待优化的结果，表明土地财政推动下的传统征地模式不可持续。还有研究基于 CHFS 2013 年等数据发现，只有征地补偿价格高于某临界值，被征地家庭才能将劳动力配置到非农就业领域并增加劳动收入（Ju et al. ，2016）。伴随中央理念的一脉相承和与时俱进、要素市场的发育以及党政同要素市场的良性互动，摒弃土地财政的新征地理念正深入人心，势必对被征地家庭产生新变化。此外，有人基于 CHFS 2013～2017 年数据考察家庭幸福感发现，近些年家庭幸福感总体是上升的，且城乡、阶层幸福感差距在缩小，社区参与度、社区环境和市政基础设施均对家庭幸福感产生积极影响，为本章考察被征地群体主观感受提供了重要参照点（Clark et al. ，2019）。

当然国际上还利用"迁往机会"（moving to opportunity）的公房征迁准自然实验，从家庭层面考察更长时期的劳动力和子女学习成绩效应，发现公房本身居住环境带来的民生影响对成人和子女并不一致（Chyn，2018）。这些研究也提醒我们，利用三峡库区移民监测数据和雄安新区人口基础信息来跟踪被征地移民的行为变化，特别关注第二代家庭教育、健康、社会关系的福利水平，将是关联代际流动热点的有趣议题（何家军和王学军，2017）。

总体而言，新型城镇化进程中，土地对经济增长的发动机功能已经衰竭（刘守英等，2020），征地相关文献越来越注重失地农民的福利分析，但由于数据限制等原因，鲜见有关全国征地的微观生计研究，对中共十八届三中全会以来的征地新变化考察更少，这正是本章研究的起点和努力论证的细节。

## 二、征地政策的再梳理

回顾中华人民共和国成立 70 年以来的土地补偿费和安置方式演进历史，能够梳理出土地征收补偿及安置政策变迁脉络，总结出新时代征地模式生计评估的指导性标准。如表 5－1 所示，1953 年颁布、1958 年修订的《国家建设征用土地办法》规定，为适应国家建设需要，征用土地时应"尽量用国有、共有土地调剂，无法调剂的或者调剂后对被征用土地者的生产、生活有影响的，应该发给补偿费或者补助费""对于一般土地，以它最近 2～4 年的定产量的总值为标准"，被征用农民应由当地负责尽量就地安置在农业领域，否则由上面设法就地在其他领域安置，或者组织移民。1982 年以此为基础重启的《国家建设征用土地条例》指出，征用土地应支付土地补偿费，标准为该耕地年产值的 3～6 倍，年产值按被征用前三年的平均年产量和国家规定的价格计算；为妥善安排生产生活，还应当支付安置补助费，征用耕地按每人每亩年产值的 2～3 倍算，但每亩不得超过其年产值的 10 倍，补偿和安置总和不超过 20 倍，"保障被征地者的收入和生活水平不下降"。1986 年《中华人民共和国土地管理法》基本沿用《国家建设征用土地条例》，对就业安置继续执行"先农村解决，剩余的城市解决"且"补偿及安置总和最高不超过被征土地年产值 20 倍"的思路。1998 年第二次修订土地管理法，将土地补偿费标准提升到 6～10 倍，安置补偿费每人提升到 4～6 倍，安置总和不超 15 倍，补偿及安置总和不超过 30 倍，开始执行单一的货币安置方式。

表 5-1　　　　中华人民共和国成立后土地补偿费和安置方式的演进

| 年份 | 法律或行政文件 | 农转非说法 | 补偿 | 安置 |
|---|---|---|---|---|
| 1953～1958 年 | 《宪法》《国家建设征用土地办法》颁布及修订 | 征购、征用 | 以地补地，再考虑耕地年产值 2～4 倍补偿 | 先农村解决，剩余的城市解决 |
| 1982 年 | 《国家建设征用土地条例》 | 征用 | 耕地年产值 3～6 倍 | 年产值 2～3 倍每人，总和不超 10 倍　先农村解决，剩余的城市解决 |
| | | | 二者最高不超过被征土地年产值 20 倍 | |
| 1986～1988 年 | 《土地管理法》颁布及修订 | 征用 | 3～6 倍 | 2～3 倍每人，总和不超 10 倍　先农村解决，剩余的城市解决 |
| | | | 二者最高不超过被征土地年产值 20 倍 | |
| 1998 年 | 《土地管理法》修订 | 征用 | 6～10 倍 | 4～6 倍每人，总和不超 15 倍 |
| | | | 二者最高不超过被征土地年产值 30 倍 | |
| 2004 年 | 《土地管理法》修订 | 征用、征收 | 6～10 倍 | 4～6 倍每人，总和不超 15 倍 |
| | | | 二者最高不超过被征土地年产值 30 倍 | |
| | 《国务院关于深化改革严格土地管理的决定》 | 征收 | 确立被征地农民生活水平不降低和长远生计有保障标准，要求各地制定并公布农地年产值标准或区片综合地价，争取社会保障费用 | |
| 2010 年 | 《国土资源部关于进一步做好征地管理工作的通知》 | 征收 | 要求全面实施征地统一年产值标准和区片综合地价，推进社会保障落实工作 | |
| 2019 年 | 《土地管理法》修订 | 征收 | 通过制定公布区片综合地价确定土地征收费用，安排社会保障费用 | |

2004 年第三次修订《土地管理法》，补偿和安置说法没有变化，但出现"土地征用或征收"并用的现象。同年国务院文件《关于深化改革严

格土地管理的决定》直接采用"土地征收"的说法，提到"土地补偿费和安置补助费总和达到法定上限，尚不足以使被征地农民保持原有生活水平的，当地人民政府可以用国有土地有偿使用收入予以补贴"，并要求各地制定并公布农地年产值标准或区片综合地价，开始提到妥善安置被征地农民，争取社会保障费用。征地统一年产值标准可做到"土地补偿费和安置补助费总和"同地同价，约束基层政府自由裁量权；区片综合地价开始考虑未来发展增值空间，向农民让渡部分土地发展权。要求地方政府公布二者，并确立被征地农民"生活水平不降低和长远生计有保障"标准，为全国推广征地新政策做足准备。2010 年国土资源部《关于进一步做好征地管理工作的通知》要求全面实施征地统一年产值标准和区片综合地价，推进落实社会保障。至此，全国基本完成在农村地区执行统一年产值标准、在城市郊区执行区片综合地价的双标准工作目标。回顾土地农转非说法，从征购、征用并用，到征用盛行，再到征用、征收并用，到现在的征收，反映出土地市场从有到无再到有的历史演进，折射出城乡一体、分割到融合的发展过程，体现出当代土地要素市场的艰辛发育。

中共十八届三中全会以来，各级政府进一步落实土地制度深化改革的目标，保障农民有机会公平分享土地增值收益的机制。国务院于 2015 年初印发《关于农村土地征收、集体经营性建设用地入市、宅基地制度改革试点工作的意见》，随后选取 33 个试点地区推行农地征收等政策革新，征地试点的地区具体包括内蒙古自治区和林格尔县、河北省定州市和山东省禹城市，到 2019 年底结束。2018 年底国务院《关于"三块地"改革试点情况的总结报告》指出，迄今已按新办法实施征地 1275 宗、18 万亩，增加了农民土地财产收入，增强了土地利用和治理能力。进一步地，2019年第四次修订土地管理法，将五年土地试点改革的部分成功经验法治化，如首次公布实施征地的公共利益列表，明确指出通过制定并公布区片综合地价来确定土地征收费用，明确安排社会保障费用，允许集体经营性建设用地入市。概括而言，当前征地补偿包括区片综合地价补偿（即以往的土地补偿费和安置补助费）以及地上附着物、青苗费两部分，其中土地、地上附着物、青苗费倡导按市场价值赔偿，体现效率，安置依据社会公平原则由政府提供失业救助和长远生活维持（刘守英，2017b），彻底取消补偿上限规定，综合做到征地后短期和长期的生计可持续。在全面深化改革背景下，通过多元化征地补偿来保障被征收民众的生存权与发展权，评估征地短期和长期生计特征的指导性标准自然表述为"生活水平不降低、长远生计有保障"。

## 第二节　家庭生计短期效应

### 一、消费进一步平滑

依据"不大规模开发房地产"思想，结合西咸、定州、雄安案例，本节总结非土地财政下征地的多样化补偿方案，包括安置房、货币、社保、投资入股等，认为该方案适应家庭异质性现实，从源头能够防止以往单一补偿后出现阶层和消费分化现象。引导所得股金、租金投入到技能培训或子女教育的人力资本甚至就近的现代消费型服务项目上，确保被征地家庭生活水平不降低，能够验证无土地财政条件下（即缺乏财富效应）的预防性储蓄假说。

#### （一）西咸经验

西咸新区设立于 2014 年 1 月，位于陕西省西安市和咸阳市建成区之间，规划面积 800 多平方千米，是中国第七个国家级新区，目前划归西安管理。该新区首次提出创新城市发展方式的主题，对深入实施西部大开发战略、引领和带动西部地区发展具有战略性意义。西咸新区空港新城和谐拆迁的做法备受社会推崇，本小节做一概括性介绍。

早在 2012 年，陕西省就提出依托西安咸阳国际机场，建设总面积达 146 平方千米的西咸新区空港新城，需要动迁规划区内 56 个村庄 8 万人口。新区管委会人员接到任务后走街串巷深入基层，反复探讨后总结出《空港新城村庄拆迁补偿安置实施方案》。本书概括为 4 个创新。第一，奖励条款同城市房屋征收办法规定非常类似，创造性地提出"人均建筑面积在 60 平方米以下的农业户口家庭可获得人均奖励 4 万元，不足部分按每平方米 300 元再次奖励"，有效遏制了被征迁家庭抢盖、加盖行为。第二，西咸还严格执行拆迁和安置并重的精神，早在 2012 年空港新城黄金地段就集中开建保障房小区，切实解决住有所居、居住环境便利的问题。第三，创新做法是关注被征拆家庭长期生计问题。除了传统货币补偿外，西咸新区空港新城还免费提供每人 10 平方米的经济发展用房，相当于商业入股，由村集体统一经营管理，每年年底分红，能够很大程度上化解征地补偿引起的家庭消费大起大落的后果。第四，征迁安置和就业挂钩。新区要求入驻的劳动密集型企业必须预留 20%～30% 的就业岗位给当地群众，专门组织就业培训几十次，切实解决失地农民就业难的问题。

2014年底,《陕西日报》记者专门采访了西咸新区管委会副主任兼总规划师李肇娥,指出西咸新区近期的特色就在于,以保障房为抓手力促城乡统筹发展。李肇娥总结,城市棚户区改造中,西咸先建房、后拆迁,充分尊重群众利益,节省过渡安置费用,创造出广泛传颂的阳光和谐拆迁"空港模式"。与此同时,充分考虑被拆迁户生计问题,让他们带着"土地"和"劳动力"两个资本城镇化。例如被征迁户可将土地作价入股,以农场主身份发展现代农业;同入驻企业签订协议时,积极争取为当地民众提供就业岗位,开展农民工就业岗前培训,让农民真正成为市民和工人。

## (二) 定州案例

近年"三块地"改革中的征地制度改革试点地区是内蒙古和林格尔、山东禹城和河北定州,这里以定州为例介绍征地试点经验和进展。河北省定州市是华北地区人口最多的县级市,总人口达124万人,属省内两大直管市之一。2015年初,定州市被国务院选中作为第一批国家新型城镇化综合试点地区,并开始试点农村土地征收制度改革,重点放在完善对被征地农民合理、规范、多元保障机制上。

定州市政府在全国人大授权下,理顺征地工作流程外,积极探索"一个评估、两轮协商、三次公告、四方协议"的征地新模式,如图5-1所示。一个评估,就是在土地征收报批前建立社会稳定风险评估机制,并增加两轮协商和两次公告,作为市政府决定是否报批土地征收的重要依据。两轮协商,就是先与村集体协商征地意见,再与村民协商征地补偿安置。三次公告,就是与村集体协商后首次公告征收事宜,与村民协商后第二次公告补偿安置事宜,与各方签订征地协议后正式发布第三次征地公告。四方协议包括国土资源部门、乡镇政府、被征地村集体、农户,前者代表市政府与后三者签订土地征收协议和补偿安置协议。在两轮协商中,定州建立民主协商新机制,坚持多数农民不签订协议不征地,补偿费用和社保资金不落实不审批。不难看出,再造后的征地流程规范了以往先征后批、批少占多等土地违法行为,非常像现行的拆迁工作流程,征地工作趋同于拆迁。

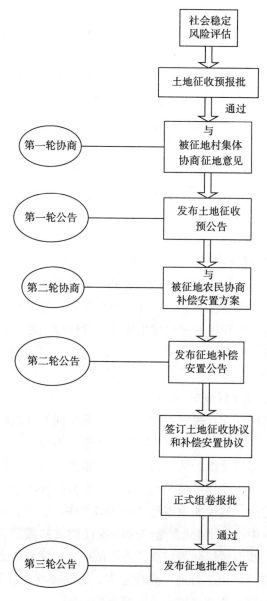

**图 5 - 1　定州征地流程再造**

　　除了理顺上述征地工作流程外，定州积极完善征地补偿标准和种类。补偿由"静态"变"动态"、安置由"单选"变"多选"。在征收农用地时，形成货币补偿、粮食补贴、养老保险"三重"保障；在征收农民宅基地时，改革以往住房按地上附着物补偿的办法，形成安排新宅基地、按一定比例置换安置房、货币补偿三个途径。同时，政策允许被征地农民参加养老保险，探索统一的城乡居民养老保险和城镇职工养老保险政策标准，参加何种保险、参加几个人、谁参加，这些选择权都交给被征地农民，民众幸福感增强。

在土地增值收益（这里定义为征收转用土地的有偿使用收入扣除补偿安置费用及土地开发支出等成本后的剩余）分配方面，定州同样大胆创新，通过德尔菲法做到政府、集体、农民之间的分配比例在55%∶15%∶30%，大幅提升了集体和农民分享份额。据公开报道，在24宗城市开发建设用地征收中，定州市参照其他省市区留用地的办法和标准，将留用地价值折算成货币来分配部分增值收益。例如古城恢复项目征地中，执行市场化补偿，被征地家庭要钱要房自己选，安置地块给被征地的村集体留地自主开发，这既能保障被征地农民的生计可持续和消费进一步平滑，又能保障被征地村集体经济的持续发展。

此外，定州还参照《国有土地房屋征收与补偿条例》，依据土地用途是否盈利，制定了公益性和非公益性用地界定表和公共利益用地暨土地征收建议目录。定州还积极开展农村集体经营性建设用地入市试点，为缩小征地范围做准备工作。①

**（三）雄安案例**

1. 雄安定位及规划概况

河北雄安新区设立及规划建设，是京津冀协同发展战略的重要组成部分。2015年3月，《京津冀协同发展规划纲要》审议通过，明确了三省的四大整体定位，即以首都为核心的世界级城市群、区域整体协同发展改革引领区、全国创新驱动经济增长新引擎、生态修复环境改善示范区，指明三省各自功能定位，其中北京市是"全国政治中心、文化中心、国际交往中心、科技创新中心"，河北省是"全国现代商贸物流重要基地、产业转型升级试验区、新型城镇化与城乡统筹示范区、京津冀生态环境支撑区"。规划倡议，打破"一亩三分地"思维定式，有序疏解北京非首都功能，合力打造以首都为核心的京津冀世界级城市群。

2017年4月1日，河北雄安新区设立，集中疏解北京非首都功能，具体部署落实京津冀协同发展战略。2018年4月14日，《河北雄安新区规划纲要》正式公布，提出要着眼建设北京非首都功能疏解集中承载地，努力成为新时代高质量发展的全国样板，为雄安从当前到2035年规划建设提

---

① 更多内容参见2017年6月16日《中国国土资源报》的新闻报道《河北定州：蹚出征地制度改革新路》。

供基本依据和发展愿景。

2019 年 6 月份，《河北雄安新区启动区控制性详细规划》和《河北雄安新区起步区控制性规划》在雄安设计中心向公众公示，指明启动区规划面积 38 平方公里，包括城市建设用地 26 平方公里，起步区规划面积约 198 平方公里，包括城市建设用地约 100 平方公里。启动区承担北京非首都功能疏解首要承载地、新区先行发展示范区、国家创新资源重要集聚区和国际金融开发合作区的重任，包括三校一院、总部区、金融岛和雄安大学等，将于 2022 年展现新区雏形；起步区肩负集中承载北京非首都功能疏解、培育建设现代化经济体系新引擎、贯彻落实新发展理念的创新发展示范区的重任，将于 2035 年基本建成、2050 年全面建成高水平社会主义现代化城市主城区。雄安新区作为世界级城市群的重要支点，不仅承接北京非首都功能，更将突破现有体制机制障碍，塑造新时代高质量发展的全国样板，其建成过程与新中国"第二个一百年"两步走的奋斗目标高度吻合。

根据《河北雄安新区规划纲要》，雄安新区包括河北省雄县、容城、安新三县及周边托管的四个乡镇（即沧州市任丘市的苟各庄镇、鄚州镇、七间房乡以及保定市高阳县的龙化乡）。雄安新区规划建设以安新县大王镇为核心的 20~30 平方公里启动区先行开发；初期起步区面积约 100 平方公里，涉及安新、容城约 60 个村，规划人口 100 万人，到 2022 年冬奥会前后建设形成河北两翼之一；中期发展区面积约 200 平方公里，涉及三县约 164 个村，规划人口 200 万人，预期到 2035 年基本建成绿色低碳、信息智能、宜居宜业的高水平社会主义现代化城市；远期控制区面积约 2000 平方公里，规划人口 500 万人[①]，预期到 2050 年全面建成高质量高水平的社会主义现代化城市。根据 2014 年《国务院关于调整城市规模划分标准的通知》划分，雄安新区属Ⅰ型或Ⅱ型大城市，应按二线城市或副省会城市进行相关工作。

郑永年（2019）总结出三层资本构造，包括顶端的国有资本、国有资本和大型民间资本互动的中间层以及中小型企业的底层资本。正是各种资本要素相互竞争合作，造就了中国经济的腾飞。雄安地处京津冀，前期能够借助大量央企、国企等国有资本，同时引入百度、腾讯、阿里巴巴等大

---

① 依据新区面积大小及蓝绿空间 70%、远景开发强度 30%，可算得 530 平方公里的建设用地总规模。依据严格控制人口规模和新区规划建设区 1 万人/平方千米的控制标准，推算新区远景规划人口 500 万人左右。

型民营资本，后期吸引更多社会资本参与新区建设，政府和市场将各司其职相互配合，共同打造新时代征地拆迁的全国创新样板。

深入探讨雄安新区征迁案例的应用价值是：（1）征地盘活要素配置的做法可探索集中疏解北京非首都功能同河北跨越式发展相结合的落实途径；（2）凝练的征迁新模式能为稳中求进、高质量、高效率地推进其他地方征迁工作提供可复制、可推广的决策依据。

2. 雄安新区征迁工作新动向

雄安新区是北京非首都功能疏解的集中承担地，肩负新时代高质量发展的全国样板等历史使命，故在两年规划成熟后开始进入建设阶段，当地征迁工作正式拉开帷幕。据 2018 年 4 月 29 日公开报道，河北省省委书记王东峰主持召开雄安新区专题会议，提及研究新区征拆安置工作方案，强调深化完善征迁安置工作及配套政策，深入细致地做好政策宣传和群众思想工作，稳妥有序推进当地征迁安置。

事实上，雄安新区征迁准备工作一直稳妥推进。新区设立较早时候，新区管委会副主任刘宝玲透露，将来新区征迁安置的补偿方式有实物或货币两种，由当地居民自愿选择。他强调，雄安新区的相关安置政策将体现社会公平但不搞平均主义，会鼓励勤劳致富又要弱有所扶，既允许有差别、保持社会活力，又要防止贫富悬殊。

雄安新区官方微信公众号"雄安发布"2017 年 9 月报道，新区对农民的占地补偿拟分为两部分：一次性补偿和土地"股份"，失地农民每年可以按照一定比例获得分红。雄安新区的征地拆迁补偿资金主要来自（未来的）税收收入，以及土地增值收益，不来自土地出让金。

2017 年 11 月报道显示，新区管委会和党工委已经制定庞大且系统的征迁安置政策体系，主导思想是要让被征地群众具有长期收益，能够共享城市发展的成果，能够幼有所育、学有所教、劳有所得、病有所医、老有所养、住有所居、弱有所扶，体现中共十九大报告的五大新发展理念。

新区设立伊始就明确表态不搞土地财政，不走房地产主导的城市发展老路，未来将在房地产方面进行创新，以往的房地产开发将转为房产开发，将来以共有产权房为主，坚决实行多主体供给、多渠道保障、租购并举的住房制度。新区不搞大规模土地出让，会避免土地流转环节政府与民争利的问题，使土地使用权变少数人所有为社会共有。政府和民众作为城市"股份"共享新区改革开放的成果。雄安新区的城市发展新思路可概括为：变土地平衡为城市平衡、变政府争利为让市民获利、变产权少数人拥有为社会共有。2019 年雄安三县三批征迁工作的顺利开展，让原有居民分享到未来创新之城红利，同时为新区大规模建设腾出足够用地。

综上，从条件的无土地财政，到补偿的多样化，再到城乡融合和生计可持续理念，雄安征地新模式正在形成，亟待跟进。具体而言：（1）无土地财政场景下，征地生计效应的调查研究亟待进行；（2）雄安相关研究多集中在定位、新移民集聚、治理方面，较少关注原有居民。鉴于雄安落实新发展理念具有国内外示范效应，本章围绕生计进一步阐释雄安征迁新模式，评估新模式对原有居民的生计效应，第六章第二节将结合雄安进展构建新模式的多元多层次协同保障机制。

3. 雄安原有居民消费定性研判

在雄安新区，征地除了用作建设用地，还进行一项庞大的园林绿化工作。依据《河北雄安新区规划纲要》，雄安新区远景要建设成宜居宜业的幸福之城，故新区面积的30%被严控为建设用地，70%将打造蓝绿空间。其中的"蓝"是白洋淀，拟将现在的171平方千米扩充为2035年的360平方千米；"绿"是森林，准备把森林覆盖率从现在的11%提高到2035年的40%，绿化覆盖率达到50%。正是基于此考虑，新区管委会早在2017年10月就开始浩大的"千年秀林"工程，计划栽种、养护90多万亩森林。2018年和2019年春秋两季均有植树造林，2019年造林完成后将使森林面积从30万亩增加到61万亩，森林覆盖率将提升到29%。这不仅为生态建设做出了实质性工作，也创新了合作共享机制，给当地农民增加了收入渠道，为改善消费支出创造了条件。

据"雄安发布"2017年11月20日和2018年12月10日报道，"千年秀林"工程9号地块一区造林项目位于雄县雄州镇和容城县平王乡，目的是打造未来城市中央森林公园，已于2018年5月完成植树任务。该项目突破政府财政投资传统造林模式，率先采取同农民合作模式获取造林用地，变资源为资产、变资金为股金、变农民为股东，通过多种经营、多元发展、多业并举、多轮驱动的方式，形成共建共享、充满活力、可持续造林机制，让当地民众获得稳定的长期收益。通过革新土地利用模式，农户把土地让渡给中规院和中铁联合体进行森林栽种、养护运营，并经短期培训后参加绿化建设，不仅能获取固定的工资收入（每月2000元以上），还从土地入股中拿到股金（第一年每亩有一次性补助1500元，以后每亩每年得1500元，直到征迁政策体系完全出台），改变了以往征地货币补偿的一锤子做法，势必提升家庭获得感和消费水平乃至消费结构，组合政策将引导所得股金、租金投入到技能培训或子女教育的人力资本甚至就近的现代消费型服务项目上，保障失地农民家庭生活水平不降低。

## 二、支出结构优化

本节基于预防性储蓄原理,定性评估雄安新区被征迁家庭的生存性消费、发展性消费变迁,剖析征迁补偿方式、家庭土地区位、住房多寡影响其消费的时空差异。同时结合中国家庭金融调查数据,定量考察发展性消费比重在中共十八届三中全会以来的演进规律,指出失地家庭支出结构得到进一步优化。

### (一) 定性评估

预防性储蓄理论认为,人们为避免未来或空间的不确定性会加大储蓄、抑制消费。因此,为提升消费水平和支出结构,有必要构建社会安全网,健全城乡社会保障体系,均等化基本公共服务。雄安新区为打造高质量发展的全国样板,在规划纲要中专门设立章节并制定基本公共服务专项规划来探讨提供优质公共服务问题。如规划纲要指出,坚持以人民为中心、注重保障和改善民生,引入京津优质教育、医疗卫生、文化体育等资源,建设优质共享的公共服务设施,提升公共服务水平,构建多元化的住房保障体系,增强新区承载力、集聚力和吸引力,打造宜居宜业、可持续发展的现代化新城。这里重点以住房为例,定性说明这一新举措对新区家庭支出结构的成效。

雄安住房制度革新有利于激发年轻人的创新力。西南财经大学《中国家庭金融资产配置风险报告》统计显示,2013 年中国家庭自有房比率超过 87%,住房资产占总资产比重达 65.3%,而美国同年房产比重为 36%。住房资产比重较高,说明我国积累了巨额的住房财富,同时显示资产泡沫的存在和国计民生的发展乏力。年轻人为在城市购买住房而节衣缩食,或者透支自己的储蓄,或者几代人筹资。正是精力旺盛的黄金时段来投资购房而不去发展事业,显然是社会资源极大的浪费。即使通过各种渠道凑齐了首付,还要还月供,变成名副其实的房奴。当前大城市的高房价已经挤走了部分青年群体,遏制了创新,拖累了经济可持续发展(柴国俊,2017)。为此,雄安新区审时度势,为吸引年轻人来成家立业,集聚高端人力资源,坚持"房子是用来住的、不是用来炒的"定位,积极试点住房租赁积分制度,同时建设原有居民安置房,努力建立多主体供给、多渠道保障、租购并举的住房制度。

依据马斯洛需求层次理论和恩格尔定律,在住房问题暂时解决的前提下,人们会降低衣食等生存性消费,更多过渡到人力资本投资、医疗旅游、休闲娱乐等发展性消费层次。农民和工人阶层构成生存性消费的主力，新中产阶层和业主阶层则是发展性消费的主体（张翼，2017）。2018年9月，中共中央、国务院出台《关于完善促进消费体制机制进一步激发居民消费潜力的若干意见》，要求促进居民消费结构持续优化升级，稳步提高服务消费占比，逐步下降全国居民恩格尔系数，以增强消费对经济发展的基础性作用，不断满足人民日益增长的美好生活需要。可以预期，包括雄安原有居民的被征地家庭会随着安置房问题的解决而增加学习、医疗、娱乐支出，进一步优化家庭消费结构。当然，被征迁家庭支出结构将同其选择的补偿方式、家庭农地和住房区位及多寡密切相关：选择货币补偿的家庭仍在新区生活工作，则类同住房安置补偿的家庭，住房支出均很低，如若去新区以外就业，则会增加生存性消费；家庭原土地、住房区位及多寡会或多或少关联到补偿，进而影响家庭消费支出，数量越多、质量越高的家庭的发展性消费比重预期越大。

## （二）定量评估

本书定量分析数据主要来自中国家庭金融调查（CHFS）。该调查由西南财经大学中国家庭金融调查与研究中心负责，自 2009 年开展工作，每两年进行一次中国家庭金融调查，现已经在 2011 年、2013 年、2015 年、2017 年和 2019 年成功实施全国范围内的家庭随机抽样调查。CHFS 采取区县、村居、家庭的三阶段 PPS 抽样，数据代表性在后续的调查中不断增强，如 2017 年调查数据已具有全国、省级城市、农村层面、城镇层面代表性。如下主要使用前四次调查结果，具体信息参见表 5 - 2。

表 5 - 2　　　　　　　　　　CHFS 前四轮调查信息描述

| 调查时间 | 受访户数 | 调查范围 | 数据代表性 | 前两年征地样本 |
|---|---|---|---|---|
| 2011 年 7 ~ 8 月 | 8438 | 25 个省，80 个市/区/县，320 个社区 | 全国 | 363 |
| 2013 年 7 ~ 9 月 | 28141 | 29 个省，267 个市/区/县，1048 个社区 | 全国、省级 | 487 |
| 2015 年 7 ~ 9 月 | 37289 | 29 个省，351 个市/区/县，1396 个社区 | 全国、省级、副省级代表性 | 684 |
| 2017 年 7 ~ 9 月 | 40011 | 29 个省，355 个市/区/县，1428 个社区 | 全国、省级城市、农村层面、城镇层面 | 728 |

资料来源：CHFS 官方网站，http://chfs.swufe.edu.cn。

问卷专门设置征地模块，询问受访者家庭是否经历过征地，如为肯定回答，则进一步收集征地年份、面积、补偿和满意度信息，故这里的征地信息是调查当年由受访者回忆得到。鉴于 2015 年问卷只询问了调查家庭最近两年的拆迁相关信息，为统一口径，本书筛选出征地发生时间在调查时间前两年的受访户样本，并对照同时期的未被征地家庭以及被拆迁家庭。例如，2011年考察2009年和2010年征地样本，以此类推，每一轮考察前两年征地及拆迁信息。

统计2011～2017年中国家庭金融调查消费数据能够发现，2013年11月召开中共十八届三中全会以来，被征地家庭的消费水平与未受征地影响的家庭的消费差距缩小，甚至出现前者消费在2017年超越后者的趋势，如图5-2所示。相对被拆迁家庭而言，被征地家庭的总消费水平同样逐年大幅提升，并在2015年开始呈现小幅超越的迹象。简而言之，被征地家庭消费水平总体在不断提升，并且在中共十八届三中全会之后越来越趋同，甚至超越对照组。

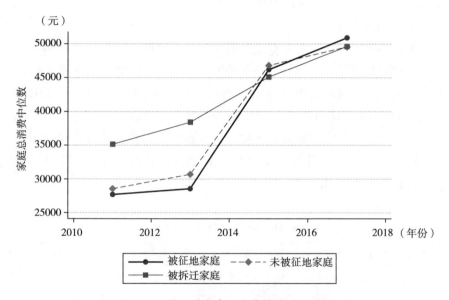

**图5-2 被征地家庭总消费的演进及对照**

资料来源：CHFS（2011年、2013年、2015年、2017年），下同。

中共十八届三中全会以后被征地群众消费结构如何变化？CHFS详细调查了家庭消费支出子项，本书将家庭交通支出、电话网络通信费、文化娱乐支出、教育培训支出、旅游探亲支出、保健支出界定为发展性消费，其余为生存性消费。图5-3显示了被征地家庭发展性消费比重的演进及对照：相对未被征地家庭，被征地家庭的发展性消费比重呈现同样上升的趋势，但差额有所扩大；相对被拆迁家庭，被征地家庭的发展性消费比重越来越走低的趋势更明显。通过系统回顾当前家庭由生存性消费向发展性消费迈进的阶段特征，不难发现被征地家庭发展性消费比重提升滞后的事实，提醒各方积极关注被征地群体消费结构新变化，及时扶持他们提高发展性消费比重。

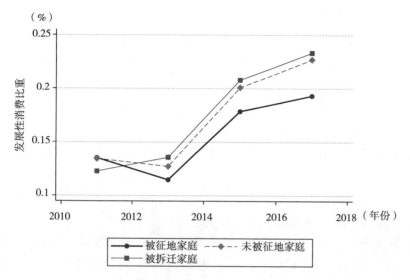

**图5－3　被征地家庭发展性消费比重的演进及对照**

作为展望，雄安案例为考察全面深化改革时代消费冲击提供了宝贵试验场景。在大样本数据适宜的情况下，使用时变双重差分模型能够定量考察雄安新区征地对原居住家庭消费水平和结构的影响。该模型首先设置两个虚拟变量：是否征地的变量 $D_s$ 和识别时间 t 是否发生征地的变量 $D_{st}$，我们感兴趣虚拟变量 $D_{st}$ 的回归系数，如式（5.1）中 $\beta_1$ 所示：

$$Y_{ist} = \alpha_0 + \alpha_1 \cdot D_s + \beta_0 \cdot \lambda_t + \beta_1 \cdot D_{st} + X_{ist}{}'\delta + \varepsilon_{ist} \qquad (5.1)$$

这里下标 $i$ 代表家庭，$s$ 代表是否征地，$t$ 代表调查时间。$Y$ 是消费状态，包括总体消费水平和发展性消费比重。

这里可能的数据来自中国家庭金融调查 2015 年和 2021 年两轮数据。2015 年 CHFS 调查雄县近百户家庭，他们将于 2021 年建成雄安启动区时再次接受调查。期待征迁后的当地民众消费开支较为平滑，期待不久的将来能够用数据验证理论假说。

## 第三节　家庭生计长期效应

### 一、就业创业扶持常态化

中共十八届三中全会提出坚持和完善中国特色社会主义制度，健全城乡均等的公共就业创业服务体系，构建劳动者终身职业培训体系。伴随全国范围就业创业扶持的常态化，被征地家庭等特殊群体的收入资产得到保障。例如，三峡库区移民百万，他们生计能力再造工作以就业提升为抓手，寻求人力资本和社会资本的再造机理（何家军和王学军，2017）。本节以雄安为例，定性和定量相结合阐释 2013 年以来征地的就业创业常态化扶持工作。

#### （一）定性评估

1. 雄安新区就业创业现状

现实看，京津冀地区城乡二元结构典型。如雄安新区城镇化率仅21.56%，耕地占到 61.39%，湿地为 12.45%，林地为 6.25%（姜鲁光等，2017）。中国家庭金融调查（CHFS）显示，雄县初中及以下人口占比将近 80%，多从事劳动密集型和高耗能的传统产业。2019 年 11 月新区管委会提供的资料表明，当地城镇登记失业率 3.41%，城乡未就业者属征迁引起的占到 18.81%，初中及以下学历的占 84.53%。由于全面深化改革背景和特定目标要求，雄安建设需要体制机制创新，新区规划和征迁探索摒弃土地财政，亟待构建长效机制以引导被征迁家庭生活质量提升。

当前雄安新区传统产业居多，雄安三县产业分布较分散。根据河北省工信厅 2016 年统计，雄县（未包括托管的任丘市苟各庄镇、鄚州镇、七间房乡）产业集群包括压延制革、乳胶制品、电器电缆和塑料包装四类行业；安新县包括有色金属、羽绒、制鞋三类行业（未包括托管的高阳县龙化乡）；容城县包括服装行业。传统产业多数属劳动密集型和资源消耗型产业，尽管能够吸纳当地人和外来人员就业，但科技含量低，无法和雄安新区创新之城的高端定位相匹配，会受到当地行业准入的很大限制。伴随雄安征迁进程，这些产业所属资产和人员需要升级、关停或转移。

结合访谈和案例，本小节依据雄安新区土地利用现状和规划，试图精准预测农地和房屋征迁规模乃至劳动力释放规模，依据高端高新产业规划和乘数原理估算新兴产业的低技能人员的各地需求量，另从组团式、网格式布局理念推算就业空间分布，结合供需和空间描述性资料来提供职业技能培训和创业扶持政策依据，以做好他们职业转换升级的研判和指引。

2. 新区劳动力供求及空间布局研判

雄安新区劳动力市场供给充沛。依据河北省工信厅 2016 年重点产业集群统计，雄安三县传统产业企业数目达 8000 家，相关从业人员达146000 人（如表 5-3 所示）。随着征地进程，这些企业的转型及取缔将释放出近 15 万名劳动力，影响到当地很多家庭的生计问题。同时，为保护和修复生态，雄安新区规划耕地占比将由现在的 61.39% 降到 18%，按当地每亩 0.5 个失地农民计算，新区日后退耕还林和退耕还淀进程将最终释放农村劳动力 57 万人。新区劳动力供给匡算总计达到 71 万人，与管委会 2019 年统计数据 68.1 万人相近。

表 5-3　　　　　　　　　　雄安三县现有产业人员统计

| 区县 | 产业集群名称 | 主导产品 | 相关企业数 | 从业人员数 | 增加值县域经济占比（%） | 营业收入国内市场占比（%） |
|---|---|---|---|---|---|---|
| 容城县 | 服装产业集群 | 服装 | 1732 | 74626 | 88 | 0 |
| 安新县 | 有色金属产业集群 | 铜锭铝锭 | 225 | 4355 | 23 | 0 |
| | 羽绒制品产业集群 | 羽绒制品 | 173 | 3655 | 11 | 0 |
| | 制鞋产业集群 | 皮鞋运动鞋 | 1883 | 35760 | 13 | 0 |
| 雄县 | 乳胶制品产业集群 | 气球安全套 | 136 | 4086 | 6 | 80 |
| | 电器电缆产业集群 | 电器电缆 | 352 | 3162 | 15 | 6 |
| | 压延制革产业集群 | 人造革压延膜 | 683 | 7200 | 11 | 5 |
| | 塑料包装产业集群 | 塑料包装 | 2600 | 13120 | 38 | 8 |

资料来源：河北省经济社会发展地理信息大数据平台，河北省工信厅 2016 年重点产业集群资料。

根据规划，雄安新区启动区要集聚互联网、大数据、人工智能、前沿信息技术、生物技术、现代金融、总部经济等重点项目，起步区重点发展人工智能、信息安全、量子技术、超级计算等尖端技术产业基地，建设国家医疗中心，总共吸引外来人口估计 30 万~50 万人。另外起步区要重点承接北京疏解出来的行政事业单位、总部企业、金融机构、高等院校、科研院校等功能，总共转移估计也有 30 万~50 万人。也就是说，到 2035年，起步区将新增近 100 万外来人口。

雄安新区劳动力市场需求旺盛。莫雷蒂（Moretti，2013）对美国制造业就业乘数的研究发现，1 个新增制造业就业岗位将带动 1.59 个不可贸易的服务业就业岗位，1个新增高技术制造业就业岗位则带动2.5个服务业就业岗位。张川川（2015）使用微观人口调查数据测算，2000～2005年由外贸冲击带来的制造业每增加1个岗位，大约创造0.4个服务业就业岗位。以起步区高端高新产业岗位50万个计算，按就业乘数0.4估算，未来将吸引20万名相关服务人员就业。按照理论推测，本地劳动力摩擦越小，制造业越高端，就业乘数就越大，对中低端服务业拉动就较多（Moretti，2013；张川川，2015）。如上所述，未来15年雄安新区起步区承接的高端制造业产业本身将吸纳几十万名中高端人口，再加上乘数原理配套的20万名中低端服务人员以及集中疏解来的几十万名中高端服务人口，新增一百万人口的目标能够实现。

依据《河北雄安新区规划纲要》，为达到宜居宜业、职住平衡等目的，新区按组团式布局，每个组团二三十万人口，均有相对独立的产业、就业、生活体系，窄路密网的街区将增进社会互动，创造更多就业机会。除了起步区百万新增人口外，原有居民将集中安置在雄县、容城、安新县城及寨里、昝岗共五个外围组团，同时建立若干特色小城镇，如图5-4所示。未来将逐步构建出"一主、五辅、多节点"的城乡空间布局以及起步区、外围组团和特色小城镇协同发展的产业格局。

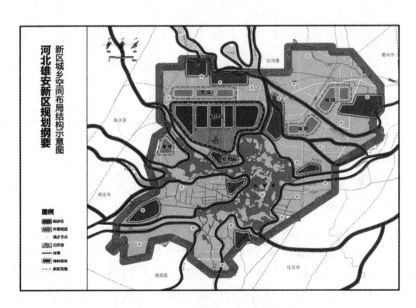

**图5-4　雄安新区城乡空间布局结构**

资料来源：《河北雄安新区规划纲要》。

由此，上述起步区能够吸纳就业人口20万人，外围组团及特色小城镇同样会盘活区域性城乡劳动力资源80万人。按照规划设计，五个外围组团将布局电子信息、生命科技、文化创意、军民融合、科技研发等高端高新产业；北部小城镇将以高端服务、网络智能、军民融合等产业为特色；南部小城镇将以现代农业、生态环保、生物科技、科技金融、文化创意等产业为特色。以10万高端高新产业岗位估计，按照0.4的就业乘数估算，就能为原有居民拉动服务业岗位4万人。同时，为保护和修复生态，雄安新区规划耕地占比由现在的61.39%降到18%，按每亩森林或湖泊需要0.5个失地农民算，新区日后退耕还林和退耕还淀进程将最终需要劳动力57万人。直接吸纳就业的园林绿化、旅游等产业岗位，加上高端产业吸纳的服务业、各地自主创业、原有机关事业单位十多万人口就业，以及外出务工等渠道，能够多方位满足当地原产业释放的劳动力就业需求量。由此，原有居民的目标不应定位于紧缺高端岗位，而是中低端服务岗位，应着力培训高级园艺师、导游等新型职业。结合供需和空间资料提供新区人力资源战略性测算和评估，以此为职业技能培训和创业扶持政策提供理论依据，提前做好他们职业转换升级的研判和指引。

**（二）定量评估**

民生是当政之要，就业创业是最大的民生，雄安新区100万名原有居民就业创业培训关系新区建设进度和未来居民融合。两年来，雄安原有居民就业创业如何？培训是否满足当地需求？以往雄安研究多集中在制度探讨和前景预判上，鲜有实地调研评估，连续调查更是少见。本节基于河北经贸大学奔赴雄安新区的五次就业创业调查资料，总结就业创业培训工作成效和改进思路，检验摒弃土地财政条件下的人力资本、信贷约束等假说。

1. 实地调查设计介绍

雄安新区包括雄县、容城和安新及周边托管四乡镇。针对原有居民在新区设立后的民生变迁，河北经贸大学经济研究所、数学与统计学学院和商学院等多个单位青年教师带领学生利用暑期和寒假社会实践机会，先后五次奔赴雄安新区开展就业创业培训相关调查活动。前两次在新区中心地带重点调查，中间两次在全区及周边抽样调查，最近一次在管委会和三县调研，整体构成实地调查数据集。具体信息整理见表5-4。

表5－4　　　　　　　　　　　雄安数次实地调查概况

| 时间 | 地点 | | | | 带队 | 重点 | 样本量 |
|---|---|---|---|---|---|---|---|
| | 雄县 | 容城县 | 安新县 | 其他地区 | | | |
| 2017年7月 | 大营镇、龙湾镇 | 城区、贾光乡城子村、南张镇东野桥和西野桥 | 白洋淀、大王镇大王村 | | 窦丽琛（柴国俊辅助设计） | 原居住群众利益与心理关切 | 166 |
| 2018年7月 | | 大河镇、平王乡 | 大王镇、三台镇 | | 苏　兴、杨　晨、高会颖 | 被征地农民创业就业保障 | 106 |
| 2019年1月 | 米家务镇八西村、雄州镇东安各庄村、双堂乡中岔河村 | 容城镇西关村 | 安州镇九级村、安新镇明珠社区 | 霸州市岔河集乡岔河集村、高阳县蒲口乡南马村 | 柴国俊、苏兴 | 家庭民生调查 | 252 |
| 2019年7月 | 雄州镇黄湾村 | 八于乡南八于村、大河镇南文营村 | 大王镇小王村 | | 柴国俊、康晗 | 原有居民就业创业培训 | 120 |
| 2019年11～12月 | 雄州镇东安各庄村、雄县二小 | 大河镇南文营村、县征迁安置群众服务中心 | 安新中学、刘李庄镇北马庄村 | | 马彦丽、柴国俊 | 原有居民素质提升 | 104 |

　　历次调查问卷设计参考中国家庭金融调查、中国乡村振兴战略智库数据平台建设项目，具体包括性别、年龄、工作、消费支出、教育、健康、就业创业培训、人居环境、村居治理、自我规划、认知能力和非认知能力等信息，工作牵涉收入、土地、房屋、大宗资产数量及征迁情况。第四次和第五次调查还同雄县就业局、村干部座谈，收集干部视角的就业创业培训操作和认知。历次问卷共设计90余个问题，平均15分钟完成，以第四次为例，家庭户调查时间的平均值、中位数、标准差随调查进度推移趋于下降并稳定，如图5－5所示。科学抽样和严格质控，为如下分析奠定了数据基础。

　　2. 雄安原有居民就业创业培训工作的成效

　　我们调查后切实感受到雄安新区管委会和基层工作的艰辛以及取得的显著成绩。两年来，为解决原有居民技能和雄安定位不匹配问题，新区管委会出台了《关于做好当前和今后一个时期促进就业工作的实施意见》《河北雄安新区职业技能提升行动实施方案（2019－2021年）》以及《雄安新区被征地农民就业创业培训实施方案》《雄安新区被征地群众民生保障实施办法》等一系列文件，构建起"2＋2＋5"就业创业服务体系，积

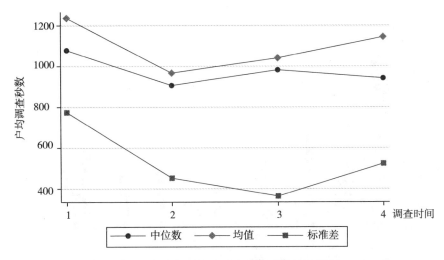

**图 5-5  第四次雄安调查户均秒数统计特征**

极推动"互联网 + 岗位 + 人员"培训模式，以高校毕业生、城镇失业人员、失地农民、建档立卡贫困劳动力为扶持重点，合力缓解三县规划建设及征迁引发的失业现象。我们连续调查后发现，原有居民有关明确政策、提供生活保障和就业岗位的诉求开始下降，2019 年 7 月实际参加培训比例达到 9.77%，获得培训补贴的群众占实际参加培训群众比例为 5.94%。2019 年 12 月调研发现，新区成立以来原有居民收入有所增加，未来预期较为乐观，如图 5-6 所示，年收入 5 万 ~8 万的工薪家庭在未来两三年收入将稳定增加，农民转做非农工作的收入将增加，自雇群体的收入由成立前高水平转为 2019 年 12 月低水平再到未来两三年高水平。

近期通过同雄县就业局和新区代表性村干部座谈了解到，雄安各县为应对目前和将来的结构性失业问题，出台就业创业培训细则并执行大量具体工作。雄县崔安桥局长介绍，该县劳动力初中及以下学历达 80% 以上，恋家情结严重，原主要集中于本地传统支柱产业，包括塑料包装、地板、电线电缆、气球和建筑管材等。新区成立以来，当地一些工厂面临调整升级、外迁问题，6000 多家大小企业关停，7000 多名村民处于失业半失业状态，部分就地公益岗位吸纳，部分劳务输出，部分等待时机。就此，雄县就业局主动采取相应措施，制定年度就业增长计划和《关于支持传统产业转型升级促进就业创业的工作措施》等文件，并于 2017 年建立就业服务网和微信公众号，积极提供创业孵化服务，同时成立创业就业联盟，倡导新市民素质教育。时至 2019 年 7 月初，促进会已具规模，注册成员包括个人 13.52 余万人、企业 200 多家，在线企业提供岗位已突破 5000 个。

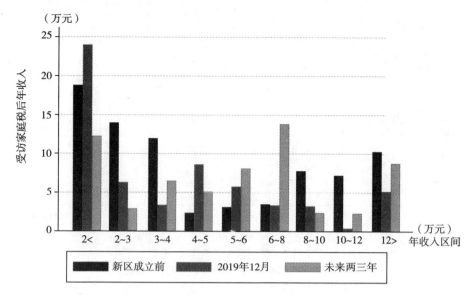

（万元）

受访家庭税后年收入

（万元）
年收入区间

■ 新区成立前　■ 2019年12月　■ 未来两三年

**图5-6　雄安设立前后受访户税后年收入的比例分布及演进**

通过招聘会、公益性岗位就业援助、就地劳务对接、就业扶贫、引导外迁就业，当地多途径实现就业达16000人。雄县还在2018年出台了《雄县就业增长三年计划》，以提升劳动者职业技能、鼓励创业多渠道促进就业、实现稳定就业和更高质量就业为目标，将就业创业工作作为最大的政治任务来抓，提前规划2020年工作目标。实际上，2019年11月雄县城乡调研发现，42.31%的居民在未来两三年期望干老本行，19.23%将找到新工作，15.38%将继续学习培训，未来总体向好。

我们经过实地调研得知，新区招标28家定点职业培训机构，以补贴课时、包干乡镇的方式，要求就业培训机构向村民免费提供就业培训指导，已做到各乡镇全覆盖并尝试定期轮换。截至2019年10月底，三县已培训17351人，完成当年既定目标的77%。雄县育才职业培训学校和兴达职业培训学校表现突出，并积极与北京优质培训机构合作来提供大数据等前沿性课程。

3. 雄安原有居民就业创业培训尚需完善

综合2018年7月及2019年1月、7月和12月的调查发现，能够对比新区原住家庭参加职业技能培训的变化：如图5-7所示，实际参加培训比例略有回升，2019年12月达到16.96%。如图5-8所示，有主观意愿接受培训的人群在增加："想去"和"非常想去"的比重达到55.06%，半年时间上升近12个百分点，尽管"不想去"和"非常不想去"的人群仍占较大比重。这反映出多方面信息：第一，培训质量在提升，乃至吸引原住居民主动来参加培训；第二，当地家庭就业保障确实上升到重要地位，迫使原有居民不得不参加培训；第三，培训内容和形式不能满足部分人群的需求，某些群体被迫放弃培训机会。当然，鉴于正式培训未能充分调动原住民培训积极性，除优化正式培训项目流程和加大补贴力度外，发挥非正式培训功能也非常必要。

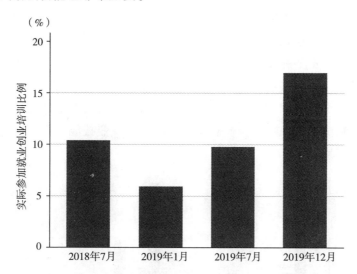

**图 5 - 7　原有居民实际参加就业创业培训比例的趋势演进**

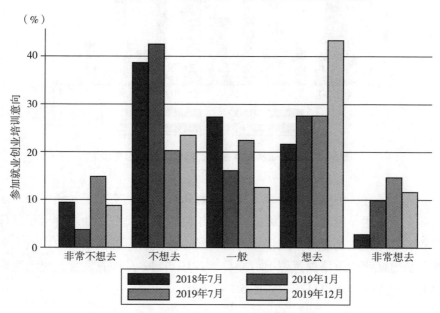

**图 5 - 8　原有居民参加就业创业培训意向的趋势演进**

对比近期四次调查发现，雄安靠近中心区位的原居住家庭不仅主观培训意愿的分化趋势在缓解，培训时间段出现的分化倾向亦在集中。图5-9显示，4~7天培训意愿从2019年1月的8.82%增加到2019年7月的14.25%再到2019年12月的9.14%，15~30天的培训意愿有所回升，2019年12月达到29.46%，31天以上的培训意愿在下降，甚至选择"没有期望"的群体占到32.45%，获得培训补贴的群众占比非常低，再次反映出当地民众就业保障的紧迫性和需求多样化的矛盾性。调查中我们也切身感受到，参加培训的民众感觉培训边际收益低，短期无效果，结业又找不到工作，还不如在家里看孩子；而想培训的一是五六十岁群体被排除在外，二是个别科目（绿化、导游）让等着，无下文。对照江浙地区做法，雄安基层培训在需求侧缺乏自主性，原有居民自己决策培训的权利几乎没有；在供给侧形式单一，企校双师联合培养、职业技能竞赛、同辈互助等形式尚不普遍。

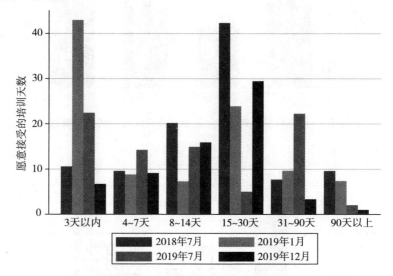

**图5-9　原有居民愿意接受的培训天数的趋势演进**

从个体看，不同群体的培训及创业意向有差异。实际上，新区原有居民具有明显的异质性，以下将按性别、年龄、工作类型、受教育水平等标准考察个体就业创业培训或创业意向差异。首先，不同性别的户主或主事者在参加就业创业培训意愿上有差异，2019年12月调查发现，男士去参加培训的比例显然更分化，如图5-10所示。

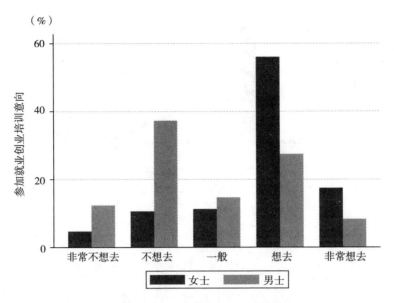

**图 5 - 10　原有居民参加就业创业培训意向的性别对比**

其次，就年龄而言，培训意愿有新动向，如图 5 - 11 所示。在 2019 年 1 月的调查中，80 后在 2019 年 1 月调查中，参加意愿最为强烈，以掌握新的技能来保障未来生活开支；60 后最不强烈，他们不愁儿女，普遍担心自己生活保障。在 2019 年 7 月的调查中，70 后参加意愿最为强烈，部分 80 后意愿不强烈：家有高中生的住户不太关注新区征迁补偿问题，非常支持培训相关问答；但部分年轻人表现出不积极培训、嗷嗷待哺状态，被动接受访谈。2019 年 12 月调查发现，80 后参加培训意愿重新恢复，得益于南文营村征迁工作已结束，北马庄村和东安各庄村征迁尚未提到议事日程。

再次，不同工作类型的家庭参加培训意向并不相同。2019 年 1 月的调查表明，相对务农者或受雇个人/单位者而言，失业者以及个体户或私营企业主、自主创业者更愿意参加培训；2019 年 7 月的调查表明，失业者以及个体户或私营企业主、自主创业者参加培训的意愿变得分化，即愿意的想去，不愿意的不想去，这两个群体的两种培训情况都有较大比重，这些新动向尚需纳入相关决策视野。2019 年 12 月的调查发现，失业者和自雇者更多想参加就业创业培训，培训诉求分化现象有所缓和。

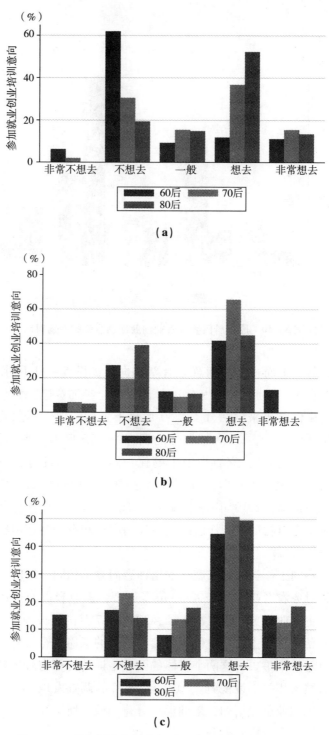

**图 5 – 11  原有居民参加就业创业培训意向的年龄组对比**

注：图 a、b、c 分别代表 2019 年 1 月、7 月和 12 月的相关状态。

最后考察创业意向发现，是否有创业意愿同新区家庭受访者的受教育程度息息相关，受教育程度高的人通常愿意创业。图 5－12 表明，"大专及以上"群体与"小学及以下"群体存在 14 个百分点的创业意向差距。这提醒决策者，针对高学历者的创业培训更有效。

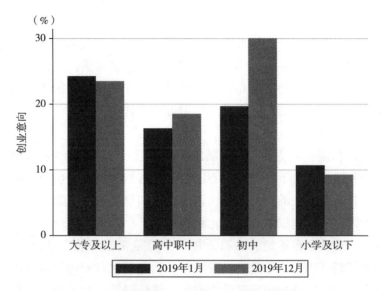

**图 5－12　原有居民创业意向的受教育水平对比**

### 4. 雄安原有居民就业创业培训的改进举措

上述基于多次实地调研的分析结果，将对雄安就业创业培训推进和改善发挥参考功能。我们建议新区各级决策部门健全原有居民就业创业培训机制，要因时因地因人制宜、分类施策，持续提升相关决策的精准度、动态性和长效性，具体可分三点改善思路及对策建议。

（1）抓调研，增设征迁区域原有居民的心理和理财培训。空间维度的调查分析表明，雄安中心区域特别是正在征迁区域住户的获得感最低且培训尴尬。我们在容城征迁部门调研时了解到，2019 年新区征迁 149 个行政村，仅容城就达到 87 个，2020 年绿博园等征迁项目业已开始。这警示当前就业创业培训工作应更多放在征迁地带，且专门增设、细化被征迁民众心理及理财主题的培训项目。一方面，新区管委会党群工作部继续积极稳妥地公布政策细则以平滑预期，督促驻村工作队和行政包干人员积极回应民众就业、住房问题，引导参观安置片区设施。同时建立基层信息反馈调整机制，解释说明法律文件、深入调研民意并采纳有用建议，及时细化、修订、落实《雄安新区被征地农民就业创业培训实施方案》和《雄安新区被征地群众民生保障实施办法》等方案，依法稳步保障当地群众眼前利益。另一方面，公共服务局聘请有心理及理财专长的机构团队，做好心理疏导和投资辅导，防止短期消费行为和当地经济波动。据 2019 年 12 月调查，雄安容城南文营村有关"投资项目愿意承担风险的比重"远高于同年中国家庭金融调查比重，但"股票比基金风险大的认知比重"远低于全国平均水平。由此，提升被征地群众财富认知、财富管理和投资创业等财经素养（Lusardi and Mitchell，2014），增强市场经济素质，让他们征迁补偿的多种资金自主使用得持续高效非常必要。充分调动征迁区域民众参与新区建设的积极性和创造性，用心用情用力、多管齐下破解他们补偿安置了结前后的暂时困局。

（2）理供需，合力动态调整新区培训体系。时间维度的调查显示，在长期管控和高端定位下，新区中心区位的原有居民就业岗位和明确政策成为最需要管委会关注的两个事项，且出现培训意愿增强、效果待改进的趋势。据此提出三点建议来动态优化新区培训。

首先，管委会改革发展局和公共服务局需规范培训资源的整合机制，合力搭建好新区中低端行业的供需平台，动态调整就业创业培训结构，积极将内生激发的民众培训意愿变为现实。继续聘请专家研判、编制高端高新产业、特色小镇及配套领域的各类人员岗位需求，梳理现有职业技能培训项目的人员供给类别和规模，精准对接、保障就业创业培训扶持效果，在优化培训结构中提升新区就业创业质量。依据相关规划匡算，雄安新区将新增两类劳动力供给：一是传统产业从业人员，二是失地农民，前者达14.5 万人，后者 57 万人；依据就业乘数效应（Moretti，2013）研判，雄安新区劳动力市场新增需求 70 余万人，主要来自起步区及外围组团高端高新产业创造的服务业岗位和园林绿化需求。由此，原有居民新增就业及培训的主要目标不应定位于紧缺高端岗位，不应强化本地人的大数据等新兴产业培训，而是转为中低端服务岗位，着力培育高级园艺师、导游等新型职业。

其次，建议管委会公共服务局除加大职校的正式培训项目补贴外，继续健全、督导就业创业培训体系。一是倡导学徒辅导、伙伴帮扶等非正式培训；二是发放给民众一定面值的技能培训券，要他们自己决策接受什么培训、去哪培训，将直接补贴个人的政策认真贯彻到底；三是切实补充企校双师联合培养、职业技能竞赛形式。据此微调夯实《河北雄安新区职业技能提升行动实施方案（2019－2021 年)》。

最后，依据人力资源最新差异化特征，公共服务局因人施策。具体建议有三条：80后已成为社会劳动大军主力，故更长时间地培训他们职业技能甚至提高学历，获得证书者减免学费并精准推荐用人单位或做技术工人储备，同时强制培训征迁区域等靠要的年轻人，合力率先破除守家就业思想；对于年纪稍大的民众或女士应教授保绿、保洁等应急课程，让他们能够马上上手并维持生计，优先推荐到三县公益性岗位上；对于非征迁区位或已完成征迁区域较高文化水准的住户，则在项目开发、金融支持、工商服务上多多帮扶，通过少数人成功创业来带动周边更多人就业。

（3）谋新策，加速原有居民融入新区建设。毋庸置疑，雄安建设需要积极稳妥地推进征迁补偿安置和传统工人再安置，管委会还要关注失业农民和工人的次生影响，预料到未来居民社会融入问题。更新就业创业培训理念，从保障生存转向促进发展，通过出台发展性政策来多方面培育原有居民的可持续生计能力，弥补保障性政策治标作用，以就业创业促发展，打造协调发展示范区。一是要加大人力资本和健康投资，使当地各世代自我增能；二是要重建社会关系网络，重视安置社区建设，营造社区参与氛围；三是提升原有居民文化理念接纳认可程度，做好角色转换和城市适应工作，创新市民化底层环境，切实让当地居民同外来人才共享新区高质量发展的试验红利。

体制机制创新是雄安质量的根本保障。公允地讲，雄安新区成立以来，管委会、三县教育部门及就业管理部门、学校及培训机构、基层村居组织为原有居民的就业创业的技能培训服务做了大量工作，取得了阶段性重要成效。展望未来，针对调查显示的原有居民迷茫且务实乐观的预期，务必进一步明确发展规划细节，以被征迁农民和传统产业转型工人为重点，以就业创业培训为抓手，做好原有居民的技能储备和职业培育准备工作。长短期目标相协调，将临时举措常态化，将基层经验一般化，合力全面提升原有居民素质，促进其更快融入新区建设。

## 二、收入及资产优化

中共十八届三中全会以来，征地新模式逐步形成，被征地家庭的收入和资产将得到优化。例如，雄安新区原有居民的家庭经济结构预期得以改善。依据新区规划纲要和安置区建设要求，雄安要坚持中西合璧、以中为主、古今交融，弘扬中华优秀传统文化，塑造城市特色，保护历史文化。组团式发展和特色小镇构建，将为部分原有居民提供整旧如故进程的就业机会，势必增加工商业经营性收入，加上"千年秀林"工程中的土地合作产生的和征地货币补偿的财产性收入以及栽种、养护的工资性收入，预期一同优化家庭收入水平及结构。如下基于中国家庭金融调查数据，总体上分析新背景下，全国被征地家庭的收入水平和结构优化趋势。

1. 被征地家庭收入水平和结构评估

基于 CHFS 2011~2017 年数据分析发现，征地补偿安置会整体提升家庭总收入，尽管中共十八届三中全会以后被征地家庭的收入提升效果不明显。如图 5 – 13 所示，相对未被征地家庭而言，被征地家庭收入水平的中位数在趋同；相对于被拆迁家庭，被征地家庭收入水平的中位数有明显落后趋势。被征地家庭收入的演进特征表明，全面深化改革遵循家庭异质性特征，被征地家庭补偿数额有所提升且方式多样化，从以往的货币补偿为主向货币、安置房、留地、社保等并存状态过渡，尽管如此，家庭总收入水平的改善效果仍有待进一步观察。

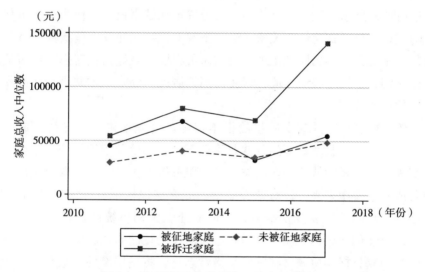

**图 5 – 13　被征地家庭总收入的演进及对照**

依据中国家庭金融调查问卷设计，家庭总收入包括工资性收入、经营性收入、财产性收入和转移性收入。如下分别考察被征地家庭各类收入比重的演进及对照情况。图 5 – 14 列出被征地家庭工资性收入比重的演进趋势。不难发现，相比未被征地家庭，被征地家庭工资性收入比重尚较大幅度地处于低位；相对被拆迁家庭，被征地家庭工资性收入比重由远低于对方正转向远高于对方。总体而言，征地对家庭工资性收入份额的影响是积极的，有助于失地农民谋求非农工作，或受雇于单位或受雇于个人，能够取得更多的工资性收入。

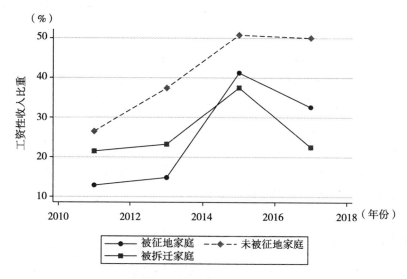

**图 5-14　被征地家庭工资性收入比重的演进及对照**

如图 5-15 所示，能够观察被征地家庭经营性收入比重的演进规律及对照特征。不难看出，被征地家庭的经营性收入比重总体高于未被征地家庭和被拆迁家庭比重。特别地，中共十八届三中全会后被征地家庭的经营性收入比重相对大幅提升，2017 年 CHFS 调查发现其经营性收入达到总收入的 26.4%，反映出全面深化改革的创业效应明显，启示被征地民众对"双创"扶持政策有内生需求。

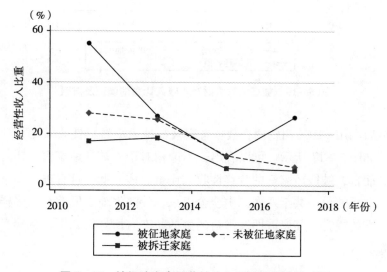

**图 5-15　被征地家庭经营性收入比重的演进及对照**

中共十八届三中全会提出的土地改革重要目标是，赋予农民财产权利、增加农民的财产性收入。图5－16显示了被征地家庭财产性收入比重的演进方向。能够看出，从高到低三条曲线分别是被拆迁家庭、被征地家庭和未被征地家庭。具体而言，相比未被征地家庭，被征地家庭的财产性收入比重总体较高，并在2017年后仍有上升趋势，差距达到20.4%；相比被拆迁家庭，被征地家庭的财产性收入比重仍较低，例如2017年仅26.5%远低于同年对照组的42.8%。这反映出，征地补偿近年总体降低了土地等非金融资产价值，即土地资源资产部分转化为财产性收入流并进入金融投资领域，随着时间的推移，财产性收入比重上涨愈发明显。尽管被征地家庭利用获得的补偿款进行大规模金融资产的投资活动，但由于财经素养的欠缺，财产性收入比重仍然远低于被拆迁家庭相应比重。

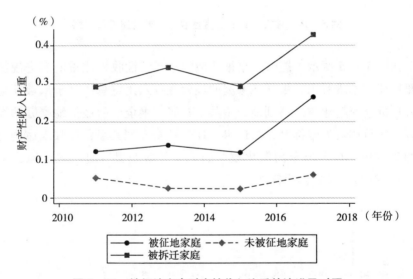

**图5－16　被征地家庭财产性收入比重的演进及对照**

最后利用CHFS四轮调查数据考察被征地家庭转移性收入比重的演进情况，如图5－17所示。可以看出，不论相对于未被征地家庭，还是被拆迁家庭而言，被征地家庭的转移性收入比重总体较低，且有进一步下降的趋势。这反映出中共十八届三中全会以来，伴随失地农民的补偿多样化和补偿标准的提升，靠亲戚朋友帮衬的生活状态有所好转，更多依赖自身其他非农收入。

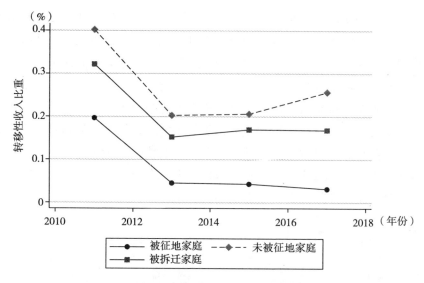

**图 5 - 17  被征地家庭转移性收入比重的演进及对照**

### 2. 被征地家庭财富及资产水平和结构评估

中国家庭金融调查将资产划分为家庭非金融资产和金融资产两部分，去除相应负债（包括贷款和借款）就得到家庭财富信息。利用四轮中国家庭金融调查数据，可评估全面深化改革时期被征地家庭财富及资产的演进规律。如图 5 - 18 所示，2013 年以来，被征地家庭的总财富中位数是增加

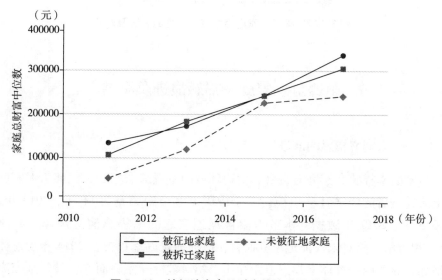

**图 5 - 18  被征地家庭总财富的演进及对照**

的，各年均高于未被征地家庭，甚至 2017 年略超越被拆迁家庭总财富中位数。这启示，被征地家庭农地财富部分转化为货币或安置房等财富，在房价快速上涨和未囊括社会资本的前提下，总体跑赢了全国未被征地家庭，甚至开始高于几乎完全兑现的被拆迁家庭。

这里着重考察金融资产占家庭总资产比重的演进规律。如图 5 - 19 所示，被征地家庭的金融资产比重同未被征地家庭、被拆迁家庭相应比重的演进特征类似，均呈现下降趋势，且前者的曲线位置最低，同后两者的差距有所扩大。这些事实启示，被征地家庭金融资产相对低于全国家庭平均水平，其金融知识乃至财经素养仍需大力培育。

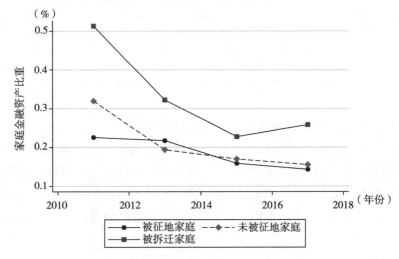

**图 5 - 19 被征地家庭金融资产比重的演进及对照**

## 第四节 家庭幸福感演进及小结

### 一、家庭幸福感的演进

家庭幸福感是家庭对自身和周边环境的主观综合判断，能够折射家庭重大冲击后的经济社会效应。基于中国家庭金融调查 2011 年、2013 年、2015 年、2017 年数据，本节考察被征地家庭的幸福感演进规律。如图 5 - 20所示，相对未被征地家庭而言，被征地家庭幸福感在 2014 年后总体增加，导致两个群体幸福感差距缩小；相对被拆迁家庭而言，被征地家庭幸福感同样呈现上升趋势。

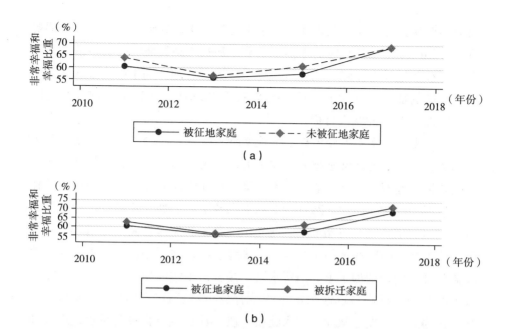

**图 5 - 20 被征地家庭幸福感的演进及对照**

注：鉴于幸福感变化较缓，这里使用 2000 年以后的样本描述结果，可视作移动平均后的趋势。（a）和（b）分别代表被征地家庭同未被征地家庭以及被拆迁家庭的对照图。

总体而言，中共十八届三中全会以后，伴随土地制度的深化改革，征地试点工作不断推进，各地区农地征收多按区片综合地价补偿，且补偿方式越来越多样化，为失地农民带来了实实在在的经济和社会利益。同未被征地家庭相比，征地改革逐步提升了被征地家庭的获得感和幸福感，尽管与被拆迁家庭相比还有改进余地。值得注意的是，通过细分样本群体，这里呼应了以往研究结论，丰富了既有家庭幸福感观点（Clark et al.，2019）。

## 二、中国征地新模式的生计评估小结

中国征地新模式肇始于 2013 年底的中共十八届三中全会，伴随"三块地"的深化试点改革逐步完善，从前提、手段和目标三方面区别于以往征地旧模式。具体地，新模式前提是摒弃土地财政，手段是补偿标准提升且方式多样化，目标是城乡融合下的家计可持续发展。本章通过案例推演和定量对比的方式，评估了中国征地新模式的家庭生计效应。结果发现，土地征收后，短期内家庭消费得以平滑、消费支出结构优化，长期内家庭就业创业扶持常态化、收入及资产结构得到优化，导致家庭总体幸福感提升，并趋同于未被征地时的幸福感水平，基本达到失地农民"生活水平不下降、长久生计有保障"的政策目标，较大程度地区别于中共十八届三中全会以前的征地生计特征，较好地实现了"2020年在征地领域改革上取得决定性成果"的既定目标。

具体来看，本章首先梳理了征地文献新进展，回顾了政策新变化和未来趋势，认为征地新文献越来越注重失地农民的福利分析，政策文件越来越强调被征地群众短期生活水平不下降、长期生计有保障，但阐释城镇化宏大叙事的同时，尚缺乏新背景下精细化的个体关切。然后，详细定性分析了陕西西咸新区、河北定州、河北雄安新区的失地农民家庭消费水平变迁，认为两大新区和定州实践改善了失地农民征地程序，提升了土地增值收益分享比例，增加了家庭消费水平。接着，本章利用五次奔赴雄安新区收集的实地调研资料定性和定量相结合分析被征迁家庭就业创业演变特征，认为当前雄安已从规划进入建设阶段，征迁效果直接关系建设进度和居民融合，故新区管委会务必增设失地农民的专门培训项目，聘请专家团队编制高端高新产业和特色小镇岗位需求，分层次精准培训并对接原有居民。最后，本章利用中国家庭金融调查四轮微观数据，以未被征地家庭和被拆迁家庭为基准，定量对比分析了全面深化改革新背景下，全国被征地家庭消费、收入、资产及家庭幸福感的演进规律。结果发现，被征地家庭的总消费水平逐年提升，并超越未被征地家庭和被拆迁家庭，尽管发展性消费比重均低于二者；对被征地家庭补偿方式多样化，导致家庭总收入的改善效果有所期待；征地对家庭工资性收入和经营性收入份额具有积极影响，被征地家庭的财产性收入比重较高，但仍低于被拆迁家庭，被征地家庭的转移性收入比重最低且有进一步下降趋势。另外发现，被征地家庭农地财富部分兑现为货币或安置房等财富，导致房价上涨和未囊括社会资本时其财富高于全国未被征地家庭，甚至超过几乎完全兑现的被拆迁家庭，但金融资产比重远低于被拆迁家庭，甚至低于未被征地家庭。令人欣慰的是，被征地家庭幸福感总体增加，趋同于未被征地家庭，尽管仍低于被拆迁家庭。

本节指明，中国征地新模式正在被定性案例和定量材料证实，总体做到了被征地家庭"生活水平不降低、长远生计有保障"，也发现他们发展性消费、财产性收入和金融资产比重均低于被拆迁家庭，这些结论能够检验无土地财政条件下的预防性储蓄、人力资本、信贷约束等假说，还指出提升失地农民财经素养的必要性。实际上，财经素养是人们处理经济信息、决策理财、财富积累、债务偿还、养老设计的能力，是一种人力资本投资（Lusardi and Mitchell，2014）。其能够帮助人们获取财富、投资财富和管理财富，是广义的金融知识。2015年中国家庭金融调查显示，被征地家庭愿意承担投资项目风险的比重及股票比基金风险大的正确认知比重均低于全国平均水平，表明这一群体财经素养低下的事实。本章描述性统计特别发现，较低的金融知识乃至财经素养正制约被征地民众市民化进程，不能有效促进消费升级、改善收入和资产结构问题。由此，为保障被征地农民长远生计，当前迫切需要专门设计和举办针对该特殊群体的财经教育培训活动。

征地革新的决定性成果得益于决策层对政府、市场和社会关系理念的统一、要素市场的发育以及上下之间的良性互动。事实上，中共十八届三中全会和十九届四中全会均强调，全面深化改革的总目标是完善和发展中国特色社会主义制度、推进国家治理体系和治理能力现代化，核心是处理好政府、市场和社会的边界问题。为健全城乡发展一体化体制机制、实现被征地家庭的生计可持续和升级，日后需着力于盘活城乡劳动力、资金（包括住房、土地转化的）、技术、信息等要素配置，具体可从市场安置补偿、社会组织培训帮扶、政府制度设计着手。

# 第六章　中国征地模式的机制优化

## 第一节　旧模式治理机制

鉴于中国征地旧模式存在土地产权改革滞后、社会改革非协同和政府考核机制制约三方面困难，特提出微观上加快土地产权改革、中观上促进社会改革协同性以及宏观上改善政府考核机制三条优化措施。

### 一、加快土地产权改革

#### （一）做好确权工作

从微观层面而言，急需村镇干部为农地确权、颁证，规范土地征收程序，协调好被征迁家庭的补偿安置问题。权利的界限是市场交易的前提，征地工作的前提乃至城镇化的条件是做好土地、房屋等不动产确权登记工作。周其仁教授曾带领团队就成都郊县土地制度改革做过大量实地调查，他认为，成都的土改实践本质在努力增加现存征地制度的弹性，早期的确权工作是增进农民财产收入的重要制度建设，为当地城乡统筹发展、城乡收入差距的缩小奠定了坚实基础（北京大学国家发展研究院综合课题组，2010）。深圳是改革开放的前沿阵地，周其仁团队考察深圳城市更新的实践认为，先国有化、后市场化的城市土地配置不能够适应城市土地巨额需求，界定好历史上的法外用地和违规建筑的产权关系，能够打开深圳城市更新之门（北京大学国家发展研究院综合课题组，2014）。可喜的是，《不动产登记暂行条例》已于 2015 年 3 月 1 日落地实施，确权进程正式拉开帷幕。当务之急就是在村干部或驻村干部协调下，通过组织长者评议会等形式来为土地、房屋确权办证。根据 2017 年中国家庭金融调查统计，到 2017 年夏天，全国约有 88.73% 的村委会已经开展农村土地确权登记颁证工作，近 91% 的村委会已经完成耕地的确权登记颁证。农村农业部

2018年统计，94.4%的村民小组已完成确权登记颁证工作。

## （二）处理好使用权、收益权、所有权和转让权关系

按《新帕尔格雷夫经济学大辞典》定义，产权是一种通过社会强制而实现的对某种经济物品的多种用途进行选择的权利。这里社会强制就是政府的力量，是最后的权威第三方，来保障土地转让权（周其仁，2017）。土地产权通常包括土地所有权、使用权、收益权和转让权（或称发展权）。本书第三章指出，在中华人民共和国成立前三十年，农户基本缺乏农地这四项权利；后四十年逐步确立了使用权和收益权，但仍严格限制转让权。本书第四章在阐释中国征地旧模式时谈到产权制度的重要性，认为土地产权稳定与否会影响到土地征收对劳动力的就业。田韶华（2017）在分析大量法院裁判案例后总结道，应以未设他项权利的被征收土地基础计算土地补偿费，再按土地所有权和他项权利所占份额进行分割。可见，界定清楚产权归属，处理好农地使用权、所有权、收益权和转让权的关系对征地工作非常重要。

实践中，三权分置在规范征地活动中起到了很好的作用。2016年10月，《关于完善农村土地所有权承包权经营权分置办法的意见》（简称《意见》）正式公布，适时首次提出集体所有权、农户承包权、土地经营权三权分置。这里，土地集体所有权归集体所有，是土地承包权的前提，农民的承包经营权又派生出承包权和经营权，三者统一于农村的基本经营制度。集体所有权是根本，体现为处置权；农户承包权是基础，体现为成员权和财产权；土地经营权是关键，体现为耕作权和部分收益权。鼓励落实集体所有权，稳定承包权，放活经营权。上述《意见》提到，"承包土地被征收的，承包农户有权依法获得相应补偿。"这些规则和办法有效调解了各级政府、村集体的土地增值分配份额，缓解了征地纠纷。耕地三权分置落地确权，才能尊重农民征迁意愿，在征地测绘评估阶段顺利推进，在占补平衡、增减挂钩中有章可依，才能合法化部分转让权，切实发挥要素市场化配置的决定性功能。

除了耕地三权分置外，宅基地使用权和房屋所有权也应确权，试点探索宅基地退出，允许农户自愿将宅基地变现为城市落户的资本和福利，实现宅基地用益物权和城乡用地优化双赢。周其仁团队成都调研指出，确权是产改的基础，产改是确权的继续（北京大学国家发展研究院综合课题组，2010）。当厘清了土地、房屋等财产的所有权、使用权之后，就可自发或政府引导进行资产的流转，将资产存量转为收入流量，资源或资产自然形成资本，在还权赋能中保障农民和农村的财产权利。周其仁团队调研

深圳指出，尽可能把大多数农地国有化的活动纳入合法框架，能够界定清楚合法外用地和违规建筑的处理范围，为深圳城市再开发解决好土地及房屋历史遗留问题（北京大学国家发展研究院综合课题组，2014）。

### （三）适时依据市场交易原则推进

科斯定理告诉人们，处理土地外部性可以由政府开征庇古税，还可界定市场主体产权，让土地产权市场发挥作用。国外征地模式的一个重要特征就是市场化交易，尽管制度保障作用或大或小。拆迁补偿目前较多参照市场同类房屋进行评估作价，矛盾不太突出。例如，深圳城市更新进程困难重重，但实践中当地政府引入社会资本通过征收确权税，利用市场机制来配置土地资源，推进当地用地再开发（北京大学国家发展研究院综合课题组，2014）。征地补偿则不然，其土地补偿费低下且单一，高度关联于农地产权制度，如若让渡部分转让权或发展权则能提升土地增值收益份额。如果测绘、法务等专业评估机构核查土地证件，参照周边同类土地进行合理的市场化评估，再有增减挂钩或地票交易，则征地矛盾将缓和得多。

通过考察成都城乡统筹实践工作，当地在符合土地管理法和城乡规划法的约束下，积极开展占补平衡和增减挂钩，积极利用城乡联建、统规统建、集体建设用地直接入市等方式大胆制度创新，积极探索非增量征地模式下通过市场手段配置土地资源（北京大学国家发展研究院综合课题组，2010）。重庆地票制度更进一步，将政府主导的增减挂钩指标市场化，地票交易收入扣除复垦成本后，15%归集体、85%归农民，在保持土地集体所有制、保护农民既得利益、用地性质不变的前提下，激发了相关市场主体的积极性。然而，部分学者并不认同市场交易做法。例如，贺雪峰（2013b）认为，成都城乡统筹发展的本质不是土地私有化，而是要在土地财政中不断完成城市资本积累，将城郊的土地级差地租收为国有，防止形成合法的土地食利者，扩充城市为经济社会服务建设的能力。他主张发展经济要依靠改革生产力而非调整生产关系，希冀财富再分配使农民富起来大错特错。通过考察不同地区征地补偿情况，本书第三章第四节里做过讨论，认为征地补偿空间上存在差距，且与当地人均 GDP 不匹配，发现征地补偿不仅存在公平问题，效率也较低。本书该观点能够综合周其仁和贺雪峰两位教授的认知，指出二者基于不同的实践背景对同一事物产生了两种截然不同的结论，正好验证了征地补偿的发展阶段和空间异质性，启示各地征地工作差别化和灵活性。至少东部地区引入市场机制，征地可以按市场交易原则试点推进，欠发达地区可合法获取补偿发展权受限的横向转移支付，同时严格界定公益性用地，行政配置土地时亦遵循等价公正原则，建立公益用地靠征收和非公益用地靠市场的新体制（北京大学国家发展研究院综合课题组，2010）。

这里顺便谈一下当前征地制度的替代方式——集体经营性建设用地直接入市。农村集体经营性建设用地属农村集体建设用地三种类型之一，其余两种为农民的宅基地、农村公益事业和公共设施建设用地。公开资料显示，目前我国农村集体经营性建设用地约为4200万亩，占集体建设用地总量的13.3%，是近年国家每年供地总量的6倍。据农业农村部统计，截至2018年，33个试点地农村集体经营性建设用地入市1.1万宗，面积10.6万亩，总价款约290亿元，收取调节金30.4亿元，办理集体经营性建设用地抵押贷款330宗、79亿元。由于我国在20世纪80年代以来实施城乡分治的土地所有制形式，2019年8月前的农地征用或征收一直先国有化再开发利用，故集体经营性建设用地途径伴随20世纪90年代乡镇企业转型基本关闭。2019年8月的新土地管理法为集体经营性建设用地直接入市明确开辟道路，有利于缩小公益性用地征收范围，促进了城乡统一的建设用地市场建设，释放出土地管理制度红利。

## 二、促进社会改革协同性

基层政府一般指县、乡级政权。县级政府是联系国家上层与地方基层的节点，是地方决策的中心，乡镇政府更直接维系上层的间接民主和村落的直接民主，是我国最后级别的政权组织。1949年以前，城和市分区造就低水平的资本主义萌芽，乡绅治理是农村社会治理的逻辑；计划经济时期，配合城乡分治的户籍制度，整个社会处于网格化治理状态，枫桥经验被推崇。目前在计划经济向市场经济转型期，社会治理重新提上议事日程。面对琐碎事务和维稳重任，当代基层治理到位不到位，关系到民众满意不满意，群众基础扎实不扎实，乡村振兴战略能否贯彻落实。由于基层政府治理偏差，当前基层社会潜伏很多不稳定因素，城乡社会保障体系还未健全，这严重影响了党群、干群关系，值得各界关注。本节以制度经济学视角剖析当前基层治理的困境，呼吁留足非正式制度空间。

### （一）基层治理困境表现

1. 群体性事件时有发生

随着经济转型和城镇化进程加快，我国群体性事件或因城乡征地、拆迁、环境污染而生，或因单位欠债、裁员、社保问题而起。据中国社科院法学院研究所《2014年中国法治发展报告》统计，21世纪过往十多年间全国发生百人以上群体性事件近900起，有近12%的群体性事件反复两次或两次以上，显示我国基层政府应对危机能力有限。

### 2. 基层政权悬浮化

改革开放以来，基层政府在征收税费和计划生育方面曾发挥重要作用。近些年随着农村税费减免、现代物业兴起和人口政策放松，县乡政府财政越来越依赖上级转移支付。

县级政府自古以来本是行政管理体制中的重心，现在所属官员大部分精力花在应付突发的集体事件，剩余时间上传下达，加之办公经费捉襟见肘，基层政府悬浮化缺位客观上制约了基层治理能力的发挥。

### 3. 社会管理仍按计划经济思维执行

地方政府对待土地征用或征收的农民生计影响思路是，在20世纪80年代给予农村优先安排就业，90年代越来越倾向于包括安置费的货币补偿，但仍然有计划经济思维对失地农民进行社会管理的做法，以及"土地换保障"的低水平、差异性社保的思想。祝天智和刘文丽2016年指出，征地同养老、就业等非协同改革阻碍了城乡包容共享发展，不利于缩小城乡收入和福利差距。

## （二）基层治理困境的制度经济学分析

新制度经济学大师道格拉斯·诺斯（Douglass North）在20世纪90年代就指出，制度对经济增长至关重要。新生代制度经济学家达隆·阿斯莫格鲁（Daron Acemoglu）和政治学家詹姆斯·罗宾逊（James Robinson）进一步告诉我们，制度类别能够影响经济绩效，汲取性制度曾经并正在导致国家经济体衰败，包容性制度从来都是国家兴盛的必要条件。

### 1. 非正式制度运行缺失

依据来源和表现，制度分为正式制度和非正式制度。自上而下的中央行政发包以及干部晋升、交流规则构成正式制度，并嵌入基层，如村支书由乡级政权委派。非正式制度来源于基层，包括宗族、人际网络、市民社会、传统文化，如村民直接选举产生村委会主任。正式制度带有法治色彩，体现刚性约束，非正式制度更多具有人治特色和道德情感，是柔性约束。社会学家周雪光2014年指出，理想的制度设计是正式与非正式制度相互依存、并行运作的，而非补充或补救关系。杨嵘均（2014）指明，正式制度要因地制宜地和非正式制度相互融合、相互补充，促成乡村治理顺畅化。北京大学姚洋教授就农村治理的一系列研究表明，寻求正式权威同非正式权威的耦合，能够通过提供地方公共品来促成乡村良治，还能通过自主创业和就业以降低收入差距并平滑消费（Xu and Yao，2015）。

2. 乡村人才、产业奇缺

习近平在 2019 年指出，中国发展最大的不平衡是城乡发展不平衡，最大的不充分是农村发展不充分。广大农村资源长期向城市单方向流动，导致农村缺乏年轻人、缺乏人才、缺乏产业，农业企业家精神匮乏，农村空心化、老龄化现象突出。未能及时引导城乡要素双向互动，未能健全城乡社会保障体系，未能引导社会资本提供公共产品、创造就业机会，这些城乡非协同改革是引起农村凋敝、城乡经济差距扩大的原因。

### （三）基层治理困境解决路径

中共十八届三中全会指出，全面深化改革的总目标包括推进国家治理体系和治理能力现代化，中共十九届四中全会进一步要求坚持和完善中国特色社会主义制度、推进国家治理体系和治理能力现代化。实际上，治理的制度化是国家治理体系和能力现代化的重要内容。中国土地辽阔，近年基层非正式制度空间被挤压和干部缺乏群众关联机制，导致党群、干群关系紧张。为此，基层治理从制度经济学视角要求留足非正式制度空间。

在不违背中央权威行政发包体制下，给予地方政府灵活处理政策的积极性，改善"十一五"遗留的维稳模式，允许测绘法务单位、职业培训机构、基层经济组织、宗族力量、新乡贤等依法参与诸如征地的公共服务和社会管理，形成自上而下的正式制度同自下而上的非正式制度相结合的多元治理局面。当然，基层扫黑除恶行动是得人心的，是必要的，这里强调的是防止中高层政策一刀切和矫枉过正。事实上，从发展型政体到参与治理，是全球性思潮的体现，也是党和政府基层治理现代化、内生化的必然要求。中央简政放权，地方灵活变通处理，社会组织和民众参与治理。国家的归国家，社会的归社会。中国共产党紧密联系群众，切实做到为人民服务，始终是实施新型城镇化和乡村振兴战略的初心。

中共十八大以来，党和国家大力调整城乡关系，明确提出乡村振兴战略。在五位一体的战略体系中，产业振兴是关键，人才振兴是基础和保障，而农民是乡村振兴的主体。配合城乡建设用地一体化进程，配套出台资金扶持、人才奖补、干部下沉政策细节。通过要素双向流动，引入城市资本来提供农村公共服务，巩固城乡居民基本养老保险制度，为被征地家庭筹措社会保障资金，逐步实施乡村振兴并解决失地农民的社会相关问题。

### 三、改善政府考核机制

征地旧模式需要市场、社会组织和政府协同改进。通过宏观、中观（包括区域和城市）和微观三个层面探讨如何通过改进政府考核机制来增进民众福祉、构建和谐社会，得出了直观而深刻的结论。研究认为，征地是中国目前非常突出的社会问题，其驱动机制备受大众的关注但学界鲜有考察。基于 2011 年中国家庭金融调查和历年《中国县（市）社会经济统计年鉴》资料匹配构建的 2001～2010 年区县级面板数据，第三章第一节曾深入探讨 GDP 增长等经济绩效考核对征迁行为发生次数的影响发现，在控制住政府规模、城镇化率、人口密度等因素下，经济绩效的确能够正向作用当年当地的征迁多寡。进一步地，加入辖区当年民众满意度的绩效考核则会减弱征迁规模影响。

该结论的政策启示包括两方面：一方面，厘清地方政府在征迁中扮演的重要角色，GDP 导向会加剧大拆大建，故制衡征迁活动微观上需从官员绩效改革入手；另一方面，改进当前唯 GDP 论的官员考核体制的具体途径包括纳入公众满意度等指标。本质上讲，征迁属于政府主导的房地产投资活动，改进经济绩效考核体系需要从根源上转变土地财政和唯 GDP 为代表的粗放型经济增长方式，使之逐步集约高效、惠及民生，才能贯彻好新发展理念并有助于国计民生可持续发展。

中共十八届三中全会明确指出，全面深化改革的总目标是完善和发展中国特色社会主义制度，推进国家治理体系和治理能力现代化。为适应新常态，报告要求完善发展成果考核评价体系，纠正单纯以经济增长速度评定政绩的偏向，加大资源消耗、环境损害、生态效益、产能过剩、科技创新、安全生产、新增债务等指标的权重，更加重视劳动就业、居民收入、社会保障、人民健康状况。中共十九大报告进一步提出，要坚持严管和厚爱结合、激励和约束并重，完善干部考核评价机制，建立激励机制和容错纠错机制，旗帜鲜明为那些敢于担当、踏实做事、不谋私利的干部撑腰鼓劲。要求各级党组织关心爱护基层干部，主动为他们排忧解难。中共十八大以来的会议精神逐步引导地方官员改变"对上不对下、对内不对外"的既往现象。

依据"人们对激励有反应"的原理，一方面要适时修订基层干部考核体系，让年轻有为的地方官员脱颖而出，造福更多基层群众。具体考核主体和方式上，由单一的上级调整为上级同群众相结合；考核内容方面，从经济增长调整为经济增长、公共服务和社会管理相结合，制度上摒弃土地财政和唯 GDP 做法。另一方面，积极落实习总书记基层公务员薪酬同行政级别脱钩的政策精神，让种种原因导致晋升有困难的底层干部能够获得较高的经济回报和体面的社会地位，从制度上铲除不作为和腐败土壤。

在当前反腐倡廉和净化政治生态的特殊时期，党和政府基层官员做事受负向激励影响畏手畏脚，以开会推开会，以文件传文件，应担责任不敢担当，党群干群之间存在隔阂。为此，中央政府不仅亮明利剑，提供上述正面激励制度，还应推出"负面清单"，法不禁止即可为，对体制机制探索性风险要免责或减轻处罚，让基层干部的聪明才智尽情发挥，充分相信他们有能力处理好中央政策一统性和地方执行灵活性的关系。

## 第二节　新模式保障机制

征地新模式的正常运行，需要构建分层次三方保障机制。这里层次包括微观的市场、中观的社会组织和宏观的政府。以优化城乡要素配置为着力点，构建出政府、国企、技校、村干部、家庭等多元参与的多层次保障体系，为征迁新模式成功运作和城乡良性互动提供可行方案。鉴于《中国制造2025》文件和人社部的终身职业技能培训精神，被征地群众等重点人群的技能培训工作提升到国家层面，作为未来国际一流的创新型城市代表，雄安新区征迁群众的培训帮扶等实践经验值得梳理。本节结合雄安实践，首先介绍要素市场保障机制，然后围绕社会组织功能，分类推介社会组织作用，最后剖析城市治理思想，总结和展望雄安新区的治理实践，探讨城市政府的职能转变和大部制改革思路，展望征地法律整合、土地经营监管等宏观制度设计。

### 一、促进要素市场统一

在产权明晰、市场完备的状态下，征地本质上是将存量资产转为流量收入的过程，会促进资金、劳动力、技术再配置，会盘活城乡要素市场，最终形成城乡良性互动。驻村干部和原村干部应依据原土地类型、房产多寡差别对待被征地民众，如货币补偿者可区域流动，产权调换者则需再就业，坚持利益与乡愁并重，促进城镇化成果共享和要素市场统一。

#### （一）促进资金高效利用和融通

征地会将房屋、土地等资源或资产盘活，转化其物质形态，并以货币补偿等形式分配给家庭户，缓解农村无抵押贷款的尴尬。新模式框架下的受影响家庭要充分利用好这些货币资金，一方面靠自律和财经素养培训，杜绝成为土地食利者；另一方面以土地或商业入股形式进行制度约束，避免短期内炫耀性消费，造成社会不良风气，形成社会不稳定因素。要将部分货币赔偿款项支付每月的社保支出，或用在消费性服务业等实体经济投资及人力资本投资上，将短暂的经济正冲击转化为日后生活水平的提升和可持续发展能力的提高。

这里资金还涉及创业问题。初始创业的难题是融资，被征地群众若是选择住房补偿或者货币补偿较少，则不足以支撑创业初始资金，必须向金融机构或亲朋好友融资。反过来讲，足额的货币补偿会缓解金融约束，理论上预期在较长时间内将促成创业，特别是主动创业类型，为社会吸纳劳动力，为政府缴纳税收，也为自身积累更多财富。由此，在政府干预下，银行等机构为失地农民或被拆迁家庭提供优惠贷款，是鼓励这些特殊群体创业成功的重要资金环境。本书通过中国征地新旧模式的考察，理论和实证上展示出征迁对消费和创业的冲击效应，需要分类引导补偿资金投入创业项目，实现资金市场、土地市场和人力资源市场的互动，并为被征迁家庭的消费平滑和创业扶持提供可行建议。2019年1月底，《中共中央国务院关于支持河北雄安新区全面深化改革和扩大开放的指导意见》出台，明确允许新区农民转让土地承包权、宅基地资格权，以集体资产股权入股企业或经济组织，探索推动"资源变资产、资金变股金、农民变股东"的进程，千年秀林的实践值得关注。

**（二）促成劳动力市场融合**

征地会促进城乡、区域的劳动力流动、再就业。劳动力是人类社会最重要的生产要素，其工作场所及内容直接或间接与土地、房屋有关，而征地活动通常导致工作场所部分或全部消失，故深刻影响到劳动力就业问题。本书对中国征地不同阶段模式的生计评估发现，征地会改变家庭及其成员的工作种类，甚至促进他们迁徙更远距离工作。土地征收会促使失地农民从事非农就业工作，并逐渐融入城市劳动力主要市场从事正规工作，这显然需要他们汲取新技能和积累人力资本。因此，为保障土地财政退出舞台、城乡融合趋势下被征地家庭生计可持续，征地补偿安置手段务必多样化。既要包括再就业培训，又有继续教育乃至职业教育，既要消除城乡劳动力市场分割，又要降低城市劳动力市场歧视，逐步营造公平统一而有效率的用工环境，促成他们长远生计有保障，为征地新模式的成功运作提供长效机制。近年调研发现，在环保标准较高和产业定位较高的环境中，雄安本地传统企业部分选择"总部＋加工厂"模式，总部留在新区，加工厂外迁。容城服装厂集中选择涞源和定州，雄县企业加工厂集中选择沧州肃宁和衡水故城，未来将增进这些被征地群众的就业流动性。

**（三）重视技术、信息共享**

鉴于征地还会盘活技术、信息等要素，需要构建技术、信息保障机制。通常而言，征地位于城乡接合部，这些农民多兼业，即所谓就地城镇化普遍。相比较暂时外出打工的农民工群体，土地资源的彻底消失或者会迫使失地农民去更远的地方谋生活，或者在本地专心就业或培训，促成身份短时间转变，有可能形成过硬技术，铸造出新工匠。由此，重视这些城乡夹心群体的技能培训是锦上添花，也是特定时期的雪中送炭，是融合城乡发展的突破口。雄安新区的新学徒制度和工匠精神倡导活动将引领当地传统产业在研发、设计和营销等方面转型升级，正合力解决容城县两千余家服装厂、十万名从业人员的未来出路。此外，征地拆迁活动还会应用新技术。如雄安新区征迁补偿安置进程中，探索使用区块链技术，确保每一笔补偿款发放到位，将推动新区的和谐征迁、阳光征迁和透明征迁。

信息是另一种重要资源。从传统闭塞的农村到市场经济发达的城市，收集信息、处理信息能力急需增强。短期内失地农民无法获取主流信息，可依靠城市亲朋好友等信息源，重建社会资本，发挥好血缘、地缘的重要经济社会功能，逐步提升其金融知识等认知能力。当然，政府公共就业信息平台也是必要的保障手段，在软性基础设施建设上降低高质量信息成本，抵制低质量的谣言传播危害。例如，雄安新区容城县近年举办的白洋淀国际服装文化节更新了当地服装企业的转型思路，他们自发组建雄源服装公司，计划在涞源和定州分别投资建设服装新项目，预计年产服装 1 亿件套，年产值 200 亿元。

**二、发挥社会组织功能**

雄安新区征迁的实践表明，激发社会组织参与新区征地活动对保障征地新模式的正常运转同样非常重要。社会组织是中观层面的主体，大多具有非营利属性，包括国有企业、技校、高校，甚至新区管理委员会。征地进程中存在大量社会组织参与的空间，例如国有企业能够提供或承担被征地家庭的部分就业岗位，技校或高校能够承接再就业培训、心理辅导、继续教育等活动，新区管委会则要在搭建就业供需信息平台上发挥政府新职能和提供公共服务，达到共建、共治、共享的社会治理状态。

**（一）管委会服务**

雄安新区成立两年多以来，管理委员会作为河北省派出机构提供大量就业创业和升级转型服务，为到来的征迁工作做足准备。2017 年 6 月底，《雄安新区就业创业培训工作实施方案》出台，开始积极发挥就业指引作用。截至 2017 年 10 月底，雄安三县通过举办培训班、组织劳务用工对接会、开发公益性岗位、劳务派遣、"互联网＋就业"等多种形式促成就业、创业人数达到 17000 人，组织 9700 余名培训积极分子进行就业、创业培训活动；2018 年 6 月底，在分类施策、精准帮扶下，新区失业率降低为 5.56%。2019 年 10 月，管委会发布《雄安新区急需人才目录》，积极组织招才引智活动，引导各类人才向雄安新区有序集聚。活动当天初步达成引进意向 3000 余人，引才意向率 32.26%。

新区特色活动包括实施创业新星培养计划、建立新区就业服务联盟等。前者从 2017 年 4 月 1 日就开始实施，积极挖掘当地青年创业才能，激发中小微企业主二次创业，树立创业新星。具体就业部门在整合创业信息的基础上，引导"技能 + 创业"、企业家大讲堂、电商培训等活动，不断给予政策扶持和跟踪服务。例如，2017 年 11 月 23 日官方推介了雄安创业新星杜聪的案例。当年 31 岁的安新小伙子创立本地首个移动互联网生活服务平台"安新到家"，除推介本地信息之外，还有配送外卖，甚至还提供家政、网上超市等生活服务。目前，该服务平台口碑良好，占有很高的市场份额。创业初期，杜聪的平台曾受到外来竞争厂家的激烈冲击，但通过家人支持和服务提升，他们稳定、高品质的后发优势得以发挥，渡过起步难关。据介绍，该平台现有员工 80 余人，日均订单 2000 个以上，年营业额 2500 万元，正在管委会的推介下向"雄安到家"迈进。后者通过与在新区入驻或设立办事处的企业进行沟通对接，共同建立就业服务联盟，以三县两级就业培训网络为平台，及时发布招聘、培训、就业信息，共享用工、培训、创业资源。

管委会将职业培训作为重点，持续破解征迁带来的结构性失业问题。2019 年 9 月出台《河北雄安新区职业技能提升行动实施方案（2019 - 2021 年）》，明确提出到 2021 年，新区开展补贴性职业技能培训 5 万人次以上，技能劳动者要占到总就业人员的 25% 以上，高技能人才占到技能劳动者的 30% 以上，构建多层次就业创业服务体系，建立城乡一体化、均等化的就业制度，增强当地民众获得感。

管委会还积极关注关系就业的传统产业转型升级问题。2019 年 5 月出台《关于支持新区三县传统产业转型升级工作的指导意见》，结合对接高新与跨业转型，坚持产业转移和重组升级，提升改造、转型升级、搬迁转移、依法关停并举，全面提升新区产业发展质量。坚持分类指导、精准施策、配套保障：对一般性生产加工环节，将转型重组后的总部等留在新区，有序引导加工厂转移到周边地区；对高污染高能耗的企业，加速关停整治；对于传统产业转型升级产生的就业问题，稳定现有就业、支持转岗就业、鼓励随迁就业并举，为征迁和建设工作奠定既有产业平稳衔接的政策体系。

## （二）技校、高校培训活动

雄安新区地处河北保定市区东侧，当地科教文卫等公共服务薄弱。针对即将到来的征地活动，京津冀职业院校未雨绸缪，在管委会的邀请下，2017年7月底集中开展"京津冀职业院校招生宣传"，最终招生1200余名当地初高中毕业生到这些技校接受正规职业教育。新区创新培训模式，将机构培训和企业培训相结合、自主培训与统筹培训相结合，截至2017年10月底，免费培训人数达到近9000人。

雄安积极引导北京、天津优质公共服务向新区集聚，推动新区基本公共服务和社会保障水平同京津相衔接。截至2019年8月，雄安55所学校、48家县乡医疗机构同北京、天津建立对口帮扶关系。如2018年5月，新区管委会和天津市教育委员会正式签订职业教育战略合作协议，天津职业大学牵头开展社会培训，为雄安高质量发展提供职业教育源头支撑。2019年11月，北京电子信息技师学院开启北京首个技能人才培训项目，首批30余人在容城县接受智能楼宇管理员培训。不止职业培训，北京、天津帮扶、援建的教育医疗项目也在增多。2019年9月，雄县第三高级中学正式投入使用，成为雄安第一座永久性建筑项目。同月，北京市支持雄安新区建设的"三校一院"（包括北海幼儿园、史家胡同小学、北京四中、宣武医院）交钥匙工程开工，北京出资、北京实施、雄安拿钥匙，是新区启动区第一批启动的项目，将提升新区公共服务水平和北京非首都功能承接能力。2019年，容城中学、安新中学、雄县中学分别变更挂牌为中央民族大学附属中学雄安校区、石家庄二中雄安校区和天津一中雄安校区，京津冀教育协同发展加快。

除了技校参与雄安培训活动外，北京、天津、河北知名高校也积极向雄安新区提供高端智力资源。例如，北京大学较早表态要在雄安建立一流医学中心和光华管理学院高端培训中心，清华大学表示要建立创业创新联盟基地，中国人民大学、北京师范大学、北京邮电大学等均有合作意向，中国传媒大学、河北大学、河北经贸大学、河北金融学院等校率先成立雄安相关研究机构和智库，汇聚全校优质学术资源精准对接雄安新区各项工作，河北工业大学甚至将与美国亚利桑那大学在雄安联合建立河北工业大学分校，中西合力对接服务雄安新区建设。可以期待，优质高校的加入会化解征地引发的暂时就业困难，提升当地民众的福利水平。

## （三）国有企业安置就业

在20世纪八九十年代，失地人员在企业安置就业较为普遍。但随着乡镇企业凋敝和国企改制，接受失地农民或被拆迁户工作的企业越来越少。征地补偿的就业安置形式最近在雄安新区重现。央企陆续入驻雄安新区会激发这些企业对当地劳务用工的需求，进而缓解原有居民的就业问题。据"雄安发布"报道，截至2019年8月，20多家央企、40多家金融机构和100多家知名企业入驻新区，将缓解1.3万家"散乱污"企业和741处渔业养殖整治后的失业问题。如2017年6月26日，新区就业培训暨劳务用工对接工作会上，75家中央和省内企业给雄安新区的百姓提供了6.86万个就业岗位。2017年9月初举行的雄安新区就业培训暨劳务用工对接会上，6.2万个用工岗位、18家大型企业信息得到共享，其中中国铁建公司计划招收5500名建筑工人，中国铁建房山桥梁有限公司率先向容城县政府提供了30个劳务岗位的订单，成为新区首个劳务输出项目。2019年4月，雄安首届大型招聘会举办，不少大型央企国企参会招人，超过6000名求职者初步达成就业意向。这些国企适时的岗位支持，为雄安征迁活动奠定了扎实的就业准备。

此外，基于雄安新区悠久的历史文化，坚持经济利益和保留乡愁并重，着力于社会组织做好居民优秀文化传承和城镇化建设协同共生，有序引导文化创意等新产业的发展环境，多渠道就地解决原有居民就业问题。新区组织"记得住乡愁"专项普查，到2019年8月，共登记物质类乡愁遗产2367处、非物质类186项。按照《乡村振兴战略规划（2018－2022)》分类推进精神，雄安新区淀中村和淀边村不仅要进行环境治理，还要进行特色保护，形成特色资源保护与村庄发展的良性互促机制，这些举措势必创造新的文化创意岗位。

### 三、做好城市治理设计

宏观层面的政府保障不再关注过往的被征地家庭的越级上访，而是培育公平包容的要素一体化环境，以入股等途径引导被征地民众参与式融入城乡建设，用法治促成其利益诉求的有序表达，牵涉政府的要素配置决策、执行、考核等制度创新。《河北雄安新区规划纲要》第十章明确指出，要搭建全过程、全方位的公众参与平台，鼓励引导各领域专家和公众积极参与，在后续规划编制、决策、实施中发挥作用，确保规划反映民意，体现出新区宏观保障的新高度。

城市治理是城市政府吸引公众参与的新理念。城市治理理念的贯彻对征地新模式的运转至关重要。本小节总结当前城市治理的思想和改革方向，为雄安新区治理建设提供理论参考和决策依据。联合国2015年研究报告《世界城市展望》明确指出，全球城市人口已从 1950 年的 20% 上升为 2014 年的 54%，到 2050 年，这一数字有望突破 66%（United Nations，2015）。城镇化转移人口主要集中在亚洲和非洲，预计印度、中国、尼日利亚在 2014～2050 年间分别贡献 4.04 亿、2.92 亿和 2.12 亿人口（United Nations，2015）。按照常住人口计算，中国 2011 年的城镇化率首次超过 50%，这意味着同当年英国、法国、日本等发达国家和墨西哥、巴西等发展中国家一样，我们开始面对人口膨胀、交通拥堵等大城市病（李浩，2013）。伴随城镇化进程的进一步加快，城市可持续发展已经被各国提到议事日程，如何平衡集聚效应和"大城市病"这一难题同样考验我国各城市的治理能力。设立雄安新区的重要目的是疏解北京非首都功能，雄安新区要建成"绿色生态宜居新城区、创新驱动发展引领区、协调发展示范区、开放发展先行区，努力打造贯彻落实新发展理念的创新发展示范区"，这是新旧城市治理理念和实践转换的最佳场合。

**（一）城市治理的概念**

治理是近年频繁使用的概念。世界银行 2017 年《世界发展报告》总结，治理就是政府和非政府主体之间互动并设计、实施政策的过程，这些政策界定在由权力塑造的正式和非正式的系列规则中（World Bank，2017）。一项政策成功与否，取决于治理效果，关键看制度形式能否在特定的环境中履行制度的预期功能。通过承诺、协调和合作等支撑政策效果的三大核心功能，治理能削弱甚至克服权力不对称问题，达到安全、增长和公平的发展目标。这里的治理变革可通过精英阶层的谈判和公民的高参与度实现，也可通过国际行动者或城市外部压力来实现。地方治理是一整套价值、政策和制度，国家、市民社会和私人部门之间，或各主体内部通过互动来管理经济、社会和政治事务（方雷和鲍芳修，2017）。

从管理到治理，是全球性思潮的体现。习近平在中共十八届三中全会指出，全面深化改革的总目标包括推进国家治理体系和治理能力现代化。中共十九大报告进一步指出，社会矛盾和问题交织叠加背景下，国家治理体系和治理能力有待加强。中共十九届四中全会重申，我国国家治理体系和治理能力是中国特色社会主义制度及其执行能力的集中体现。治理的制度化是国家治理体系和能力现代化的重要内容和标志（谢志岿和曹景钧，2014），而城市治理体系和治理能力现代化是国家治理的重要组成部分和突破口（吴建南和郑长旭，2017）。2015 年底召开的全国城市工作会议指出，全面建成小康社会、加快实现现代化，必须抓好城市这个"火车头"，把握发展规律，推动以人为核心的新型城镇化，有效化解各种"城市病"。

时隔 37 年召开的这次会议将城市治理提升到前所未有的层次，预示着城市工作将进入新的阶段。

按照丹尼尔·考夫曼等（Daniel Kaufmann et al.，2015）的总结，城市治理（urban governance）就是引导和考虑利益相关者、地方政府和市民之间的各种关系的过程，包括自上而下和自下而上实施策略促进社区参与事务、各主体谈判、决策透明化、城市管理政策创新等。城市治理正在吸引宏观经济管理与可持续发展、行政学与国家行政管理、社会学和统计学、中国政治与国际政治、建筑学与工程等多学科学者的关注，但中文领域文理交叉研究有待提升，日后若得到更多机构和基金扶持，将会有更广阔的发展空间（吴建南和郑长旭，2017）。城市治理内容丰富，主体多元，各层次有所侧重，构成完整而层次分明的系统。

**（二）城市治理的互动思想**

上述治理或城市治理均谈到主体多元、方向互动，这是城市治理的重要内涵，极大地区别于传统单向的城市管理工作。一方面，城市治理依靠自上而下的正式的中央威权管理；另一方面，还需要来自社会团体、民众的自下而上的非正式的反馈、协调和参与。

1. 理论述评

从经营企业到经营城市，中国地方治理存在过度使用正式制度倾向，"以官治官"机制构成国家治理现代化的困难（张建波和李婵娟，2017）。学术界普遍认为，政治锦标赛是中国经济腾飞的重要根源，但由于其激励官员目标单一性与政府职能多样性之间存在冲突，又成为当前许多经济问题的主要根源（周黎安，2007）。将横向晋升竞争和纵向行政发包结合，形成中国条条块块格局（周黎安，2014）。这里，政治锦标赛和行政发包属正式制度，政企合作及土地财政属非正式制度，正式制度与非正式制度并非补充或替代关系，而是相互依存、同时发挥作用，正式制度与非正式制度（或称名与实）的并存与转化构成大国治理核心（周雪光，2014）。中国国家治理体系和治理能力是中国特色社会主义制度及其执行能力的集中体现。除政企合作外，基层政府间的密切合作成为制度化的非正式行为（周雪光，2008），地方社团主义能够反映属地管理的必要性（Oi，1992），显示地方非正式行为的普遍性和合理性。

综上，大量政治学和社会学研究探讨正式制度的合法性和非正式制度的客观存在性，但尚未引起经济学者的足够重视。经济学界代表性成果是姚洋的一系列研究，其揭示了宗族网络的经济功能（Xu and Yao，2015）。尽管如此，地方治理对非正式制度的关注不足总体构成目前经济学界的研究缺陷。

## 2. 现实探讨

2015 年全国城市工作会议指出，现在的城市建设都是政府主导城市建设，地价上涨成了普遍现象，而老百姓普遍关心的空气质量不好、看病难、交通成本太高、教育成本太贵等问题却迟迟难以得到解决，这说明决策高层已充分认识到以往制度设计改进余地，正逐步完善市县官员考核体制。

与此同时，发挥非正式制度的积极作用，理顺土地财政、政企合作等地方政府非正式行为非常必要。[①] 这需要配套改革财税分配制度，让地方政府事权和财力相匹配，不用发展土地财政或设立小金库等灰色收入即可正常运转。例如，顾朝林（2017）通过回顾德国、日本、义乌等经济体的城市治理模式，认为三种模式均不同程度地体现走向分权的善治之路，他建议新城新区可简政放权，达到城市管理向城市治理迈进之目的。根本上说，"大城市病"不是城市规模大小的问题，而是当前管理体制和机制问题，需要同时改革政绩考核体系、财税体制、农村土地制度和规划管理体制，从转移支付、权责利法制化、城市规划属地化三方面理顺中央地方关系（林家彬，2012）。

当前征地是一个很好的例子，体现经济增长和社会稳定的困境，显示地方参与治理的必要性。一个现实观察是，从省到乡，行政权力均已深深嵌入征地活动的前前后后，基层政府、宗族势力甚至普通民众参与不被认可。征地不规范过程常引发社会冲突，当然也不可否认征拆引致的土地财政带来了经济繁荣。我们分析了中央政府将土地发包省、地级市政府并如何影响被征地家庭的实践逻辑：当中央政府管控土地严时，地方政府和当地房地产企业中规中矩，征地良性推进，预算外的土地财政下降；当管控松时，土地财政大行其道，政企合作进行利益输送，征拆（和上访）强度加大，社会不稳定因素增多，故地方有必要参与治理。

基于嵌入性政治背景，纵向发包和横向竞争提供了分析政府治理的正式制度，中央政府对房地产企业存在信息不对称，在监管不力的情形下，省市级地方政府易纵容这些企业采用强征强拆的生产方式强行推进城镇化和工业化。因此，治理强征强拆等城市管理工作，还需从根源上理顺省市

---

① 中国人民大学聂辉华等学者发布了《中国城市政商关系排行榜（2017）》，通过分析中国 285 个城市的政商关系健康指数排名情况，认为经济发展是改善政商关系的根本途径之一，建议中央鼓励地方政府通过设立一些改革试验区的方式进行营商环境试点。

政府的土地财政行为，赋予地方政府和基层民众一定的非正式利益诉求空间，或促成土地财政合理过渡到第一财政。也正因为锦标赛，城市之间竞争多于合作，城市体系内部的发展权补偿有了空间。

### （三）城市治理的系统思想

城市治理的系统思想包括城市体系的重塑和不同层次城市差别治理。

#### 1. 城市体系的重塑

北京"大城市病"严重，是设立雄安新区并将其定位为疏解非首都功能的集中承载地的重要原因。"大城市病"表明特大城市交通拥挤、环境污染、治安混乱，是城市经济体离散力的显著表现。城市经济学和新经济地理学则告诉我们，城市的兴起和繁荣同经济集聚导致的向心力密切相关。某个城市规模取决于向心力和离心力的权衡：当前者大于后者时，城市扩张；当前者小于后者时，城市缩小。

当前的现实是，城市化和经济集聚带来的好处被大大低估（陆铭，2017）。事实上，人口流入，包括低技能人口的流入，会促进城市扩张，壮大劳动力市场并提高匹配质量，加快相互学习作用，促进马歇尔外部经济的发挥，即他们互补性远大于互替性。在"中国经济观察"专题报告会上，樊纲曾指出，由于大城市具有聚集效应，而且人口的聚集会产生更多的创新与思想，故导致大城市流入人口，农村和小城镇流出人口。与会专家、上海交通大学教授陆铭特别提醒，当前大城市吸引了足够多的大学生，但缺乏与之匹配的低端劳动力流入，限制低端劳动力供给可能降低高端劳动力生产率以及城市对高端人才的吸引力。因此，基于经济学视角从长远看，北京、上海等特大城市通过"开墙打洞""农改超"、整改商住两用房、打击群租等做法可能会损害经济集聚的好处。当前的另一现实是，城市化和经济集聚发展的坏处被严重高估（陆铭，2017）。随着人口的流入和城市的扩张，生产和生活成本抬高并反映在房价上，而房价上涨会传递到其他商品和服务价格上，这种拥挤、污染和犯罪等"大城市病"实际上和城市技术和管理息息相关。理论上讲，市政府可通过房产税来兴建高效的地铁系统和公交系统，缓解交通拥堵和环境污染，可通过移动互联网技术维护好社会治安，通过大数据来建设好智慧城市和海绵城市，在发展中治理"城市病"，最大限度地发挥城市对经济发展的增长极作用。陆铭在"中国经济观察"专题报告会上提出的"治理大城市病"方案是，改善城市的数量、质量、结构和空间布局。第一，市场和政府要做到真正的互补，让市场成为配置资源的决定力量，同时政府更好地发挥作用。要充分动用价格机制，也要结合行政管理和规划的手段。第二，城市管理要针对行为本身，不能针对特定身份的人。比如控制低技能劳动者的数量反而会抬高城市运营成本，同时造成社会不和谐以及身份歧视等问题。第三，公共服务要覆盖低收入劳动者，而不应简单按照户籍标准落实。

事实上，上述"是否限制大城市发展"的城镇化发展战略在学术界一直争论不休。我国当前城镇化道路设计主要来自著名社会学家费孝通先生的理论和实践成果（费孝通，2010）。费孝通早期所著《乡土中国》《江村经济》，曾详尽分析了中国传统乡村差序格局和原生态系统，影响了几代社会科学工作者。改革开放以来，费先生走南闯北，重新活跃在学术界，认为20世纪80年代的乡镇企业可以解决现代工业化问题，提出"离土不离乡"和"离乡不背井"这两种方式可作为解决我国城镇化的具体途径，先后提炼出"苏北模式""温州模式""珠江模式"等经验。他总结这种"小城镇、大战略"思想，提出一条"以小城镇为主，大中城市为辅"、有中国特色的农村城镇化道路，并深深地影响了决策部门。国家发展和改革委员会宏观经济研究院研究员肖金成认为，发展小城镇是走中国特色的城镇化道路的必然要求，因为农村小城镇可让农民迅速非农化，较快进入低水平的城市化阶段（肖金成，2015）。范红忠等人研究也发现，在建设新型城镇化进程中，限制一线城市的过度扩展，发展中小城市，是降低当前城市居民收入差距的重要途径（范红忠，2013）。实际上，市场经济环境中，不同规模城市的分布具有客观规律性，即一个城市的位序与其人口规模的乘积等于一个国家或地区首位城市的人口规模，被称之为Zipf定律。各国的实证结果不尽相同（Soo，2005），美国更符合类似规律（Black and Henderson，2003），而中国现有城镇发展战略使得城市分布并不符合Zipf定律。

大量研究表明，中国大城市不是太大，而是太小（Au and Henderson，2006；张车伟和蔡翼飞，2012），大城市数目不是太多，而是太少（王小鲁，2010），且治理能力低下，存在效率扭曲和损失（陆铭，2017）。例如，北京、上海两大特大城市人口分别超过2100万人和2400万人，但仅占全国人口的1.6%和1.8%，远远低于同是东亚国家的东京和首尔，后二者比例分别达30%和50%。一般认为，中国户籍制度极大地制约了劳动力的流动，损失了劳动生产率，不利于城市层级体系的优化（林家彬，2012；梁琦等，2013；陆铭，2016）；建设用地指标的行政配置是造成土地效率损失的重要原因（陆铭，2016、2017）。利用中国城市数据估算幂指数发现，2010年之前是中小城市扩张为主导，2010年之后演变为大城市扩张为主导（张车伟和蔡翼飞，2012）。因此，现阶段进一步改革户籍制度以降低劳动力迁移成本，对优化城市体系事关重要。就房地产市场而言，要想提升大城市的生产效率，土地供给制度创新变得很关键。范剑勇等的研究指出，部分地方政府通过压低农民工住房条件并降低工人对工资增长的要求，同时低价甚至免费提供工业用地以招商引资，促进出口工业的发展和就业增长（范剑勇等，2015）。这同新加坡、中国香港特区等经济体政府建造保障性住房来降低劳动力成本，以发展外向型经济的做法如出一辙。近年来，东部土地供给受限，导致房价上涨，甚至高于外来劳动力工资上涨速度，故挤压了这些劳动力的城市生存空间，丧失了劳动密集型产业的比较优势（陆铭等，2015），启示全国需要实施人地钱挂钩政策并在东南沿海地区转为"为创新而竞争"。

在经济新常态背景下，需要我们重新思考城镇化模式，在东部维持就近城镇化和就地城镇化基础上及时调整"中小城镇战略"。樊纲教授旗帜鲜明地指出，城市规划应转向"大都市"或者"城市群"，采取行政规划、自愿结合等多种形式实现。他认为雄安新区就是一个很好的构想，可以发挥雄安新区的地理区位优势并利用快轨等交通工具，将周边的大城市连接起来形成城市群，构成京津冀世界级城市群的重要一极，提升在经济增长和社会进步中的带动作用。

2. 不同层次城市差别治理

现以房地产行业为例，说明不同层次的城市应差别治理。自2003年以来，房地产业长期被认为是支柱产业，为城市市政基础设施建设、缓解城市就业压力做出了积极贡献。当前住房市场充满不确定性，具有"发展迅猛、供需结构转变、空间分化、保障性住房稀缺"四个特点。空间分化特征具体阐述如下。

根据《中国住房发展报告》分类办法（倪鹏飞，2016），这里将全国70个大中城市细分为一线、二线和三线城市。具体地，一线城市包括北京、上海、广州、深圳；二线城市为30个，包括天津、石家庄、太原、呼和浩特、沈阳、大连、长春、哈尔滨、南京、杭州、宁波、合肥、福州、厦门、南昌、济南、青岛、郑州、武汉、长沙、南宁、海口、重庆、成都、贵阳、昆明、西安、兰州、银川和乌鲁木齐；三线城市为36个，包括无锡、温州、包头、北海、常州、桂林、唐山、徐州、镇江、蚌埠、扬州、惠州、洛阳、秦皇岛、三亚、烟台、丹东、锦州、济宁、牡丹江、金华、安庆、泉州、九江、赣州、吉林、平顶山、宜昌、襄阳、岳阳、常德、湛江、泸州、南充、遵义和大理。

本书依据中经网产业数据库70个大中城市信息，观察一线城市和三线城市住房市场价格走势，得出如下几点初步认识：第一，相对三线城市而言，不论新房还是二手房市场，一线城市房价较高、涨跌波动较大；第二，相对二手房市场而言，不论一线城市还是三线城市，新房市场房价较高、涨跌波动较大。我们可以预期二线城市住房价格正好介于一线城市和三线城市之间。倘若进一步观察各层次城市住房产销比，我们会得出，一线城市住房库存压力较小、销量弹性较大、去库存周期较短，三线城市库存积压严重、销量弹性较小、去库存周期较，二线城市正好介于二者之间。

新常态背景下，我国住房市场呈现"总体放缓、区域分化"的特点，故升级转型、分城施策非常必要（柴国俊，2017）。理论上讲，城镇化内生，才能让生产要素实现价值过程中穷尽集聚经济，才能持续（文贯中，2014）。过往低成本的外生发展的城镇化模式和不可持续的工业化做法亟须退出，以人为核心的新型城镇化和注重可持续发展的新型工业化实践呼吁我们打破土地一级市场垄断，取消经营性土地储备制度，允许农村集体建设用地直接入市，扩大国有土地供给（倪鹏飞，2016）。在此基础上，积极探索建设用地指标制度创新，土地配给量进一步向用地量较大的东南沿海地区的城市倾斜，增加这些城市建设用地指标，减少中西部地区城市用地指标。允许省内土地占补平衡、增减挂钩的传统做法，鼓励跨省交易建设用地指标，进一步提高土地利用效率（陆铭和陈钊，2009；陆铭，2011）。未来几年，可根据人口流动情况分配建设用地指标，流动人口安置和产业发展提供的就业和公共服务挂钩，进一步落实人地钱挂钩政策。分城施策，因地制宜，房价上涨压力大的城市要合理增加土地供应，提高住宅用地比例，盘活城市闲置和低效用地，以实现房价和工资的空间再均衡。上海交通大学中国发展研究院"中国经济开放论坛"在2016年5月组织召开的"房地产与城市群发展"研讨会上，多位专家各抒己见，同时形成共识，即在房价快速上涨的东南沿海一二线城市应增加土地供给，在中西部地区的三四线城市应收紧土地供应，防止住房库存过大和投资过度，实现土地供给和人口流动方向的匹配是解决当前不同层次城市的住房市场分化的有效措施（陈杰等，2017）。根本上讲，配套改革当前分税制和税制结构，转变土地财政运行模式，让中西部地方政府财政不紧张，土地供给多寡就会同这些地方政府利益脱钩，并逐步同人口净流动相联系，最终理顺各区域、各层次房价的变化，真正实现全面小康社会和中华民族的伟大复兴。

### （四） 总结和展望

本书从城市治理概念出发，反思现有城市管理的得失，总结城市治理的互动思想和系统思想。研究认为，现代城市不仅要接受自上而下的正式的中央威权管理，还需要来自社会团体、民众的自下而上的非正式的反馈、协调和参与。城市治理的系统思想包括城市体系的重塑和不同层次城市差别治理，本研究支持决策当局从"中小城镇"发展战略转变为"都市圈"或"城市群"战略，并倡导各层次的城市差别治理，如一线城市扩大土地供给来平抑房价攀升，三线城市缩小土地供应来消除住房库存和投资过度现象。同时兼顾城市体系内部的土地发展权补偿。这些结论对类似雄安的新区建设具有重要启示。

#### 1. 雄安新区城市治理总结及展望

（1）雄安新区定位及现有研究。根据中央政府的权威说法，规划雄安计划的首要目的是解决北京的"大城市病"，即北京人口过度膨胀带来资源压力。这种"大城市病"更多是政府直接配置资源的结果，包括市政基础设施的过度倾斜、教育和医疗等优质资源的高度集中，均导致北京房价的畸高和外来人口的过度流入（盛洪，2017）。按照城市经济学的理论，形成城市的原因有政治、军事、经济等方面。经济因素形成的城市一般是交通枢纽、贸易口岸。即使是政治性城市，也被广义地认为是在交易无形产品，城市规模也受制于其财政规模。政府过多地干预会导致资源扭曲。雄安新区的创立会一定程度上打破既得利益格局，在一张白纸上集中承接北京非首都功能，推进京津冀协同发展，打造北方新的增长点。[①] 雄安离北京不远，能够接受北京的辐射和带动，可以承接和转移非首都功能；又离北京不近，能够起到疏解目的。

雄安新区的设立已吸引京津等地学者关注。作为京津冀协同发展战略的重要组成部分，雄安建设肩负打造京津冀世界级城市群的重要使命。城市群的发展依靠城市自发集聚与扩散以及政府引导，要素配置至关重要。当前北京非首都功能疏解和雄安高质量发展的实践有利于盘活要素配置，符合从倡导中心城市作用到周围城市协同发展的城市群研究演进脉络（李国平等，2016；王雅莉，2017；李郇等，2017）。具体在城市人口和产业建设方面，雄安要遵循市场微观机制，同时结合北京非首都功能承接、人

---

① 新华社 2017 年 4 月 13 日报道，从北京角度看，北京通州副中心和雄安新区作为两翼分列北京中心城区两侧；从河北角度看，雄安新区和崇礼冬奥会为推进张北建设提供机遇，分列河北两侧。

才引进与流动及行政建制安排等政策保障（张可云，2017）；在非首都功能承接方面，要尽快培育新产业体系，对接京津冀优势创新资源，并推进区域协同治理，还要优化城市治理等制度供给（李兰冰等，2017）。京津冀协同发展背景下建设雄安新区，还需构建新型合作治理架构（赵新峰，2017），合作参与理念期待应用到征迁实践中。

设立雄安新区具有战略意义，河北省内诸多专家就雄安新区的定位和未来发展撰文立说、贡献力量。有人指出，规划建设雄安新区，必须把创新作为动力之源，要从外引和内生两个途径培育出创新基因，才能在2035年建成国际一流的创新型城市（张贵，2019）。纪良纲、田学斌和赵培红（2017）进一步展开论述雄安新区的创新发展道路。他们认为，雄安新区的战略定位体现了突破现有区域发展难题的问题导向，还彰显了引领未来城市发展方向的新理念。他们明确指出，《京津冀协同发展规划纲要》对京津冀的定位之一是全国创新驱动经济增长新引擎，重要任务之一是打造京津冀协同创新共同体。当前三地创新要素与创新能力差距大、创新产业链断裂等事实呼吁河北新的增长点，雄安新区由此设立。他们总结认为，创新、改革和开放是深圳特区和浦东新区迅速崛起的不二法宝，认为以人民为中心，用创新的思维、改革的办法和开放的方式来推进当前雄安新区的建成。武义青、柳天恩和窦丽琛（2017）指出，建设创新驱动发展引领区，是国家对雄安新区的战略定位，同时是新时期国家赋予雄安新区的历史使命。通过借鉴深圳建设创新型城市的成功经验，他们从构建新型区域创新体系、面向国内外吸纳和培育高端创新主体、吸引和集聚优质创新要素、以体制机制高地打造创新发展高地等视角提出建设雄安新区创新驱动发展引领区的政策建议。

（2）雄安新区城市治理展望。作为创新发展示范区，雄安需要新模式、新变革。刘万玲（2017）强调，"对标国际先进理念和模式，借鉴深圳经济特区、上海浦东新区的做法和经验，结合雄安新区实际情况，探索新区管理新模式，构建精简、高效、统一、精干的行政管理机构，提高服务效率"。他建议"科学设置政府结构，整合行政资源，减少管理层次，积极推进'放管服'改革，赋予新区更大的自主发展权、自主改革权、自主创新权，探索构建更加开放、更加灵活的经济建设和社会管理运行机制。"刘万玲特别提出，应按照"大部门、宽职能、综合性"的原则，探索建立新型的新区行政管理体制，建立体制机制新高地，加大降低制度性交易成本力度。当然，这些对策建议已经变为现实，雄安新区管委会开始内设党政办公室、党群工作部、改革发展局、规划建设局、公共服务局、综合执法局、安全监管局七大机构并获批准，正在积极推进"大部门制、扁平化、聘任制"试点和负面清单实践。与雄安大部制改革类似，近期浙江省"最多跑一次"的经验改革引起全国良好反响，秉承的"立党为公、执政为民"理念促成政府职能的高效转变，具有很强的惠民性和可操作性。①

实际上，雄安新区被中央认定为中共十八大以来主抓的一个新区建设，是党中央批准的首都功能拓展区，是区域协调发展战略和城市群建设的具体应用。较早时期，中共十八届五中全会正式提出"创新、协调、绿色、开放、共享"五大发展理念。这里习近平总书记更明确指出，雄安新区要建成"绿色生态宜居新城区、创新驱动发展引领区、协调发展示范区、开放发展先行区，努力打造贯彻落实新发展理念的创新发展示范区"，这是对新发展理念的应用和具体化。因此，现在雄安新区的功能定位至少包括三层意思：北京非首都功能疏解的集中承载区、北京市反磁力中心、京津冀区域发展的新的经济增长极。也就是从起初强调的"疏解北京非首都功能"向"缩小京津冀收入差距"拓展，雄安新区承担多重历史使命。新区建设是一项历史工程，必须坚持"世界眼光、国际标准、中国特色、高点定位"的理念，坚持以人民为中心，一定要让原有居民得到实实在在的获得感，有效吸收北京人口和功能疏解转移，实现与北京中心城区、北京城市副中心通州的错位发展，并带动河北跨越式发展。京津冀城市群建设为雄安原有居民的发展权补偿提供机会。

随着政府规划的明确与落实，便捷的市政基础设施和公用事业自然会吸引人口的理性流入，高校、国企等更多承载社会责任的单位迁入会增加产业活力，全球高端企业和人才会涌入创业，这些正是自然优势匮乏导致第一层次集聚效应（first nature）不足，但信息流汇集而产生第二层次集聚效应（second nature）的本质要求，也是新型城市的创新源泉和不竭动力。长远来看，雄安新区力争建成中国的硅谷，建成"中国创新之都"。

本书第五章对雄安的研究显示，征迁创新至关重要。雄安三县当前人口总和达100万人，新区面积总和为1770平方千米，优势产业包括纺织、商贸物流、塑料、鞋业、服装等出口导向型制造业和低附加值服务业。征地拆迁、工业停产后，如何妥善安置雄安原有居民生计是不可回避的重要问题。习近平总书记多次强调，城镇化是现代化的必由之路，坚持以创

---

① 具体内容可参考范柏乃教授于2018年5月15日发表在《光明日报》的文章《浙江"最多跑一次"改革经验值得推广》。

新、协调、绿色、开放、共享的发展理念为引领，以人的城镇化为核心，更加注重提高户籍人口城镇化率，更加注重城乡基本公共服务均等化，更加注重环境宜居和历史文脉传承，更加注重提升人民群众获得感和幸福感。一方面，要加强顶层设计，统筹推进相关配套改革；另一方面，鼓励各地因地制宜、突出特色、大胆创新，积极引导社会资本参与，认真征求原有居民的征迁建议，摆脱以往不注重公众参与的弊端（如史清华等，2011；刘祥琪等，2012），促进中国特色新型城镇化持续健康发展。因此，要积极发挥雄安新区党工委作用，凝聚人心缓和社会矛盾，还要认真聆听受影响企业和民众呼声，尽可能满足他们今后的生计要求。不仅要积极补偿土地、房屋损失，建立多元化安置补偿体系，还应及时培训他们再就业的新技能，为接收他们工作的国有企业配套必要的社会保障资金。具体可借鉴西咸新区城市治理的"和谐拆迁"实践。西咸新区政府在新区征地过程中充分尊重群众的主体地位，尊重群众发展权，与地方政府联合办公，创立现金、租金、商铺股金、薪金、保障金五金新模式，最大限度地保障征迁群众的合法利益，达到零上访、零加盖的优质效果（王乐文和方敏，2014）。

本理论研究揭示的治理关键点在西咸新区征地实践中均有体现，他们与其他部门合作，从补偿到就业均关注群众的利益，较好地实现了政府和民众的良性互动。根本上而言，只有真正想民众之想，急民众之急，在城市群内部实施发展权转移支付，因地因时制宜，实现区域协调发展，才能稳妥推进当前征地等城市治理工作，处理好外来人口和原有居民的关系，为构建和谐宜居的新区贡献思路与方案。

2. 征地国家治理展望

针对以往征地制度设计的弊端和雄安征迁的创新，本章倡导推进基层、区域、国家治理，本节最后梳理国家治理征地思路，展望未来中国土地征收制度完善之处。

第一，制定单独的土地征收法。正如第二章法律回顾所述，目前《中华人民共和国宪法》《中华人民共和国物权法》《中华人民共和国房地产管理法》《中华人民共和国土地管理法》《中华人民共和国城乡规划法》《大中型水利水电工程建设征地补偿和移民安置条例》《中华人民共和国循环经济促进法》等法律法规对农村土地转用为建设用地均有相应规定和说法，《国有土地上房屋征收与补偿条例》及各地棚户区改造等政府文件对城市土地开发建设亦有相应规定。法律政策的碎片化，导致征地博弈的无序化，并影响政府行为的合法性和权威性（祝天智，2013）。鉴于2020

年我国颁布的民法典进一步保障财产权，新组建的自然资源部有必要借鉴新加坡、印度等国家归类土地转用的相关法律，将现行土地管理法及大中型水电水利工程征收办法等内容合并，出台统一、规范、专业的法律，理顺各相关部门的职能体系和合作协调机制，将基层统征办、征收办等执行机构做实、制度化。

第二，将政府土地经营角色和土地监管功能相分离。本书第三章回顾中国征地旧模式，指出土地财政金融或称以地谋发展模式不可持续，地方政府介入房地产活动的阶段渐行渐远。仿照国资委管理国企经验，试点组建国有土地公司及国有土地资源委员会，特许社会资本参与城市基础设施建设和经营，逐步分离征地和供地环节，分离土地经营和监管功能，分离政府既是运动员又是裁判员的现象，让地方政府依赖土地出让和抵押融资方式转变为统一征收不动产税并引入社会资本 PPP 模式，让国有土地公司和房地产公司做土地市场交易的事，让各级政府及国有土地资源委员会做土地监管督查的事。通过设立土地基金，将土地出让收入更多地用于农村基础设施建设和失地农民的生产生活保障，合理界定政府、用地单位和农民的土地增值分配份额（祝天智、刘文丽，2016）。逐渐统一城乡土地市场，确立两种土地所有制权利平等的现代土地制度，构建以规划和用途管制为手段的现代土地管理体制（刘守英，2017b）。

# 第七章　总结与展望

## 第一节　总结

### 一、逻辑演进

中国正面临经济制度和产业结构两个转型，集中彰显在土地征收上。征地关联城乡发展，体现城乡关系的演进和重塑。本书回顾了新型城镇化和乡村振兴战略大背景，指出被征地家庭幸福感较低，值得从民生角度关注这一边缘群体和新市民。总结国外征地经验，指明其模式特征是市场化交易、法治保障和政府规划，认为发达国家征地制度利弊兼具，但存在完善空间。在概括区域竞次式增长模式、强制性城镇化及"土地—财政—金融"城市化模式等理论研究基础上，引出全书的核心概念——中国征地模式，包括条件、手段和目标构建的"三位一体"逻辑。以 2013 年中共十八届三中全会为界，可将当前征地模式划分为两个阶段：前一阶段可概括为传统城镇化道路盛行，以物和经营城市为本；后一阶段概括为新型城镇化理念和实践逐渐占据主导，以人的利益为核心，注重城乡良性互动和全面建成小康社会。

2013 年以前，城市基础设施建设、旧城改造等城镇化资金来源是很大的问题，地方政府借助房地产发展城市。表现在城市投融资上，就是低成本地征收农村集体土地，然后招商引资低价出让工业用地或"招拍挂"高价出让商住用地，使用回收的土地出让金和抵押融资更多来经营城市，很少反哺农村基础设施和社会保障，忽略失地农民土地发展权利益。

中国征地新旧模式的演进动力来自中央理念的一脉相承及与时俱进、要素市场的发育，以及二者的良性互动。为民众谋福利的初心一脉相承，并与时俱进演化为城乡协调发展、在发展中保障和改善民生的新发展理念。要素市场改革的滞后限制了产品市场的进一步深化改革开放，影响了城乡建设用地市场的统一进程，排斥了失地农民共享城镇化成果的可能性，造成社会不公平和土地利用效率低下问题。土地要素的激活势在必行。党政中央和要素市场的良性互动促成征地模式的高质量迈进，2019年土地管理法的修订和2020年要素市场化配置的导向显示出更多积极信号。

## 二、生计评估

本书第四、第五章基于中国家庭金融调查数据和雄安实地调研资料，以未被征地家庭和被拆迁家庭为参照系，分别考察了中国征地旧模式和新模式对家庭生计的影响。结果发现，征地旧模式导致被征地家庭经济分化，而征地新模式促成被征地家庭消费平滑，就业创业培训常态化，收入财富得以优化，幸福感逐步提升。

### （一）短期将改变家庭生活水平

征地拆迁能够给普通家庭带来重要的消费冲击，理论机制主要是预防性储蓄，特别是社会地位寻求。结合金等（Jin et al.，2011）有关人们为提高社会地位而储蓄的研究，基于2011年中国家庭金融调查数据，第四章首先就征地拆迁行为对家庭消费支出的影响大小和途径做实证分析，借此分析征迁旧模式的消费分化影响。描述性统计表明，征地拆迁户总体上要比未征地拆迁户消费更多，但其消费具有异质性：征地面积较多的家庭非经常性消费增加较多，而征地面积较小的家庭经常性消费增加较大；拆迁后仍有两套以上住房者的各类消费均远远高于未拆迁户，而拆迁后变为租房的家庭其平均消费水平甚至低于未拆迁户。进一步回归发现，由于寻求社会地位的强度不同，不同类型的征迁户面对的不确定性并不相同，从而就日后消费问题表现出迥然的行为特征。本内容从征迁角度检验了预防性储蓄理论的适用性，发现生命周期理论和社会保障解释力不足，同时对缓解社会矛盾、扩大消费能力具有实践参考价值。

首先，基层政府在补偿征迁损失时应区别对待不同的家庭，以缓解社会矛盾。对于征地面积少于平均值的家庭或拆迁后无住房的家庭要考虑他们日后生计问题，给予尽可能多的优惠和帮助，因为这类家庭更多的属于户主年龄大、学历低的人群；而对于征地面积较多或拥有多套住房的家庭可以从严并分期补偿，引导他们升级消费或投资实业，避免出现由补偿款剧增引发的奢侈品"冲动消费"行为。其次，关注同伴"威胁"，尤其是拆迁租房家庭寻求地位动机，是提升家庭消费水平的有力措施。社会保障完善与否本质上无法由政府征迁补偿来解决，但各级政府和官员能够为个体寻求社会地位创造很好的流动机制，去除普通家庭消费决策的后顾之忧。正是由于社会所处的弱势地位，使得拆迁后租房家庭的消费支出较为刚性，而拆迁后仍拥有两套住房者其拆迁冲击相对会更大些，这也提醒研究者寻找更多证据来印证征迁领域的社会地位提升理论。最后，开征房产税能够消融上述房产不平等。征地多寡或住房存量多寡导致的消费差别，成为当前拉动家庭消费、扩大内需的重要因素。住房资产不平等使得吸收外在风险能力不同进而引起消费水平出现差距。多套住房的家庭能够利用其财产性收入或信贷能力对消费起到自保险（self-insurance）作用（陈玉宇等，2006；Blundell et al.，2008），故拆迁负面冲击很小；而拆迁后"无立锥之地"的家庭对外在冲击缺乏消费保险能力，故支出骤减。因此，适时征收房产税以缓解房产不平等状况，是进一步扩大整个社会家庭消费能力的长久之计。

在分析了西咸新区、定州、雄安新区征地新模式的短期生计效应发现，通过政府积极引导和市场主导作用，两大新区和定州实践改善了失地农民征地程序，提升了土地增值收益分享比例，被征迁家庭的消费得以平滑。具体分析雄安新区征迁新模式的短期生计效应，认为新区扩展了绿化、养护、高端产业配套服务等新的岗位需求，就业及家庭收入结构升级导致支出结构优化，初步显示新模式的优势，呼唤新区管委会继续采用市场化、差别化政策平滑征迁的消费异质性影响。利用中国家庭金融调查前四轮数据定量考察征地新模式短期效应发现，被征地家庭的总消费水平逐年提升并超越未被征地家庭，但同时要注意发展性消费比重同参照组的差距呈现的扩大趋势，日后针对失地农民的财经素养培训和教育活动非常必要。

**（二）长期会影响生计保障**

1. 家庭就业

从"要地不要人"的传统思路过渡为给予被征地农民经济资助和人文关怀是城镇化理念的重要转变。有必要考察不同的征地模式下，征地对家庭就业的冲击。

理论上存在两种机制解释征地的就业冲击。一方面，征地会彻底消除农地产权不确定性。土地征收或集体收回再分配的土地产权不稳定事实，会减少土地投资并降低利用效率（Nizalov et al.，2016）、抬高劳动力流动的机会成本（陶然等，2005；Mullan et al.，2011），形成农村劳动力暂时性外出务工现象。另一方面，征地、房改等引起的资本化会缓解中国普通家庭信贷约束，导致了劳动力流动和创业可能性增强（Wang，2012）。俄罗斯斯托雷平农地赋权改革能够直接增进农地收入并间接降低收取地租机会成本，总体增加的土地流动性提升了劳动力流动（Chernina et al.，2014）。尽管征地文献已经很多，农民工劳动力流动研究也很丰富，但很少有学者结合上述两个文献考察土地征收对劳动力流动的影响。基于新型城镇化背景，本内容整理出2011年和2013年中国家庭金融调查面板数据，采用普通最小二乘法及核匹配后的双重差分方法对征地影响劳动力流动的相关理论假说进行实证检验。结果发现，征地会通过缓解金融约束而非土地产权渠道促进劳动力流动，西部、选择货币补偿方式以及存在融资困难的家庭更明显地得到征地补偿好处，他们迁移可能性更大、距离更远。这些观点能够检验金融约束等理论在征地领域的适用性，提供我国转型期特有的更多的家庭决策证据，还可为缓解征地冲突、提升失地农民就业等决策提供经验基础，为探索新型城镇化道路的落实方式做实践指导。

本观点尝试将征地和劳动力流动的国内文献统一起来，对缓解征地冲突、促进劳动力转移具有政策启示。首先，征地补偿的潜在价值值得重视，分门别类对待征地问题更合意。征地冲突很大程度上源于补偿的低下及补偿方式的选择。征地补偿多寡能够保障失地农户基本生存需要，货币补偿方式还能缓解农户融资困境，影响到家庭劳动力配置决策。因此，不搞一刀切，差别对待被征地对象方能缓解征地冲突。其次，劳动力流动的金融约束问题需要关注。劳动力自由迁移能够提升劳动力效率，是市场经济成熟的表现。现实中，各种制度等非市场因素会阻碍劳动力的合理流动。除了以往文献关注的户籍问题、人力资本、社会资本等因素外，该研究特别指出金融约束对劳动力流动的重要性。关注农户融资难问题是合理配置劳动力的前提之一。最后，重视土地市场和劳动力市场的互动。在现有农地资本化受阻环境下，土地市场的"农转非"过程改变了土地产权形式，合法地将不动产转化为资本。这会缓解失地农户金融约束，他们能够重新理性地配置家庭土地和劳动力供给，外出务工可能性和距离均得到改善。该研究较好地阐明了土地市场和劳动力市场如何互动，在新型城镇化背景下，对失地农户就业保障提升、联动改革这两大市场具有重要参考价值。

基于五次奔赴雄安新区收集的实地调研资料，本书第五章第三节定量分析了被征迁家庭就业创业演变，认为当前雄安正处于大规模建设初期，征迁效果直接关系建设进度和居民融合。指出在长期管控和高端定位下，雄安行将征迁区域的民众获得感低且培训尴尬、近期明确政策及就业保障日渐重要且培训实践和意愿存在差异。建议新区管委会务必增设失地农民的专门培训项目，聘请专家团队编制高端高效产业和特色小镇岗位需求，分层次精准培训并对接原有居民，出台发展性政策来多方面培育原有居民的可持续生计能力。

## 2. 个体创业

征迁问题是社会热点问题，资产资本化能够缓解金融约束，而创业牵涉就业，关系国计民生。创业是创新的重要途径，在吸纳就业、促进经济增长方面的重要作用已形成共识。在经济新常态背景下，中国经济增长速度趋缓，强调自主创业尤为必要，而征地拆迁补偿可能缓解创业初始资金约束。樊此君等（2016）曾基于2011年中国家庭金融调查数据和匹配的方法发现，城市拆迁短期会减少家庭创业活动。同样采用2011年中国家庭金融调查数据，本书第四章接着考察征迁对家庭及其成员参与创业活动的影响。结果发现，征地的创业效应不显著，而住房拆迁同样会抑制家庭创业特别是主动创业，该结论对促进创业发展、维护社会稳定有研究价值。务必重视资产市场和劳动力市场的互动。土地住房资本化预期缓解被征迁户金融约束，他们重新理性地配置家庭劳动力供给，创业供给理论上得到改善，但现阶段尚未达到，导致征迁对创业的积极效应不显著。

在新常态背景下，当前可扶持非征迁区域或已完成征迁区域较高文化水准的住户开展创业活动，在项目开发、金融支持、创业服务上多多帮扶，以典型创业带动更多原有居民脱贫致富。雄安调研案例还表明征迁创业效应总体尚不显著，该事实阐明资金市场同劳动力市场务必互动，对精准提升被征迁家庭创业创新保障、联动改革资金和劳动力两大市场具有参考价值。

更进一步，征地会影响到劳动力配置，故有必要关注土地市场、住房市场和劳动力市场之间的互动。巴齐等（Bazzi et al.，2016）曾考察印度尼西亚20世纪80年代的迁移项目长期效应，认为在具有类似农业气候和语言环境的地区水稻生产率和夜间灯光强度更高，建议此类移民计划要充分考虑技术转移。事实上，城镇化是土地密集型技术向资本密集型技术转化和劳动力人力资本提升的过程（Lucas，2004），以人为本的城镇化是必然要求，新时代征地模式正焕发出积极的创业效应。

### 3. 收入财富

基于 CHFS 2011 年数据分析发现，征地活动总体降低了住房、土地等非金融资产价值，短期内转变为金融资产和财产性收入，即资产形成了收入流。相比拆迁，征地造成家庭户的转移性收入下降，经营性收入和非金融资产负债上升，这意味着 2013 年以前的征地影响到家庭收入来源和工作种类，失地农民的整体福利有所下降。拆迁家庭的经营性收入和非金融资产负债均下降，转移性收入上升，表明大多发生在城市的拆迁活动会增进这类家庭的福利水平。依据城乡融合发展的要求和趋势，农村征地势必要向城市拆迁趋同，失地农民福利终究要同被拆迁居民福利看齐，征地旧模式下的收入及财富结构有待优化。

基于 CHFS 2011 年、2013 年、2015 年、2017 年微观数据，认为对被征地家庭的补偿方式多样化，导致家庭总收入的改善效果有所期待，但对收入结构有所改善。征地对家庭工资性收入份额和经营性收入份额有积极影响，被征地家庭的财产性收入比重较高，但仍低于被拆迁家庭，被征地家庭的转移性收入比重最低且有进一步下降的趋势。被征地家庭农地财富部分转化为货币或安置房等财富，使得财富总量高于全国未被征地家庭，甚至超过几乎完全兑现的被拆迁家庭；被征地家庭金融资产比重仍低于全国家庭平均水平。财产性收入比重和金融资产比重低下均启示各方有必要提升他们财经素养。

综合而言，中共十八届三中全会以后，CHFS 数据表明，被征地家庭的消费、收入、财富总量均得到改善，幸福感得到提升，客观层面和主观层面的福利分析验证了"被征地农民生活水平不降低、长远生计有保障"政策目标，凸显了中国征地新模式的优势。

## 三、机制优化

针对土地征收中的市场、社会组织、政府三个主体的作用和边界，优化中国征地模式的治理保障机制可从三个方面入手：微观上充分发挥市场机制并强化依法基层治理，中观上留足社会组织空间并改善基层及区域治理，宏观上改进考核机制并推进城市及国家治理。如图 7－1 所示，中国征地改革需要在经济、社会和行政三个方面协同进行，需要整体性治理思路（祝天智，2013；祝天智和刘文丽，2016），重建以被征地家庭为主体、党委为指导、政府为主导、培训机构及高校广泛参与的治理体系。

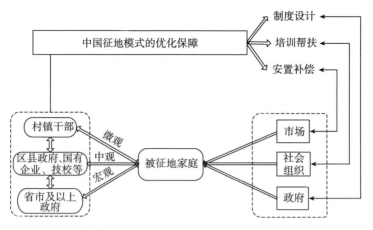

图 7 - 1    中国征地模式的优化保障

## （一）充分发挥市场机制并强化基层治理

征地工作的前提是需要村镇干部做好土地、房屋等不动产确权登记工作，协调好被征地家庭的补偿安置问题。界定清楚产权归属，处理好使用权、所有权、收益权和转让权的关系对征地工作非常重要。实践中，"集体所有权、农户承包权、土地经营权"三权分置在规范征地活动方面起到了很好作用。这里，土地集体所有权归集体所有，集体所有权是根本，农户承包权是基础，土地经营权是关键，三者统一于农村的基本经营制度。鼓励落实集体所有权，稳定承包权，放活经营权。在规划和用途管制下，夯实收益权，界定清楚农地发展权或转让权，能够有效地调解各级政府、村集体、农户的土地增值分配份额，缓解征地纠纷。除了耕地三权分置外，宅基地资格权、使用权和房屋所有权也应确权明确。依据国外征地模式市场化交易的重要特征，结合各地征地补偿公平和效率方面的考虑，本书主张综合周其仁和贺雪峰两位教授的观点，认为至少东部地区征地可引入市场机制，按市场交易原则试点推进，即使公益性用地也要公正补偿。

征地把存量资产转为流量收入，会促进资金、劳动力、技术、信息优化配置，形成城乡要素双向流动。为保障征地新模式成功运行，需健全要素市场微观机制。具体建议包括促进资金高效利用和融通，通过土地、商业入股合作等方式引导被征地家庭的货币补偿款项用在消费性服务业等实体经济或人力资本投资上；在强化再就业培训同时，从个体角度强化自身继续教育，既要促成城乡劳动力市场融合，又要降低城市劳动力市场歧视；重视他们的技能培训，营造工匠精神，积极发挥社会资本功能，共享市场信息，尊重分散决策。

微观层次着眼于原子化家庭的征地基层市场保障，涉及基层干部的不动产确权动员工作，因人因时因地补偿安置受影响群众，依据原土地、房产多寡差别对待，促进资金、劳动力、技术、信息要素市场统一，杜绝言行不一和基层微腐败，工作烦琐但最关键。

### （二）留足社会组织空间并改善基层及区域治理

中观层次侧重有一定组织化的被征地居民的基层及区域社会保障问题，涉及市县政府、国有企业、技校高校、新型农业经营主体等，做好居民优秀文化传承和城镇化建设协同共生，留足并吸引社会组织来差别化提供技能培训和创业帮扶政策工具，落实参与式社会稳定风险评估，起到安全阀功能。

对于基层政府，让渡出社会文化生存空间，以行政发包的形式允许并引导城市过剩资本、基层经济组织、宗族力量、新乡贤等参与公共服务和社会治理，健全城乡社会保障体系和基础设施，提升征地的就业、养老等配套改革的协同性；具体对于雄安新区建设，国有企业可提供或承担被征地家庭的部分就业岗位，技校或高校可承接再就业培训、心理辅导、继续教育等活动，管委会则可在搭建就业供需信息平台上发挥政府新职能和提供公共服务。

具体地，雄安建设积极稳妥推进征迁补偿当然是当务之急，管委会还要关注征迁次生影响，通过出台发展性政策并调动社会组织积极性来多方面培育失地农民的可持续生计能力，尽可能弥补保障性政策的治标作用。如管委会加大人力资本和健康投资，重建社会关系网络，提升理财和投资能力，增强市场经济素质，让征迁补偿的多种资金自主使用得持续高效，让原有居民同外来高端人才共享新区高质量发展红利。

特别需要说明的是，这里留足社会组织空间的建议同当前党中央在新时代对中共党员的新要求是相辅相成、互相支持的。中共十八届六中全会通过的《关于新形势下党内政治生活的若干准则》强调，全党必须牢固树立政治意识、大局意识、核心意识、看齐意识，自觉在思想上、政治上、行动上同党中央保持高度一致。中国共产党提出的"四个意识"关联我党和国家、中华民族的前途命运，关键是要将意识体现在实际行动中，落实到工作的各方面，真正以人为核心，全心全意为人民服务。宏观上做好制度设计，正需要中观中充分利用各种社会组织力量，以实现微观上的有序交易和民众的安居乐业。

总之，宏观层次政府保障不再关注有效组织化的被征地家庭的越级上访，而是培育公平包容的要素一体化环境，以入股等途径引导被征地民众参与式融入城乡建设，用法治促成其利益诉求的有序表达，涉及较高级别政府的要素配置决策、执行、考核等制度创新和治理设计。

## 第二节　展望

本书关注中国征地模型的逻辑演变、生计评估及机制优化问题，采用的方法包括访谈法、案例法和调查法，综合定性和定量两种分析范式。本书的基本结论是，被征地家庭是游离于城乡体系外的夹心层和新市民，其低下的幸福感状态值得关注；全面深化改革时期中国征地模式正摒弃土地财政，对被征地居民多样补偿保障，以实现家庭生计可持续和城乡融合；就征地新模式的生计评估发现，短期将平滑家庭消费，长期会重视就业创业培训并优化家庭收入和财富，不同模式演进的动力机制是党政中央及要素市场的良性互动；优化中国征地模式的机制和路径包括，充分发挥市场机制、留足社会组织空间、改进考核机制并推进城市治理。征地效应可以非征地或拆迁作为参照点考察，征地理念更新和土地要素的发育会促进城乡融合发展和全面小康社会建成，推进征地新模式形成，新时代征地生计的评估客观反映被征地家庭福利提升和幸福感增强的事实。

本书以经济学范式为主线，回顾大量征地相关文献，博采多学科知识，力争做到征地主题丰满，理出逻辑自洽的分析框架。尽管如此，也不可避免对其他学科理解不到位，对现实认识不深刻。同时基于前期研究积累，全书大量采用案例和微观计量方法分析征地模式的逻辑和效应，未能采用系统动力学等方法模拟三大构件变动如何影响模式演化，但将政府与市场的良性互动作为演进动力机制详细阐释。下面是具体章节的一些不足和扩展。

囿于数据，对征迁影响家庭创业的关注点在短期效应，认为短期确实会减少创业活动，印证樊此君等（2016）的研究结果。然而，柯林斯和赛斯特（Collins and Shester，2013）强调美国贫民窟拆迁的长期积极影响，中国古人亦讲"多难兴邦"，相关情境研究是日后进一步探索的有趣课题。第五章着重阐释被征地农民的经济响应效果，未多考虑征地的社会和生态影响，特别是生态影响。历史上英国的圈地运动曾造成社会正义和生态环境双重后果，当前中国的征地同样值得关注这些变迁（张玉林，2015）。针对全面深化改革背景下的征地生计诸多方面评估，殷切期待社会科学工作者从不同视角来印证和完善。

鉴于以往文献对失地农民市民化成本测算较多（如朱一中、曹裕，2012；陈莹，2016；刘守英，2017b)，本书第六章在考察征地旧模式向新模式转换的配套改革时，较少分析被征地家庭面临的成本支付、风险防范乃至城市接纳问题，更多笔墨放在非正式制度和社会组织的存在必要性论述上，更多借助社会学及管理学治理思维来丰富经济学科对征地问题的认知维度和解决思路。另如第一章所述，限于数据资源，本书所研究的征地更多针对房随地走的传统农村，对城中村等地随房走的情形讨论尚待挖掘，对集体建设用地配置和宅基地仅停留在增减挂钩层面而未能精细化探讨。

最后需要展望的是，一方面研究征地可从人入手。考察被征地家庭的重要意义不仅在于他们处于城乡体系以外的夹心层地位需要得到额外关注，而且被征地二代、三代群体契合人口流动趋势。2011年中国人口城镇化突破50%的事实昭示，传统城乡流动的趋势暂告一段落，城—城迁移流动及城市内部迁移流动将成新形势（朱宇等，2016)，都市圈化和城市群化将是未来重要潮流，这为劳动力及人口流动治理提出了新的研究课题。在关注农民工社会保障的同时，使用空间计量等方法做好诸如被征地群众的新市民及其子女的统计调查、公共服务工作，处理好农民工不同代际的就业、住房和教育权利的公共政策设计，乃至城市白天人口、非本市户籍人口和短期流动人口的福利考虑，将是日后的重要内容。另一方面，研究征地可从地入手，从新增建设用地到存量建设用地的配置利用，将是未来城乡土地融合发展的主旋律。从狭义征地扩展为广义征地，征地和拆迁如何取舍，国家和集体如何互动，将影响到城镇化和工业化的进一步发展，理论和实践均需深入探讨。

总之，中国征地活动牵涉政府、房地产开发商和家庭的博弈，深刻反映出当前城乡之间的艰辛融合迹象。实际上，2019年城镇化率超过60%，按照1年1个百分点的速度估算，城镇化率达到80%这个稳定阶段还需20年。在此呼吁以被征地群众作为融合城乡发展的突破口，让他们率先带着劳动力、资本、技能成为新市民，变被动进城为主动进城，分享建设用地、社会保障、基础设施建设等城乡一体化成果，进而引领更多农民工就业落户并享受平等的受教育权利。新时代倡导新发展理念，征地新模式正盘活城乡要素市场，为城乡良性互动探索一条可持续道路。新模式生计评估的过程，就是检验被征地农民的土地增值收益分配改善的过程。多层次保障新模式运转以提升被征地民众的幸福感，是推进新型城镇化和乡村振兴战略的重要落脚点，在实践中丰富"征地新模式"案例材料将成为学界和政界共同关注的有趣议题。

# 附　件

## 关于雄安原有居民素质的问卷调查（第五次）

请对抽中家庭的户主或主事者询问：

1. 您的性别？

①男　　　　②女

2. 您的年龄？

①00 后　　　　②90 后　　　　③80 后　　　　④70 后

⑤60 后　　　　⑥50 后　　　　⑦40 后及以上

3. 您是农业户口还是非农业户口？

①农业　　　　②非农业

4. 您是否有工作，包括务农？

①有　　　　②没有（跳至 33）

5. 您最主要的工作是什么？

①受雇于他人或单位

②经营个体或私营企业；自主创业（跳至 22）

③在家务农（跳至 8）

6. 该工作属于什么行业？

①农、林、牧、渔

②采矿业

③制造业

④电力、煤气及水的生产和供应业

⑤建筑业

⑥交通运输、仓储及邮政业

⑦信息传输、计算机服务和软件业

⑧批发和零售业

⑨住宿和餐饮业

⑩金融业

⑪房地产业

⑫租赁和商务服务业

⑬科学研究、技术服务和地质勘察业

⑭水利、环境和公共设施管理业

⑮居民服务和其他服务业

⑯教育业

⑰卫生、社会保障和福利业

⑱文化、体育和娱乐业

⑲公共管理和社会组织

⑳国际组织

7. 您去年的税后货币工资在下列哪个范围内?

①2 万元以下　　　②2 万 ~ 3 万元　　　③3 万 ~ 4 万元

④4 万 ~ 5 万元　　　⑤5 万 ~ 6 万元　　　⑥6 万 ~ 8 万元

⑦8 万 ~ 10 万元　　　⑧10 万元以上（跳至 33）

8. 您家有几亩耕地（包括用作林地、草地、园地、水产养殖坑塘等)?_____亩

9. 这些地转出多少?_____亩。转入多少?_____亩

10. 转入转出大概每年一亩多少钱?_____元

11. 转入转出是否有书面合同?

①有　　　　　②没有

12. 现在您家耕地是否拿到农村土地承包经营权证或不动产权证书?

①是　　　　　②否

13. 现在征收的话,一亩地政府能补多少钱?_____元

14. 您家参与退耕还林、退耕还湖项目了吗?

①参与了　　　　　②没参与（跳至 18）

15. 这个项目政府如何补偿?耕地货币一次性收入_____元,或每年收入_____元,就业工资每月_____元。

16. 您对补偿满意吗?

①非常满意（跳至 18）　　　　　②满意（跳至 18）

③一般般（跳至 18）　　　　　④不满意

⑤非常不满意

17. 不满意的地方是什么?_____

18. 您家宅基地有多大平方米?_____平方米

19. 是否获得集体土地使用证或不动产权证书?

①是                                      ②否

20. 现在您家生产机械和设施大概值多少钱（如拖拉机、农用三轮车、脱粒机等）?

①0                    ②1 万元以下           ③1 万 ~ 2 万元

④2 万 ~ 3 万元        ⑤3 万 ~ 4 万元        ⑥4 万 ~ 5 万元

⑦5 万 ~ 6 万元        ⑧6 万 ~ 8 万元        ⑨8 万 ~ 10 万元

⑩10 ~ 15 万元        ⑪15 万元以上

21. 去年，您家从事农业生产经营的纯收入是多少（毛收入减去成本）?

①0.5 万 ~ 1 万元     ②1 万 ~ 2 万元        ③2 万 ~ 3 万元

④3 万 ~ 4 万元        ⑤4 万 ~ 5 万元        ⑥5 万 ~ 6 万元

⑦6 万 ~ 8 万元        ⑧8 万 ~ 10 万元       ⑨10 ~ 15 万元

⑩15 万元以上         ⑪0.5 万元以下 （跳至 33）

22. 您家参与的营业额最大的项目属于什么行业?

①采矿业

②制造业

③电力、煤气及水的生产和供应业

④建筑业

⑤交通运输、仓储及邮政业

⑥信息传输、计算机服务和软件业

⑦批发和零售业

⑧住宿和餐饮业

⑨金融业

⑩房地产业

⑪租赁和商务服务业

⑫科学研究、技术服务和地质勘察业

⑬水利、环境和公共设施管理业

⑭居民服务和其他服务业

⑮教育业

⑯卫生、社会保障和社会福利业

⑰文化、体育和娱乐业

⑱公共管理和社会组织

⑲国际组织

23. 除您和您家庭成员以外，目前这个项目还雇用了多少员工? ____

_____人

24. 去年平均每个员工一个月开多少工资？ _____元

25. 近期，您家这个项目有无转移搬迁计划？

①有　　　　　　　　　　②没有（跳至27）

26. 搬迁到哪？（区/县）_____

27. 您是否清楚政府对类似工商业生产经营项目的补偿政策和标准？

①被书面正式告知过　　　　②被口头正式告知过

③非正式听说　　　　　　　④不清楚（跳至31）

28. 如何补偿？

①自己迁往外地，新区补贴　　②自己迁往外地，新区无补贴

③就地升级，新区补贴　　　　④就地升级，新区无补贴

29. 您对该项目补偿满意吗？

①非常满意（跳至31）　　　　②满意（跳至31）

③一般般（跳至31）　　　　　④不满意　　　⑤非常不满意

30. 不满意的地方是什么？ _____

31. 去年，您家从这些项目分得的净利润大概有多少？

①2万元以下　　　②2万~3万元　　　③3万~4万元

④4万~5万元　　　⑤5万~6万元　　　⑥6万~8万元

⑦8万~10万元　　⑧10万~15万元　　⑨15万元以上

32. 这些工商业项目属于您家的净资产大概有多少？

①2万元以下　　　②2万~3万元　　　③3万~4万元

④4万~5万元　　　⑤5万~6万元　　　⑥6万~8万元

⑦8万~10万元　　⑧10万~15万元　　⑨15万~20万元

⑩20万~25万元　　⑪25万~35万元　　⑫35万~45万元

⑬45万元以上

33. 您现在的住房是？

①自己盖的　　　　②商品房　　　　　③租（跳至38）

④免费住（跳至39）

34. 您家现在住房建筑面积是多大平方米？ _____平方米

35. 如果出租的话，一年房租大概多少？ _____元

36. 如果出售的话，市价估计是多少万元？ _____万元

37. 这套房子产权形式是？

①部分产权　　　　②全部产权　　　　③小产权

④农村集体土地使用权（跳至39）

38. 一年房租多少？_____元

39. 您家所有小汽车总共值多少万元？_____万元

40. 这套房子到您最常去的县市中心开车大约需要多少分钟？_____分钟

41. 县市上还有没有您夫妻两位自己名下的房产（未结婚则在个人名下）

①有　　　　　　　　②没有（跳至43）

42. 县市房产市价估计是多少万元？（如有多套房，则相加）_____万元

43. 所有住房贷款或借款还有多少万元没还清？_____万元

44. 您家对现在新区征地拆迁政策了解多少？

①被书面正式告知过　　②被口头正式告知过

③非正式听说　　　　　④不清楚

45. （您期望）现在新区征迁补偿在哪些方面有所改进？（可多选）

①程序公开透明　　　　②按市场原则补偿

③关注长远生计　　　　④其他_____

46. （您期望）现在住房拆迁补偿方式有哪些？（可多选）

①货币　　　　②安置住房　　　③就业　　　④社保

⑤低保　　　　⑥其他_____

47. （您期望）您家货币补偿大概多少万元？_____万元（若题46选A就询问）

48. （您期望）您家安置房大概多少平方米？_____平方米（若题46选B就询问）

49. 您对（将来的）住房拆迁补偿满意吗？

①非常满意（跳至50）　②满意（跳至50）

③一般般（跳至50）　　④不满意

⑤非常不满意

50. 不满意的地方是什么？_____

51. 您家上个月的电话、网络等通信费共有多少？_____元

52. 去年，您家的教育、培训支出有多少？_____元

53. 您家有几个孩子？_____个正在上幼儿园和中小学？_____个

54. 孩子兴趣/补习班一年大概花销多少钱？_____元

55. 您希望正在上中小学的孩子能考上？

①中专/职高　　②大专/高职　　③本科

④研究生　　　　　⑤顺利初中毕业

⑥顺利高中毕业　　⑦不适用

56. 您希望正在上中小学的孩子将来就业离您家多远？

①新区　　　　　　②北京或天津　　　　③廊坊或保定

④石家庄　　　　　⑤北方其他大城市

⑥南方或国外　　　⑦不适用

57. 您家成年孩子分家了吗？

①分了（跳至59）　②没分　　　　　　　③不适用（跳至59）

58. 成年孩子一年税后收入能有多少？（注意18岁及以上算作成年）

①2万元以下　　　②2万~3万元　　　　③3万~4万元

④4万~5万元　　　⑤5万~6万元　　　　⑥6万~8万元

⑦8万元以上　　　⑧失业　　　　　　　⑨外地上学

59. 您目前受教育情况是？

①小学及以下　　　　　　　　　　　　②初中

③高中/职中　　　　　　　　　　　　④大专及以上

60. 您身体健康状况如何？

①很好（跳至62）　②好（跳至62）

③一般（跳至62）　④有些差　　　　　　⑤很差

61. 您今年大病支出自己花了多少钱？

①0.5万~1万元　　②1万~2万元　　　　③2万~3万元

④3万~4万元　　　⑤4万~5万元　　　　⑥5万~7万元

⑦7万~10万元　　⑧10万~15万元　　　⑨15万元以上

⑩自己没有花钱，是老伴花的

⑪0.5万元以下

62. 您是否愿意参加就业/创业培训？

①非常不想去　　　②不想去　　　　　　③一般

④想去　　　　　　⑤非常想去

63. 新区设立以来，您是否参加过就业创业培训？

①参加过　　　　　②没有参加过（跳至70）

64. 您参加的大部分培训是否免费？

①是　　　　　　　②否

65. 您参加的大部分培训是否有补贴？

①是　　　　　　　②否

66. 培训组织方是？（可多选）

①当地政府部门　　　　　　　②职业学校/技校

③社会培训机构　　　　　　　④大学科研院所

⑤农业广播电视学校　　　　　⑥其他_____

67. 您认为培训对您的帮助如何？

①非常没帮助　　②没有帮助　　③一般

④比较有帮助　　⑤非常有帮助

68. 您感觉现有培训问题是什么？（按优先级多选，从重要到不重要排序）

①培训内容针对性不强　　②培训形式枯燥

③知识点过于学术化　　　④培训内容无法适应市场需求

⑤培训内容难以消化吸收　⑥培训过于形式化

69. 您接受过的培训类型包括？（多选）

①实用技术培训　　②职业技能培训

③管理培训　　　　④综合培训

⑤学历就业　　　　⑥未参加过培训

⑦其他

70. 您喜欢的培训方式是哪种？

①面对面授课　　　　　②现场实习

③电视、广播等在线观看　④多方式结合

⑤其他

71. 您期望接受的就业培训层次是？

①一事一训　　　　　②短期培训

③证书培训　　　　　④中专

⑤大专及以上　　　　⑥没有期望（跳至78）

72. 您期望哪些方面的公共服务类培训？（每一类最多两项）

①物业　　　　　②保安　　　　　③绿化

④轨道交通　　　⑤家政服务员　　⑥育婴员

⑦养老护理员　　⑧无

73. 您期望哪些方面的家庭手工业培训？（每一类最多两项）

①刺绣　　　　②纬编　　　　③木雕　　　　④无

74. 您期望哪些方面的现代服务业培训？（每一类最多两项）

①美容美发　　②西式烹饪　　③旅游服务

④酒店管理　　⑤市场营销　　⑥无

75. 您期望哪些方面的"互联网＋"培训？（每一类最多两项）

①电子商务　　　　②快递　　　　　③无

76. 您期望哪些方面的培训？（72、73、74、75 选择"无"期望的培训）其他_____

77. 您愿意接受的培训时间？

①3 天以内　　　　②4～7 天　　　　③8～14 天

④15～30 天　　　⑤31～90 天　　　⑥91 天以上

78. 近期您或您爱人有没有创业想法？

①有　　　　　　　②没有

79. 您认为政府的创业扶持政策如何？

①非常没帮助　　　②没有帮助　　　③一般

④比较有帮助　　　⑤非常有帮助

80. 您感觉现在创业扶持政策如何改进？（按优先级多选，从重要到不重要排序）

①加大政策落地　　　　②降低资金门槛

③降低技能门槛　　　　④搭建当地项目信息供需平台

81. 您对周围道路建设的满意程度如何？用 1～10 度量的话，您认为得多少分？（1 是非常不满意，10 是非常满意）

82. 如果本地的生态环境变好，您可接受的月收入减少程度为多少元？（若题 4 选 A 就询问）

①500 元　　　　　②1000 元　　　　③1500 元

④2000 元　　　　⑤不能改变　　　　⑥需要增加，不是减少

⑦100～200 元

83. 您对村/居委会或上级政府的建议采纳了吗？

①采纳了　　　　　②没有采纳　　　　③没提过建议

84. 如果出现征地拆迁纠纷，您处理方式按重要性依次有哪些？

①找村委会　　　　　　②找家族长辈商量

③向市县政府上访　　　④找律师打官司

⑤骂架打架　　　　　　⑥其他_____

85. 您目前最需要政府为您做什么？

①明确政策　　　　　　②就业培训

③提供就业岗位　　　　④提供生活保障

⑤提供住房保障　　　　⑥其他_____

86. 您未来两三年对自己是如何规划的？

①本地找到新工作　　②本地干老本行

③去新区外边挣钱　　④继续接受培训或拿学历（跳至88）

⑤想不了那么远　　　⑥完全没想法

⑦其他_____

87. 您认为未来两三年自己税后年收入能拿多少？

①2万元以下　　　②2万~3万元　　　③3万~4万元

④4万~5万元　　　⑤5万~6万元　　　⑥6万~8万元

⑦8万~10万元　　⑧10万~12万元　　⑨12万元以上

⑩真的不知道

88. 您认为新区两三年会变成什么样？（可多选）

①交通建好了　　　　　　　　②启动区建好了

③起步区建好了　　　　　　　④北京人多了

⑤外地人多了　　　　　　　　⑥年轻人多了

⑦自己就业机会越来越多　　　⑧自己就业机会越来越少

⑨安置区建好了　　　　　　　⑩白洋淀干净了

⑪千年秀林建好了

89. 如果您有一笔资金用于投资，您最愿意选择哪种投资项目？

①高风险、高回报的项目　　　②略高风险、略高回报的项目

③平均风险、平均回报的项目　④略低风险、略低回报的项目

⑤不愿意承担任何风险

90. 您认为一般情况下，股票和基金哪个风险更大？

①股票　　　　　　②基金　　　　　③没有听过股票

④没有听过基金　　　　　　　⑤两种东西都没听过

91. 总体来说，新区设立后生活状况如何变化？

①有明显改善　　②有改善　　　　③没变化

④变差　　　　　⑤非常糟糕

92. 请问您贵姓_____，以后可能会有回访，请留下您常用手机号
_____。谢谢您配合！

# 参考文献

［1］阿西莫格鲁和罗宾逊著，李增刚译：《国家为什么会失败》，湖南科学技术出版社 2015 年版。

［2］白重恩、李宏彬、吴斌珍：《医疗保险与消费：来自新型农村合作医疗的证据》，载《经济研究》2012 年第 2 期，第 41～53 页。

［3］白玫：《抓住新矛盾，着力解决发展不平衡不充分难题——"十九大"报告学习体会之新矛盾篇》，载《价格理论与实践》2017 年第 11 期，第 11～14 页。

［4］鲍海君、韩璐：《基于 Logistic-ISM 模型的失地农民创业意向影响机理研究》，载《财经论丛》2015 年第 10 期，第 88～94 页。

［5］北京大学国家发展研究院综合课题组：《还权赋能——成都土地制度改革探索的调查研究》，载《国际经济评论》2010 年第 2 期，第 54～92 页。

［6］北京大学国家发展研究院综合课题组：《更新城市的市场之门——深圳化解土地房屋历史遗留问题的经验研究》，载《国际经济评论》2014 年第 3 期，第 56～71 页。

［7］北京师范大学政府管理学院和政府管理研究院：《2016 中国民生发展报告——精准扶贫、共享民生发展》，北京师范大学出版社 2017 年年版。

［8］北京师范大学政府管理学院和政府管理研究院：《2017 中国民生发展报告——发展为民生之本》，北京师范大学出版社 2018 年版。

［9］柴国俊：《大学毕业生初始工资结构研究》，中国社会科学出版社 2012 年版。

［10］柴国俊、尹志超：《住房增值对异质性家庭的消费影响》，载《中国经济问题》2013 年第 6 期，第 67～76 页。

［11］柴国俊：《房屋拆迁能够提高家庭消费水平吗？——基于中国家庭金融调查数据的实证分析》，载《经济评论》2014 年第 2 期，第 41～

51 页。

　　［12］柴国俊：《地方政府为何热衷拆迁》，载《中国软科学》2014
年第 12 期，第 27～37 页。

　　［13］柴国俊、李建平：《开放性县域房产市场有何不同》，载《经济
资料译丛》2015 年第 3 期，第 37～43 页。

　　［14］柴国俊：《经济新常态背景下城市房价上涨分析及治理》，经济
管理出版社 2017 年版。

　　［15］柴国俊、王军辉：《征地、金融约束与劳动力流动》，载《人口
研究》2017 年第 2 期，第 57～70 页。

　　［16］柴国俊、陈艳：《征地补偿的多与寡：公平与效率视角》，载
《农业经济问题》2017 年第 2 期，第 16～22 页。

　　［17］柴国俊、邓国营、符育明：《基于空间视角的中国社会流动考
察及治理》，载《劳动经济评论》2017 年第 2 期，第 36～57 页。

　　［18］柴国俊、王希岩：《开征房产税能够降低房价并替代土地财政
吗？》，载《河北经贸大学学报》2017 年第 6 期，第 55～62 页。

　　［19］柴国俊：《新时代征地补偿模式考量：逻辑、评估与保障》，载
《中国软科学》2019 年第 10 期，第 103～111 页。

　　［20］柴铎、董藩：《美国土地发展权制度对中国征地补偿改革的启
示》，载《经济地理》2012 年第 34 卷第 2 期，第 148～153 页。

　　［21］陈斌开、林毅夫：《发展战略、城市化与中国城乡收入差距》，
载《中国社会科学》2013 年第 4 期，第 81～102 页。

　　［22］陈江龙、曲福田：《土地征用的理论分析及我国征地制度改
革》，载《江苏社会科学》2002 年第 2 期，第 55～59 页。

　　［23］陈杰、陆铭、黄益平、潘英丽：《房地产与城市发展问题及对
策》，中信出版社 2017 年版。

　　［24］陈锡文：《以新型城镇化与新农村建设双轮推进城乡一体化》，
载《求索》2017 年第 11 期，第 4～10 页。

　　［25］陈小君：《我国农村土地法律制度变革的思路与框架——十八
届三中全会〈决定〉相关内容解读》，载《法学研究》2014 年第 4 期，第
4～25 页。

　　［26］陈莹：《农民权益保护下的征地补偿及安置政策研究》，科学出
版社 2016 年版。

　　［27］陈玉宇、行伟波：《消费平滑、风险分担与完全保险——基于
城镇家庭收支调查的实证研究》，载《经济学》（季刊）2006 年第 6 卷第

1 期，第 253 ~ 272 页。

［28］陈志勇、陈莉莉：《财税体制变迁、土地财政与经济增长》，载《财贸经济》2011 年第 12 期，第 24 ~ 29 页。

［29］崔裴：《论我国土地征用补偿费标准及其定量方法》，载《华东师范大学学报》（哲学社会科学版）2003 年第 35 卷第 1 期，第 79 ~ 82 页。

［30］党国英、吴文媛：《城乡一体化发展要义》，浙江大学出版社2016 年版。

［31］段跃芳：《发展中国家非自愿移民政策评价与展望》，载《西北人口》2011 年第 2 期，第 75 ~ 82 页。

［32］德怀尔和勒尔：《土地租税理论述评》，载《经济资料译丛》2014 年第 1 期，第 1 ~ 23 页。

［33］勒尔、傅十和、周丽：《青岛土地法之鉴》，载《经济资料译丛》2014 年第 1 期，第 80 ~ 93 页。

［34］樊此君、张栋浩：《城镇化进程中房屋拆迁对家庭创业的影响分析》，载《当代经济科学》2016 年第 6 期，第 103 ~ 111 页。

［35］范恒山、肖金成、方创琳、唐杰、张学良等：《城市群发展：新特点、新思路、新方向》，载《区域经济评论》2017 年第 5 期，第 1 ~ 25 页。

［36］范红忠、张婷、李名良：《城市规模、房价与居民收入差距》，载《当代财经》2013 年第 12 期，第 5 ~ 12 页。

［37］范剑勇、莫家伟、张吉鹏：《居住模式与中国城镇化——基于土地供给视角的经验研究》，载《中国社会科学》2015 年第 4 期，第 44 ~ 63 页。

［38］范周：《雄安新区研究的新理论增长点——基于文化、产业、民生的现实维度》，载《山东大学学报》（哲学社会科学版）2017 年第 5 期，第 1 ~ 14 页。

［39］方红生、张军：《中国地方政府扩张偏向的财政行为：观察与解释》，载《经济学》（季刊）2009 年第 8 卷第 3 期，第 1065 ~ 1082 页。

［40］方雷、鲍芳修：《地方治理能力的政治生态构建》，载《山东大学学报》（哲学社会科学版）2017 年第 1 期，第 35 ~ 42 页。

［41］费孝通：《中国城镇化道路》，内蒙古人民出版社 2010 年版。

［42］费孝通：《乡土中国》，上海世纪出版集团 2013 年修订版。

［43］丰雷、蒋妍、叶剑平：《诱致性制度变迁还是强制性制度变

迁? ——中国农村土地调整的制度演进及地区差异研究》，载《经济研究》2013 年第 6 期，第 4 ~ 18 页。

[44] 冯俊锋：《乡村振兴与中国的乡村治理》，西南财经大学出版社 2017 版。

[45] 符育明：《中国房地产价格与城市化困境》，载《经济资料译丛》2013 年第 2 期，第 1 ~ 12 页。

[46] 傅勇、张晏：《中国式分权与财政支出结构偏向：为增长而竞争的代价》，载《管理世界》2007 年第 3 期，第 4 ~ 22 页。

[47] 甘犁、尹志超、贾男、徐舒、马双：《中国家庭金融调查报告》，西南财经大学出版社 2012 年版。

[48] 甘犁：《拆迁的计算》，载《21 世纪经济报道》2013 年 3 月 23 日。

[49] 甘犁、尹志超，、贾男、徐舒、马双：《中国家庭资产状况及住房需求分析》，载《金融研究》2013 年第 4 期，第 1 ~ 14 页。

[50] 甘犁、尹志超、谭继军：《中国家庭金融调查报告 2014》，西南财经大学出版社 2015 版。

[51] 高楠、梁平汉：《为什么政府机构越来越膨胀？——部门利益分化的视角》，载《经济研究》2015 年第 9 期，第 30 ~ 43 页。

[52] 葛传路、岳虹：《征地冲击对农户消费的影响》，载《经济与管理研究》2018 年第 39 卷第 1 期，第 46 ~ 56 页。

[53] 顾朝林：《基于地方分权的城市治理模式研究——以新城新区为例》，载《城市发展研究》2017 年第 2 期，第 70 ~ 78 页。

[54] 管婧婧、谷晓坤、徐保根：《农村居民点整治农户意愿及影响因素比较》，载《中国土地科学》2013 年第 12 期，第 59 ~ 65 页。

[55] 国务院发展研究中心"中国民生指数研究"课题组：《我国民生发展状况及民生主要诉求研究——"中国民生指数研究"综合报告》，载《管理世界》2015 年第 2 期，第 1 ~ 11 页。

[56] 何家军、王学军：《以就业为导向的三峡库区移民生计能力再造研究》，华中科技大学出版社 2017 年版。

[57] 何艳玲：《强制性城市化的实践逻辑：贝村调查》，中央编译出版社 2013 年版。

[58] 何邕健、马健、刘洋、李芳、张蓉：《天津小城镇建设的"华明模式"评析》，载《城市问题》2011 年第 1 期，第 52 ~ 56 页。

[59] 贺雪峰：《新乡土中国》，北京大学出版社 2013 年版。

［60］贺雪峰：《破除"还权赋能"的迷信——以〈还权赋能——成都土地制度改革探索的调查研究〉的主要观点与周其仁教授商榷》，载《南京师大学报》（社会科学版）2013 年第 4 期，第 5～15 页。

［61］贺雪峰：《为什么说中国土地制度是全世界最先进的——答黄小虎先生》，载《湖南科技大学学报》（社会科学版）2018 年第 3 期，第 120～128 页。

［62］胡静：《非自愿移民相关研究综述》，载《湖北经济学院学报》（人文社会科学版）2007 年第 4 卷第 7 期，第 28～29 页。

［63］黄小虎：《从土地财政与土地金融分析中国土地制度走向》，载《上海国土资源》2012 年第 33 卷第 2 期，第 5～10 页。

［64］黄迎虹：《强制性发展：中印征地逻辑比较分析》，载《公共行政评论》2017 年第 2 期，第 85～105 页。

［65］黄征学：《如何破解土地、财政、金融"三位一体"发展模式——来自佛山的案例》，载《中国发展观察》2013 年第 10 期，第 22～24 页。

［66］纪良纲、田学斌、赵培红：《以创新改革开放统领雄安新区建设发展》，载《财经智库》2017 年第 2 卷第 3 期，第 24～36 页。

［67］姜鲁光、吕佩忆、封志明、刘晔：《雄安新区土地利用空间特征及起步区方案比选研究》，载《资源科学》2017 年第 39 卷第 6 期，第 991～998 页。

［68］金江峰：《农村征地拆迁中行政包干制的机制与效应》，载《湖南农业大学学报》（社会科学版）2019 年第 4 期，第 40～46 页。

［69］金晶、许恒周：《失地农民的社会保障与权益保护探析——基于江苏省 16 县（市、区）320 户失地农民的调查数据分析》，载《调研世界》2010 年第 7 期，第 15～16 页。

［70］来建强、董振国、杨玉华、丁文杰：《农民征地拆迁失地后患》，载《瞭望》2011 年第 25 期，第 10～11 页。

［71］李宏彬、李杏、姚先国、张海峰、张俊森：《企业家的创业与创新精神对中国经济增长的影响》，载《经济研究》2009 年第 10 期，第 99～108 页。

［72］李浩：《城镇化率首次超过 50% 的国际现象观察——兼论中国城镇化发展现状及思考》，载《城市规划学刊》2013 年第 1 期，第 43～50 页。

［73］李江一、李涵：《住房对家庭创业的影响：来自 CHFS 的证据》，

载《中国经济问题》2016 年第 2 期，第 53~67 页。

［74］李兰冰、郭琪、吕程：《雄安新区与京津冀世界级城市群建设》，载《南开学报》（哲学社会科学版）2017 年第 4 期，第 22~31 页。

［75］李明月、胡竹枝：《失地农民内涵与数量估算——以广东省为例》，载《中国人口科学》2012 年第 4 期，第 95~102 页。

［76］李平、徐孝白：《征地制度改革：实地调查与改革建议》，载《中国农村观察》2004 年第 6 期，第 40~45 页。

［77］李小建：《经济地理学研究中的尺度问题》，载《经济地理》2005 年第 25 卷第 4 期，第 433~436 页。

［78］李雪莲、马双、邓翔：《公务员家庭、创业与寻租动机》，载《经济研究年》2015 年第 5 期，第 89~103 页。

［79］梁平汉、高楠：《人事变更、法制环境和地方环境污染》，载《管理世界》2014 年第 6 期，第 65~78 页。

［80］梁琦、陈强远、王如玉：《户籍改革——劳动力流动与城市层级体系优化》，载《中国社会科学》2013 年第 12 期，第 36~59 页。

［81］刘灿、韩文龙：《农民的土地财产权利：性质、内涵和实现问题》，载《当代经济研究》2012 年第 6 期，第 62~69 页。

［82］刘家强、王春蕊、刘嘉汉：《农民工就业地选择决策的影响因素》，载《人口研究》2011 年第 2 期，第 73~82 页。

［83］刘金石、周文：《改革三十年：地方政府行为的双重性》，载《经济理论与经济管理》2009 年第 11 期，第 52~56 页。

［84］刘明兴、侯麟科、陶然：《中国县乡政府绩效考核的实证研究》，载《世界经济文汇》2013 年第 1 期，第 71~85 页。

［85］刘守英：《中国城乡二元土地制度的特征、问题与改革》，载《国际经济评论》2014 年第 3 期，第 9~25 页。

［86］刘守英：《中国土地制度改革：上半程及下半程》，载《国际经济评论》2017 年第 5 期，第 29~56 页。

［87］刘守英：《土地制度与中国发展》，中国人民大学出版社 2017 年版。

［88］刘守英、王志锋、张维凡、熊雪锋：《"以地谋发展"模式的衰竭——基于门槛回归模型的实证研究》，载《管理世界》，2020 年第 6 期，第 82~90 页。

［89］刘祥琪、陈钊、赵阳：《程序公正先于货币补偿：农民征地满意度的决定》，载《管理世界》2012 年第 2 期，第 44~51 页。

[90] 刘万玲：《雄安新区体制机制改革创新的设想》，载《凤凰财经》2017 年 5 月 1 日。

[91] 刘卫东、彭俊：《征地补偿费用标准的合理确定》，载《中国土地科学》2006 年第 20 卷第 1 期，第 7～11 页。

[92] 刘治彦：《中国城市发展与治理的全新思维方式》，载《人民论坛》2016 年第 1 期上，第 6～7 页。

[93] 柳庆刚、姚洋：《地方政府竞争和结构失衡》，载《世界经济》2012 年第 12 期，第 3～22 页。

[94] 林家彬：《我国"城市病"的体制性成因与对策研究》，载《城市规划学刊》2012 年第 3 期，第 16～22 页。

[95] 陆铭：《建设用地使用权跨区域再配置——中国经济增长的新动力》，载《世界经济》2011 年第 1 期，第 107～125 页。

[96] 陆铭：《空间的力量：地理、政治与城市发展》，格致出版社 2017 年版。

[97] 陆铭：《城市、区域和国家发展》，载《经济学》（季刊）2017 年第 16 卷第 4 期，第 1499～1532 页。

[98] 陆铭：《大国之城：当代中国的同样、发展与平衡》，上海人民出版社 2016 年版。

[99] 陆铭、陈钊：《城市化、城市倾向的经济政策与城乡收入差距》，载《经济研究》2004 年第 6 期，第 50～58 页。

[100] 陆铭、陈钊：《为什么土地和户籍制度需要联动改革——基于中国城市和区域发展的理论和实证研究》，载《学术月刊》2009 年第 41 卷第 9 期，第 78～84 页。

[101] 陆铭、张航、梁文泉：《偏向中西部的土地供应如何推升了东部的工资》，载《中国社会科学》2015 年第 5 期，第 59～83 页。

[102] 陆学艺、李培林、陈光金：《社会蓝皮书：2013 年中国社会形势分析与预测》，社会科学文献出版社 2012 年版。

[103] 陆益龙：《后乡土中国》，商务印书馆 2017 年版。

[104] 陆益龙：《嵌入性政治对村落经济绩效的影响——小岗村的个案研究》，载《中国人民大学学报》2006 年第 5 期，第 118～125 页。

[105] 陆园园、张红娟：《中国创业问题研究文献回顾》，载《管理世界》2009 年第 6 期，第 158～167 页。

[106] 马光荣、杨恩艳：《社会网络、非正规金融与创业》，载《经济研究》2011 年第 3 期，第 83～94 页。

［107］马双、甘犁、高香花：《"收入冲击"对家庭营养结构的影响分析——来自高等教育改革的"自然实证"》，载《管理世界》2009 年第 5 期，第 47～55 页。

［108］聂辉华、李靖、方明月：《中国矿难安全治理：被忽略的成功经验》，载《经济社会体制比较》，2020 年待刊出。

［109］倪鹏飞：《中国住房发展报告 2016－2017》，社会科学文献出版社 2016 年版。

［110］皮建才、殷军、周愚：《新形势下中国地方官员的治理效应研究》，载《经济研究》2014 年第 10 期，第 89～101 页。

［111］齐睿、李梦洁、李珍贵：《我国征地制度改革研究的现状与展望》，载《华中农业大学学报》2013 年第 5 期，第 133～139 页。

［112］钱先航、曹廷求、李维安：《晋升压力官员任期与城市商业银行的贷款行为》，载《经济研究》2011 年第 12 期，第 72～85 页。

［113］钱忠好、牟燕：《征地制度、土地财政与中国土地市场化改革》，载《农业经济问题》2015 年第 8 期，第 8～12 页。

［114］乔坤元：《我国官员晋升锦标赛机制：理论与证据》，载《经济科学》2013 年第 1 期，第 88～98 页。

［115］沈开举、胡光全，《美国行政征用研究（之一）——公正补偿的计算方法》，载《南京工业大学学报》（社会科学版）2007 年第 4 期，第 33～39 页。

［116］沈开举、胡光全，《美国行政征用研究（之二）——行政征用补偿证据解读》，载《南京工业大学学报》（社会科学版）2008 年第 1 期，第 24～40 页。

［117］沈开举、胡光全，《美国行政征用研究（之三）——行政征用及类别解读》，载《南京工业大学学报》（社会科学版）2008 年第 2 期，第 32～39 页。

［118］沈开举、郑磊，《社会变迁与中国土地法制改革：回顾与前瞻——基于 30 年立法史的一个初步考察》，载《公民与法》2009 年第 10 期，第 7～10 页。

［119］盛洪：《从城市经济学的视角看雄安计划》，FT 中文网，2017 年 4 月 12 日。

［120］史清华、晋洪涛、卓建伟：《征地一定降低农民收入吗》，载《管理世界》2011 年第 3 期，第 77～82 页。

［121］宋海朋、赵旭：《水库移民与建设征地农民补偿安置政策比较

研究》，载《人民长江》2018 年第 8 期，第 103～106 页。

[122] 苏剑：《新供给经济学：理论与实践》，中国人民大学出版社
2016 年版。

[123] 孙光林、李庆海、杨玉梅：《金融知识对被动失业农民创业行
为的影响——基于 IV-Heckman 模型的实证》，载《中国农村观察》2019
年第 3 期，第 124～144 页。

[124] 谭术魁、齐睿：《中国征地冲突博弈模型的构建与分析》，载
《中国土地科学》2010 年第 3 期，第 25～29 页。

[125] 陶纪坤：《失地农民的失业保险与可持续生计问题研究》，载
《当代经济研究》2017 年第 5 期，第 77～84 页。

[126] 陶然、陆曦、苏福兵、汪晖：《地区竞争格局演变下的中国转
轨：财政激励和发展模式反思》，载《经济研究》2009 年第 7 期，第 21～
33 页。

[127] 陶然、徐志刚：《城市化、农地制度与迁移人口社会保障》，
载《经济研究》2005 年第 12 期，第 45～56 页。

[128] 田传浩：《土地制度兴衰探源》，浙江大学出版社 2018 年版。

[129] 田韶华：《论集体土地上他项权利在征收补偿中的地位及其实
现》，载《法学》2017 年第 1 期，第 66～78 页。

[130] 汪晖：《城乡结合部的土地征用：征用权与征地补偿》，载
《中国农村经济》2002 年第 2 期，第 40～46 页。

[131] 汪晖、陶然：《论土地发展权转移与交易的"浙江模式"——
制度起源、操作模式及其重要含义》，载《管理世界》2009 年第 8 期，第
39～52 页。

[132] 汪晖：《中国征地制度改革理论、实施与政策组合》，浙江大
学出版社 2013 年版。

[133] 汪晖、陈箫：《土地征收中的农民抗争、谈判和补偿》，载
《农业经济问题》2015 年第 8 期，第 63～73 页。

[134] 王优银：《征地拆迁纠纷实务精解与百案评析》，中国法制出
版社 2017 年版。

[135] 王慧娟、施国庆、贾永飞：《征地拆迁对城市郊区老年农民生
活影响研究——以南京市 QQ 村为例》，载《中国软科学》2009 年第 5
期，第 46～54 页。

[136] 王乐文、方敏：《和谐拆迁如何实现（走转改·一线调查）》，
载《人民日报》2014 年 1 月 4 日。

［137］王江、廖理、张保金：《消费金融研究综述》，载《经济研究》2010 年增刊，第 5 ~ 29 页。

［138］王克稳：《论房屋拆迁行政争议的司法审查》，载《中国法学》2004 年第 4 期，第 74 ~ 82 页。

［139］王太高：《土地征收制度比较研究》，载《比较法研究》2004 年第 6 期，第 16 ~ 30 页。

［140］王贤彬、徐现祥：《官员主导发展的得失》，载《经济社会体制改革》2014 年第 5 期，第 69 ~ 81 页。

［141］王小鲁：《中国城市化路径与城市规模的经济学分析》，载《经济研究》2010 年第 10 期，第 20 ~ 32 页。

［142］王小映、贺明玉、高永：《我国农地转用中的土地收益分配实证研究》，载《管理世界》2006 年第 5 期，第 62 ~ 68 页。

［143］王心良、方昌敏：《1999 ~ 2016 年土地征收研究进展分析——基于文献计量学方法》，载《山西农业大学学报》（社会科学版）2017 年第 10 期，第 50 ~ 57，69 页。

［144］王志锋、踪家峰：《创新政绩考核机制，重塑城市治理结构》，载《经济问题探索》2005 年第 11 期，第 92 ~ 94 页。

［145］王郅强、张晓君：《“结构性矛盾”与社会治理体系的构建》，载《行政论坛》2017 年第 2 期，第 87 ~ 92 页。

［146］魏下海、余玲铮：《我国城镇正规就业与非正规就业工资差异的实证研究》，载《数量经济技术经济研究》2012 年第 1 期，第 78 ~ 90 页。

［147］文贯中：《重归内生型城市化道路——关于中国特色与普遍规律的辨析》，载《人民论坛·学术前沿》2014 年第 2 期，第 73 ~ 81 页。

［148］吴建南、郑长旭：《中国城市治理研究的过去、现在与未来——基于学术论文的计量分析》，载《探索与争鸣》2017 年第 7 期，第 92 ~ 97 页。

［149］吴一平、王健：《制度环境、政治网络与创业：来自转型国家的证据》，载《经济研究》2015 年第 8 期，第 45 ~ 57 页。

［150］武义青、柳天恩、窦丽琛：《建设雄安创新驱动发展引领区的思考》，载《经济与管理》2017 年第 31 卷第 3 期，第 1 ~ 5 页。

［151］肖金成：《中国特色城镇化道路与农民工问题》，载《发展研究》2009 年第 5 期，第 18 ~ 21 页。

［152］邢祖礼、邓朝春：《论农村土地征用中的寻租行为》，载《宏

观经济研究》2012 年第 6 期，第 26～30 页。

［153］谢勇：《土地征用、就业冲击与就业分化》，载《中国人口科学》2010 年第 2 期，第 65～72 页。

［154］谢宇、张晓波、李建新、涂平、任强：《中国民生发展报告2016》，北京大学出版社 2017 年版。

［155］谢志岿、曹景钧：《低制度化治理与非正式制度》，载《国外社会科学》2014 年第 5 期，第 4～11 页。

［156］许汉石、乐章：《生计资本、生计风险与农户的生计策略》，载《农业经济问题》2012 年第 10 期，第 100～105 页。

［157］杨开忠：《雄安新区规划建设要处理好的几个重要关系》，载《经济学动态》2017 年第 7 期，第 8～10 页。

［158］杨嵘均：《论正式制度与非正式制度在乡村治理中的互动关系》，载《江海学刊》2014 年第 1 期，第 130～137 页。

［159］杨涛、施国庆：《我国失地农民问题研究综述》，载《求实》2006 年第 9 期，第 85～88 页。

［160］姚洋：《作为制度创新过程的经济改革》，格致出版社 2016年版。

［161］叶剑平、丰雷、蒋妍、罗伊·普罗斯特曼、朱可亮：《2008 年中国农村土地使用权调查研究》，载《管理世界》2010 年第 1 期，第 64～73 页。

［162］叶剑平、田晨光：《我国城市房屋拆迁的制度缺陷与路径选择》，载《华中师范大学学报》（人文社科版）2010 年第 5 期，第 47～55 页。

［163］叶静：《中央财政策略与地方政商关系》，载《上海交通大学学报（哲学社会科学版）》2014 年第 22 卷第 1 期，第 34～44 页。

［164］殷清利：《国有土地上房屋征收补偿操作流程与实务指引》，法律出版社 2013 年版。

［165］尹志超、甘犁：《中国住房改革对家庭耐用品消费的影响》，载《经济学》（季刊）2009 年第 9 卷第 1 期，第 53～72 页。

［166］尹志超、宋全云、吴雨、彭嫦燕：《金融知识、创业决策和创业动机》，载《管理世界》2015 年第 1 期，第 87～98 页。

［167］尹志超、宋全云、吴雨：《金融知识、投资经验与家庭资产选择》，载《经济研究》2014 年第 4 期，第 62～75 页。

［168］俞海、黄季焜、斯科特罗斯高、洛伦·勃兰特、张林秀：《地

权稳定性、土地流转与农地资源持续利用》，载《经济研究》2003 年第 9
期，第 82 ~ 91 页。

　　［169］于文超、何勤英：《辖区经济增长绩效与环境污染事故——基
于官员政绩诉求的视角》，载《世界经济文汇》2013 年第 2 期，第 20 ~
35 页。

　　［170］袁方成、靳永广：《土地城镇化的现状与未来——以新型城镇
化为背景》，载《武汉大学学报》（哲学社会科学版）2017 年第 70 卷第 6
期，第 120 ~ 131 页。

　　［171］约翰·冯·杜能著，吴衡康译：《孤立国同农业和国民经济的
关系》，商务印书馆 1986 年版。

　　［172］曾建光、伍利娜、王立彦：《中国式拆迁、投资者保护诉求与
应计盈余质量——基于制度经济学与 Internet 治理的证据》，载《经济研
究》2013 年第 7 期，第 90 ~ 103 页。

　　［173］张川川：《地区就业乘数：制造业就业对服务业就业的影响》，
载《世界经济》2015 年第 6 期，第 70 ~ 87 页。

　　［174］张车伟、蔡翼飞：《中国城镇化格局变动与人口合理分布》，
载《中国人口科学》2012 年第 6 期，第 44 ~ 57 页。

　　［175］张峰、黄玖立、王睿：《政府管制、非正规部门与企业创新：
来自制造业的实证依据》，载《管理世界》2016 年第 2 期，第 95 ~
111 页。

　　［176］张贵：《雄安：建设国际一流的创新型城市》，载《前线》
2019 年第 9 期，第 62 ~ 64 页。

　　［177］张建波、李婵娟：《利益铁三角：地方发展型政府的行为逻辑
及其影响》，载《河北学刊》2017 年第 2 期，第 147 ~ 153 页。

　　［178］张军：《分权与增长：中国的故事》，载《经济学》（季刊）
2007 年第 7 卷第 1 期，第 21 ~ 52 页。

　　［179］张军涛、刘建国：《城市房屋拆迁改造对居民生活影响研究
迁》，载《财经问题研究》2008 年第 1 期，第 96 ~ 101 页。

　　［180］张可云：《雄安新区的集聚规模与结构探讨》，载《中国工业
经济》2017 年第 11 期，第 32 ~ 41 页。

　　［181］张莉、高元骅、徐现祥：《政企合谋下的土地出让》，载《管
理世界》2013 年第 12 期，第 43 ~ 51 页。

　　［182］张莉、王贤彬、徐现祥：《财政激励晋升激励与地方官员的土
地出让行为》，载《中国工业经济》2011 年第 4 期，第 35 ~ 43 页。

［183］张强、张怀超、刘占芳：《乡村振兴：从衰落走向复兴的战略选择》，载《经济与管理》2018 年第 32 卷第 1 期，第 6～11 页。

［184］张清勇、杜辉、刘青、仲济香：《农村土地征收的现状、问题与政策建议——基于 2018 年全国 31 省 295 村 9596 户问卷调查》，载《财经智库》2020 年第 5 卷第 2 期，第 122～139 页。

［185］张五常：《中国的经济制度》，中信出版社 2009 年版。

［186］张学良、李培鑫：《城市群经济机理与中国城市群竞争格局》，载《探索与争鸣》2014 年第 9 期，第 59～63 页。

［187］张翼：《从生存性消费到发展性消费——当前中国社会各阶层消费倾向调查》，载《北京日报》2017 年 11 月 27 日。

［188］张玉林：《大清场：中国的圈地运动及其与英国的比较》，载《中国农业大学学报》（社会科学版）2015 年第 1 期，第 19～45 页。

［189］章奇、刘明兴：《权力结构、政治激励和经济增长》，格致出版社 2016 年版。

［190］赵新峰：《京津冀协同发展背景下雄安新区新型合作治理架构探析》，载《中国行政管理》2017 年第 10 期，第 22～29 页。

［191］赵旭、田野、段跃芳：《二重社会变迁视角下的库区移民介入型贫困问题研究》，载《农业经济问题》2018 年第 3 期，第 108～118 页。

［192］赵燕菁：《土地财政：历史、逻辑与抉择》，载《城市发展研究》2014 年第 1 期，第 1～13 页。

［193］赵耀辉：《中国农村劳动力流动及教育在其中的作用》，载《经济研究》1997 年第 2 期，第 37～42 页。

［194］郑思齐、孙伟增、吴璟、武赟：《"以地生财，以财养地"——中国特色的城市建设投融资模式研究》，载《经济研究》2014 年第 8 期，第 14～27 页。

［195］郑永年：《中国地方治理危机及其体制根源》，载《联合早报》2016 年 11 月 22 日。

［196］郑永年：《中国崛起与历史的新开端》，载《联合早报》2019 年 9 月 17 日。

［197］钟涨宝、杜云素：《移民研究述评》，载《世界民族》2009 年第 1 期，第 68～72 页。

［198］周飞舟：《从汲取型政权到"悬浮型"政权——税费改革对国家与农民关系之影响》，载《社会学研究》2006 年第 3 期，第 1～38 页。

［199］周飞舟：《生财有道：土地开发和转让中的政府和农民》，载

《社会学研究》2007 年第 1 期，第 49~82 页。

[200] 周飞舟、吴柳财、左雯敏、李松涛：《从工业城镇化、土地城镇化到人口城镇化：中国特色城镇化道路的社会学考察》，载《社会发展研究》2018 年第 1 期，第 42~64 页。

[201] 周黎安：《行政发包制》，载《社会》2014 年第 34 卷第 6 期，第 1~38 页。

[202] 周黎安：《晋升博弈中政府官员的激励与合作——兼论我国地方保护主义和重复建设问题长期存在的原因》，载《经济研究》2004 年第 6 期，第 33~40 页。

[203] 周黎安：《中国地方官员的晋升锦标赛模式研究》，载《经济研究》2007 年第 7 期，第 36~50 页。

[204] 周黎安、李宏彬、陈烨：《相对绩效考核：关于中国地方官员晋升的一项经验研究》，载《经济学报》2005 年第 1 卷第 1 期，第 83~96 页。

[205] 周京奎、黄征学：《住房制度改革、流动性约束与"下海"创业选择——理论与中国的经验研究》，载《经济研究》2014 年第 3 期，第 158~170 页。

[206] 周靖祥、陆铭：《内地农村土地流转何去何从？——重庆实践的启示》，载《公共管理学报》2011 年第 4 期，第 85~95 页。

[207] 周其仁：《农地产权与征地制度——中国城市化面临的重大选择》，载《经济学》（季刊）2004 年第 4 卷第 1 期，第 193~210 页。

[208] 周其仁：《城乡中国》，中信出版集团 2017 年版。

[209] 周绍杰、王洪川、苏杨：《中国人如何能有更高水平的幸福感——基于中国民生指数调查》，载《管理世界》2015 年第 6 期，第 8~21 页。

[210] 周雪光：《从"黄宗羲定律"到帝国的逻辑：中国国家治理逻辑的历史线索》，载《开放时代》2014 年第 4 期，第 108~132 页。

[211] 周雪光：《基层政府间的"共谋现象"——一个政府行为的制度逻辑》，载《社会学研究》2008 年第 6 期，第 1~21 页。

[212] 朱东恺、施国庆：《城市建设征地和拆迁中的利益关系分析》，载《城市发展研究》2004 年第 3 期，第 23~26 页。

[213] 朱介鸣：《制度不确定性下中国城市化过程中的土地开发》，载《公共行政评论》2011 年第 1 期，第 62~75 页。

[214] 朱介鸣：《西方规划理论与中国规划实践之间的隔阂：以公众

参与和社区规划为例》，载《城市规划学刊》2012年第1期，第8~16页。

［215］朱介鸣：《城乡统筹发展：城市整体规划与乡村自治发展》，载《城市规划学刊》2013年第1期，第10~17页。

［216］朱介鸣、郭炎：《城乡统筹发展规划中的土地经济租金、"乡乡差别"与社会公平》，载《城市规划学刊》2017年第41卷第4期，第98~101页。

［217］朱介鸣：《基于市场机制的规划实施——新加坡花园城市建设对中国城市存量规划的启示》，载《城市规划》2014年第1期，第33~38页。

［218］朱晓阳、秦婷婷：《农民城市化遭遇国家城市化》，科学出版社2014年版。

［219］朱一中、曹裕：《农地非农化过程中的土地增值收益分配研究》，载《经济地理》2012年第32卷第10期，第133~138页。

［220］朱宇、林李月、柯文前：《国内人口迁移流动的演变趋势：国际经验及其对中国的启示》，载《人口研究》2016年第5期，第50~60页。

［221］祝天智：《农村征地冲突的整体性治理研究》，载《中国行政管理》2013年第10期，第52~56页。

［222］祝天智、刘文丽：《征地与相关改革的非协同性问题探讨》，载《理论探索》2016年第5期，第77~82页。

［223］Abadie A. , D. Drukker J. L. Herr and G. W. Imbens. Implementing Matching Estimators for Average Treatment Effects in Stata. *The Stata Journal*, 2004, 4 (3)：290 – 311.

［224］Abadie A. , and G. W. Imbens. Simple and Bias-Corrected Matching Estimators for Average Treatment Effects. NBER working paper #283, 2002.

［225］Aguilar A. C. , T. M. Garcia Munoz and A. I. Moro-Egido, Heterogeneous Self-employment and Satisfaction in Latin America. *Journal of Economic Psychology*, 2013 (39)：44 – 61.

［226］Arnott R. , Stiglitz J. Aggregate land Rents, Expenditure on Public Goods, and Optimal City Size. *Quarterly Journal of Economics*, 1979 (93)：471 – 500.

［227］Arellano M. , and S. Bond. Some Tests of Specification for Panel Data：Monte Carlo Evidence and an Application to EmploymentEquations . *The*

*Review of Economic Studies*, 1991 (58): 277 – 297.

[228] Arellano M. , and O. Bover. Another Look at the Instrumental Variable Estimation of Error-Components Models. *Journal of Econometrics*, 1995, 68 (1): 29 – 51.

[229] Au C. , and V. Henderson. Are Chinese Cities too Small? *Review of Economic Studies*, 2006, 73 (3): 549 – 576.

[230] Bazzi S. , A. Gaduh, A. Rothenberg, and M. Wong. Skill Transferability, Migration, and Development: Evidence from Population Resettlement in Indonesia. *American Economic Review*, 2016, 106 (9): 2658 – 2698.

[231] Bertaut C. C. , and M. Starr-McMluer. Household Portfolios in the United States. Working Paper of Federal Reserve System in America, #2000 – 26.

[232] Black D. , and V. Henderson. Urban Evolution in the USA. *Journal of Economic Geography*, 2003, 3 (4): 343 – 372.

[233] Blundell R. , and S. Bond. Initial Conditions and Moment Restrictions in Dynamic Panel Data Models. *Journal of Econometrics*, 1998, 87 (1): 115 – 143.

[234] Blundell R. , L. Pistaferri, and I. Preston. Consumption Inequality and Partial Insurance. *The American Economic Review*, 2008, 98 (5): 1887 – 1921.

[235] Chambers R. , and Conway, G. Sustainable Rural Livelihoods: Practical Concepts for the 21st Century. IDS Dis-cussion Paper 296, 1992.

[236] Campbell J. Y. Household Finance. The Journal of Finance, 2006, LXI (4): 1553 – 1604.

[237] Centre for Livable Cities. Land Acquisition and Resettlement Securing Resources for Development, Singapore, 2014.

[238] Chan N. Land Acquisition Compensation in China: Problems and Answers. International Real Estate Review, 2003 (6): 136 – 152.

[239] Chernina E. , P. Castañeda Dower, and A. Markevich. Property Rights, Land Liquidity, and Internal Migration. *Journal of Development Economics*, 2014 (110): 191 – 215.

[240] Chyn E. Moved to Opportunity: The Long-Run Effect of Public Housing Demolition on Labor Market Outcomes of Children. *American Economic Review*, 2018 October, 108 (10): 3028 – 3056.

[241] Clark W. , D. Yi, and Y. Huang. Subjective Well-being in China's Changing Society. *PNAS*, 2019 (2): 1 – 6.

[242] Coase R. H. The Problem of Social Cost. *Journal of Law and Economics*, 1960 (3): 1 – 44.

[243] Collins W. J. , and K. L. Shester. Slum Clearance and Urban Renewal in the United States. *American Economic Journal: Applied Economics*, 2013, 5 (1): 239 – 273.

[244] Cressy R. Credit Rationing or Entrepreneurial Risk Aversion? An Alternative Explanation for the Evans and Jovanovic Finding. *Economics Letters*, 2000, 66 (2): 235 – 240.

[245] Dadashpoor H. , and S. Ahani. Land Tenure-related Conflicts in Peri-urban Areas: A review. *Land Use Policy*, 2019 (85): 218 – 229.

[246] Djankov S. , Y. Qian, G. Roland, and E. Zhuravskaya. Who are China's Entrepreneurs? *The American Economic Review*, 2006, 96 (2): 348 – 352.

[247] Ding C. Policy and Praxis of Land Acquisition in China. *Land Use Policy*, 2007 (24): 1 – 13.

[248] Ding C. Land and Urban Economic Growth in China. *Journal of Regional Science*, 2011, 51 (2): 299 – 317.

[249] Duflo E, and R. Pande. Dams. *The Quarterly Journal of Economics*, May 2007: 601 – 646.

[250] Evans D. S. , and B. Jovanovic. An Estimated Model of Entrepreneurial Choice under Liquidity Constraints. *Journal of Political Economy*, 1989, 97 (4): 808 – 827.

[251] Fairlie R. W. , and H. A. Krashinsky. Liquidity Constraints, Household Wealth, and Entrepreneurship Revisited. *Review of Income & Wealth*, 2012, 58 (2): 279 – 306.

[252] Field E. Entitled to Work: Urban Property Rights and Labor Supply in Peru. *The Quarterly Journal of Economics*, 2007 (4): 1561 – 1602.

[253] Friedman, M. A Theory of the Consumption Function. Princeton, NJ: Princeton University Press, 1957.

[254] Ghatak M. , and D. Mookherjee. Land Acquisition for Industrialization and Compensation of Displaced Farmers. *Journal of Development Economics*, 2014 (110): 303 – 312.

[255] Gilderbloom John I. , M. J. Hanka, and J. D. Ambrosius. Historic Preservation's Impact on Job Creation, Property Values, and Environmental Sustainability. *Journal of Urbanism*, 2009, 2 (2): 83 – 101.

[256] Guo X. Land Expropriation and Rural Conflicts in China. *The China Quarterly*, 2001 (166): 422 –439.

[257] Heckman J. , H. Ichimura, and P. Todd. Matching as an Econometric Evaluation Estimator. *The Review of Economic Studies*, 1998, 65 (2): 261 –294.

[258] Hornbeck R. , and D. Keniston. Creative Destruction: Barriers to Urban Growth and the Great Boston Fire of 1872. *American Economic Review*, 2017, 107 (6), 1365 –1398.

[259] Huang Y. Managing Chinese Bureaucrats: An Institutional Economics Perspective. *Political Studies*, 2002 (50): 61 –79.

[260] Hubbard R. G. , J. Skinner, and S. P. Zeldes. Precautionary Saving and Social Insurance. *Journal of Political Economy*, 1995 (103): 360 –399.

[261] Hurst E. , and A. Lusard. Liquidity Constraints, Household Wealth, and Entrepreneurship. *Journal of Political Economy*, 2004, 112 (2): 319 –347.

[262] ILO. Guidelines Concerning a Statistical Definition of Informal Employment. International Labour Office, 2003.

[263] Imbens G. W. , and J. M Wooldridge. Recent Developments in the Econometrics of Program Evaluation. *Journal of Economic Literature*, 2009, 47 (1): 5 –86.

[264] Janvry A De, K. Emerick, M. Gonzaleznavarro, and E. Sadoulet. Delinking Land Rights from Land Use: Certification and Migration in Mexico. *American Economic Review*, 2015 (10): 3125 –3149.

[265] Jin H. , Y. Qian, and B. R. Weingast. Regional Decentralization and Fiscal Incentives: Federalism, Chinese Style. *Journal of Public Economics*, 2005, 89 (9): 1719 –1742.

[266] Jin Y. , H. Li, and B. Wu. Income Inequality, Consumption, and Social-Status Seeking. *Journal of Comparative Economics*, 2011 (39): 191 –204.

[267] Jones B. F. , and B. A. Olken. Do Leaders Matter? National Leadership and Growth since World War II . *Quarterly Journal of Economics*, 2005, 120 (3): 835 –864.

[268] Ju Q. , J. Ni, D. Ni, and Y. Wu. Land Acquisition, Labor Allocation, and Income Growth of Farm Households. *Emerging Markets Finance & Trade*, 2016 (52): 1744 –1761.

[269] Kaufmann D. , L. Frannie, and M. Mastruzzi. Governance and the

City: An Empirical Exploration into Global Determinants of Urban Perform-ance. World Bank Policy Research Working Paper 3712, 2005.

[270] Kelley D. , S. Singer, and M. Herrington, Global Entrepreneurship Monitor 2015/16 Global Report, Global Entrepreneurship Monitor, 2016.

[271] Kihlstrom R. E. , and Jean-Jacques Laffont. A General Equilibrium Entrepreneurial Theory of Firm Formation based on Risk Aversion. *Journal of Political Economy*, 1979, 87 (4): 719 – 748.

[272] Larbi W. O. , A. Antwi, P. Olomolaiye. Compulsory Land Acquisition in Ghana—Policy and Praxis. *Land Use Policy*, 2004 (2): 1115 – 1127.

[273] Li H. , and L. Zhou. Political Turnover and Economic Performance: the Incentive Role of Personnel Control in China. *Journal of Public Economics*, 2005, 89 (9 – 10): 1743 – 1762.

[274] Li L. The Incentive Role of Creating "Cities" in China. *China Economic Review*, 2011, 22 (1): 172 – 181.

[275] Li L. and X. Wu. Housing Price and Entrepreneurship in China. *Journal of Comparative Economics*, 2014, 42 (2): 436 – 449.

[276] Li T. Property Rights, Land Values and Urban Development. Edward Elgar, 2014.

[277] Lin Q. , S. Tan, L. Zhang, S. Wang, C. Wei, and Y. Li. Conflicts of Land Expropriation in China during 2006 – 2016. *Land Use Policy*, 2018 (76): 246 – 251.

[278] LongNgoV. , and K. Shimomura. Relative Wealth, Status-Seeking, and Catching-Up. *Journal of Economic Behavior & Organization*, 2004 (53): 529 – 542.

[279] Low M. B. , and I. C. Macmillan. Entrepreneurship: Past Research and Future Challenges. *Journal of Management*, 1988, 14 (2): 139 – 161.

[280] Lu J. , and Z. Tao. Determinants of Entrepreneurial Activities in China. *Journal of Business Venturing*, 2010, 25 (3): 261 – 273.

[281] Lucas R. E. Jr. Life Earnings of Migrants. *Journal of Political Economy*, 2004 (1): 29 – 59.

[282] Lusardi A. , and O. S. Mitchell. The Economic Importance of Financial Literacy: Theory and Evidence. *Journal of Economic Literature*, 2014, 52 (1): 5 – 44.

[283] Meng X. Unemployment, Consumption Smoothing, and Precaution-

ary Saving in Urban China. *Journal of Comparative Economics*, 2003, 31 (3): 465 –485.

[284] Modigliani F. , and R. Brumberg. "Utility Analysis and the Consumption Function: An Interpretation of the Cross Section Data", in Kurihara, K. , Post-Keynesian Economics. New Brunswick, NJ: Rutgers University Press, 1954: 388 –436.

[285] Moretti E. The New Geography of Jobs, Mariner Books, 2013.

[286] Moyo S. The Political Economy of Land Acquisition and Redistribution in Zimbabwe, 1990 – 1999. *Journal of Southern African Studies*, 2010, 26 (1): 5 –28.

[287] Mullan K. , P. Grosjean, and A. Kontoleon. Land Tenure Arrangements and Rural – Urban Migration in China. *World Development*, 2011 (1): 123 – 133.

[288] Neumark D. , and H. Simpson. Place-Based Policies. Eds. by Gilles Duranton, J. Vernon Henderson, and William C. Strange. *Handbook of Regional and Urban Economics*, 2015 (5): 1197 –1287.

[289] Niedomysl T. How Migration Motives Change over Migration Distance: Evidence on Variation across Socio-economic and Demographic Groups. *Regional Studies*, 2011 (6): 843 –855.

[290] Nizalov D. , S. Thornsbury, S. Loveridge, M. Woods, and O. Zadorozhna. Security of Property Rights and Transition in Land Use. *Journal of Comparative Economics*, 2016 (1): 76 –91.

[291] North, D. C. Institutions, Institutional Change and Economic Performance. Cambridge University Press, 1990.

[292] Noonan D. S. , and D. J. Krupka. Making—or Picking—Winners: Evidence of Internal and External Price Effects in Historic Preservation Policies. *Real Estate Economics*, 2011, 39 (2): 379 –407.

[293] Oi J. C. Fiscal Reform and the Economic Foundations of Local State Corporatism in China. *World Politics*, 1992, 45 (1): 99 – 126.

[294] Parker S. C. The Economics of Entrepreneurship. Cambridge: Cambridge University Press, 2009.

[295] Paulson A. and R. Townsend, Entrepreneurship and Financial Constraints in Thailand. *Journal of Corporate Finance*, 2004 (10): 229 –262.

[296] Polanyi K. The Great Transformation. Boston: Beacon Press, 1985.

[297] Qian Y. , and G. Roland. Federalism and the Soft Budget Constrain. *American Economic Review*, 1998, 88 (3): 1143 – 1162.

[298] Qian Y. , and B. R. Weingast. Federalism as a Commitment to Preserving Market Incentives. *Journal of Economic Perspectives*, 1997, 11 (4): 83 –92.

[299] Roodman, D. How to do xtabond 2: An Introduction to Difference and System GMM in Stata. *The Stata Journal*, 2009, 9 (1): 86 –136.

[300] Roseman C. C. Migration as a Spatial and Temporal Process. *Annals of the Association of American Geographers*, 1971 (61): 589 –598.

[301] Rozelle S. , T. Brandt, L. Li, and J. Huang. Land Rights in China: Facts, Fictions and Issues. *China Journal*, 2002 (47): 67 –69.

[302] Schmalz M. C. , D. A. Sraer, and D. Thesmar. Housing Collateral and Entrepreneurship, NBER Working paper #19680, 2013.

[303] Shih V. Factions Matter. *Journal of Contemporary China*, 2004, 13 (38): 4 –19.

[304] Soo K. T. Zipf 's Law for Cities: a Cross-country Investigation. *Regional Science and Urban Economics*, 2005, 35 (3): 239 –263.

[305] Sun S. , and T. Kim. Land Acquisition in Transitional Hanoi, Vietnam. *Urban Studies*, 2008, 45 (5&6): 1097 – 1117.

[306] Syagga A. M. , and W. H. A. Olima. The Impacts of Compulsory Land Acquisition on Displaced Households: the Case of the Third Nairobi Water Supply Project, Kenya. *Habitat International*, 1996, 20 (1): 61 –75.

[307] Tan R. , V. Beckmann, L. V. D. Berg, and F. Qu. Governing Farmland Conversion: Comparing China with the Netherlands and Germany. *Land Use Policy*, 2009, 26 (4): 961 –974.

[308] Tsai, L. Solidary Groups, Informal Accountability, and Local Public Good Provision in Rural China. *American Political Science Review*, 2007, 101 (2): 355 –372.

[309] Tran Q. , S. Lim, M. P. Cameron, V. Huong. Farmland Loss and Livelihood Outcomes: A Microeconometric Analysis of Household Surveys in Vietnam. *Journal of the Asia Pacific Economy*, 2014, 19 (3): 423 –444.

[310] United Nations. World Urbanization Prospects. The 2014 Revision, 2015.

[311] Valsecchi M. Land Property Rights and International Migration: Evidence from Mexico. *Journal of Development Economics*, 2014 (110): 276 –290.

[312] Wagstaff A. , and M. Pradhan. Health Insurance Impacts on Health

and Nonmedical Consumption in a Developing Country. The World Bank Policy Research Working Paper Series #3563, 2005.

[313] Wang S. Credit Constraints, Job Mobility, and Entrepreneurship: Evidence from a Property Reform in China. *Review of Economics and Statistics*, 2012 (2): 532 –551.

[314] Wang D. , W. Qian, and X. Guo. Gains and Losses: Does Farmland Acquisiton Harm Farmers' Welfare? . Land Use Policy, 2019 (86): 78 –90.

[315] World Bank. World Development Report 2017: Governance and the Law, 2017.

[316] Xu Y. , and Y. Yao. Informal Institutions, Collective Action, and Public Investment in Rural China. *American Political Science Review*, 2015, 109 (2): 371 –391.

[317] Xu Y. , B. Tang, and E. Chan. State-Led Land Requisition and Transformation of Rural Villages in Transitional China. *Habitat International*, 2011 (35): 57 –65.

[318] Yang T. D. China's Land Arrangements and Rural Labor Mobility. *China Economic Review*, 1997 (2): 101 –115.

[319] Yao Y. , and M. Zhang. Subnational Leaders and Economic Growth: Evidence from Chinese Cities. Peking University China Center of Economic Research working paper series No. E2011006, 2011.

[320] Yu Y. , L. Zhang, F. Li, and X. Zheng. On the Determinants of Public Infrastructure Spending in Chinese Cities: A Spatial Econometric Perspective. *The Social Science Journal*, 2011 (48): 458 –467.

[321] Zahirovic-Herbert V. , and S. Chatterjee. Historic Preservation and Residential Property Values. *Urban Studies*, 2012, 49 (2): 369 –382.

[322] Zhao Y. Leaving the Countryside: Rural to Urban Migration Decisions in China. *American Economic Review* (*papers and proceedings*), 1999 (89): 281 –286.

[323] Zhao Y. The Role of Migrant Networks in Labor Migration: The Case of China. *Contemporary Economic Policy*, 2003 (4): 500 –511.

# 后　记

随着城镇化和工业化的加快，土地变得紧俏，征地长期成为获取国有土地使用权的唯一正当手段。农村征地先合法地改变土地性质，再由城市政府通过"招拍挂"出让，这种惯例与中国特色的城乡二元土地结构密切相关，在一定程度上扭曲了城乡关系。加之土地用途管制、建设用地年度供应计划等手段，总体上农地转为建设用地艰难而迫切。在土地制度的刚性约束下，地方政府依赖土地财政来经营城市，无形中会助推地价，进而导致房价上涨。城乡关系的紧张和地价房价的上扬，均表明现行的经济增长模式不可持续，呼唤新的模式来修复城乡关系并促成国计民生可持续，也引致"三块地"试点改革如火如荼。在新型城镇化和乡村振兴的战略背景下，中国家庭金融调查数据为考察我国征地演进奠定了微观基础并绘制出宏观走势，雄安新区等地的征迁实践为世人提供了全面深化改革时期共享式发展的样板，创造出分析中国征地走向的绝佳案例。

本书从家庭视角提炼出征地模式，并通过案例和调查的方式做梳理、做对比、做评估、做展望。之所以选择征地活动作为切入点研究城乡关系，是由于自身经历和研究兴趣使然。作者从小生活在城乡接合部，能够切实感受到城市的繁荣和乡村的衰败，以及城乡"两不管"的尴尬。后来到外地读书离开了老家，但城郊村的生活场景仍然时隐时现。特别是在新城市扎下根后，当有足够的时间观察周边时，突然发现新城市里的城中村现象给人似曾相识的幻觉。在早上酣睡的时候，会隐隐听到公鸡打鸣声，甚至能在某个楼下角落寻得鸡窝、庙宇。虽然城镇化包围了村庄，原有居民早就上了楼，但淳朴的乡情实在让人难以忘怀。城市、乡村，城中村、城郊村，征地、拆迁，这些大大小小的概念常常缠绕在我的脑海中，不厘清楚内在逻辑让我感到痛苦不已，索性利用城市经济学的专业知识把它们串起来吧。

我较早时候研究拆迁，是因为这类现象多发生在城市，产权比较简单，也能从国际上找到些类似文献做对照；最近开始考察征地，涉及各种农用地，产权越理越复杂，越来越接地气，同时文献越来越陈旧，大有自己单薄的知识结构无法承受之重。好在周边有些法律和社会学专业的老师能够时常请教，征地问题总算坚持下来了。将这些年发表的相关论文揉碎重组，抽象掉城乡的些微差别和征地拆迁的部分不一致，用新的逻辑框架关联起来，就是本书主要内容了。传统中国人是讲究安土重迁的，在制度不完善的前提下，征地活动会重构他们的各种资本，势必影响幸福感。也常听到少有农村经验的市民说某城中村一征迁就补几套商品房成为不劳而获之族，并对大学毕业生买不起房捶胸顿足。当我们静心了解他们的集体福利逻辑和增值收益分配细则并转头关注更广袤的农村征地补偿安置状况时，就不由得为城乡两个世界融合说说话。在全面建设小康社会收官之年能够关注被征地群体，关注他们的生计，是时机，更是情怀。书中每个字都浓缩了我的学术观点和生活经历，但愿您对某一句话会有所触动，那我就心满意足了。

需要重申的是，征地现实是复杂的，需要多学科共同应对。法学、社会学、管理学领域应用研究多从微观层面探讨征地的公共利益界定模糊、补偿按原用途执行、程序不健全等问题，大量经济学文献则从宏观层面指明城乡二元结构的来龙去脉。本书以经济学为主线，打破不同学科藩篱，从被征地民众所思所言的现实中提出问题，尽力发掘出鲜活有效的逻辑概念，从中微观层面探讨中国经济腾飞的土地变革。实际上，本书征地模式这一核心概念即是经济学思维方法的集中体现：既定条件下目标极大化就可求得征地最优解。当然，这也是求解问题（包括人类社会问题）的通用办法，解题过程本来就是从当前状态不断靠近目标状态的过程，而解题规则正是细化的专业知识（南京师范大学教授李政军转引中山大学退休教授林定夷的思想）。

在本书构思和撰写过程中，我得到许多良师益友的帮助。书稿框架先后得到厦门大学傅十和、四川大学邓国营、中国人民大学冯玉军、中国社科院王国成、浙江大学范柏乃、石家庄铁道大学郭平等老师的指导以及我的兄长青岛农业大学柴国华老师的开导，在书名提交时还受益于河北经贸大学王小平院长和杨在军老师的宝贵意见。没有他们的关心、督促，我仍会在小课题和小论文中长期徘徊。书稿思路得到博导傅十和老师的多次点拨，资料收集方面要感谢德州农工大学甘犁教授、新加坡国立大学付育明教授、华南农业大学何勤英教授和河北经贸大学马彦丽教授，他们都是我博士毕业后的学术领路人。理论经济学硕士生葛丹、孙若宸在前期雄安调研和后期图片处理方面发挥积极作用，师生互动促成课题结项。本书还得到浙江大学黄祖辉老师的亲切关照，并欣然作序。从申报到立项再到结项出版，经济科学出版社的李军老师功不可没，是您让我认识到北京人的幽默与敬业。感谢在银行工作的妻子郝慧媛传授给我的财经知识和马上读小学的柴笑桐小朋友赋予我的生活乐趣，是你们让我忘掉烦恼并勇往直前。

　　理论之树长青，吾将上下而求索，是以为记！

柴国俊

于石家庄

2020 年 6 月

图书在版编目（CIP）数据

中国征地模式研究：逻辑演进、生计评估及机制优
化／柴国俊著. —北京：经济科学出版社，2020. 10
国家社科基金后期资助项目
ISBN 978 - 7 - 5218 - 1825 - 3

Ⅰ. ①中…　Ⅱ. ①柴…　Ⅲ. ①土地征用 – 模式 – 研究
– 中国②房屋拆迁 – 模式 – 研究 – 中国　Ⅳ.
①D922. 364②D922. 181. 4

中国版本图书馆 CIP 数据核字（2020）第 163293 号

责任编辑：李　军　谭志军
责任校对：杨　海
责任印制：范　艳

**中国征地模式研究：逻辑演进、生计评估及机制优化**
柴国俊　著
经济科学出版社出版、发行　新华书店经销
社址：北京市海淀区阜成路甲 28 号　邮编：100142
总编部电话：010 – 88191217　发行部电话：010 – 88191522
网址：www. esp. com. cn
电子邮箱：esp@ esp. com. cn
天猫网店：经济科学出版社旗舰店
网址：http://jjkxcbs. tmall. com
固安华明印业有限公司印装
710 × 1000　16 开　14. 75 印张　250000 字
2021 年 1 月第 1 版　2021 年 1 月第 1 次印刷
ISBN ISBN 978 – 7 – 5218 – 1825 – 3　定价：68. 00 元
（图书出现印装问题，本社负责调换。电话：010 – 88191510）
（版权所有　侵权必究　打击盗版　举报热线：010 – 88191661
QQ：2242791300　营销中心电话：010 – 88191537
电子邮箱：dbts@ esp. com. cn）